전문가를 위한

스페인어 문법 2

50개의 항목으로 설명하는 문법

Español

이 저서는 2018년 대한민국교육부와 한국연구재단의 지원을 받아
수행된 연구임(NRF-2018S1A5A2A03029020)

TEMAS DE GRAMÁTICA PARA LOS PROFESIONALES DE LA LENGUA ESPAÑOLA

전문가를 위한 스페인어 문법 2

50개의 항목으로 설명하는 문법

김준한·유은정

Español

HU:iNE

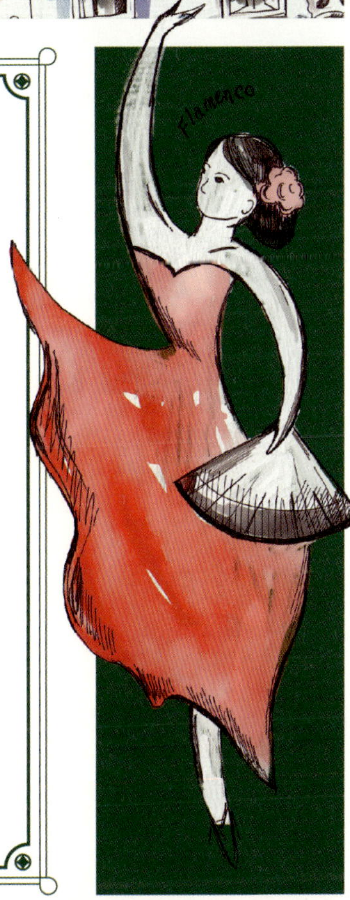

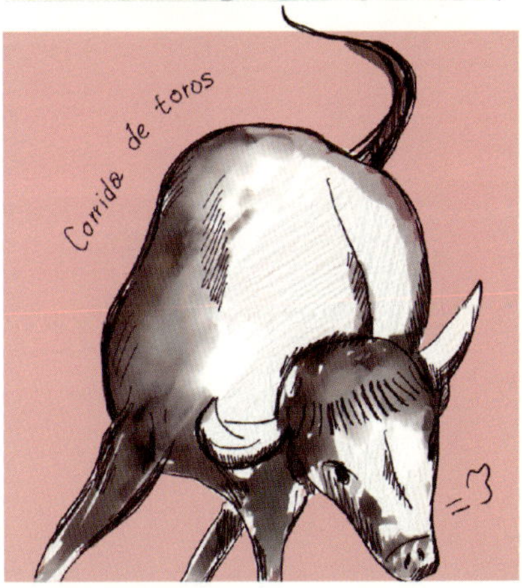

Prólogo (머리말)

본 교재는 스페인어 교육 현장에서 쉽게 접할 수 없었던 문법 지식을 일목요연하고 이해하기 쉽게 설명하려는 목적에서 만들어졌으며 전문적인 스페인어 지식을 필요로 하는 독자를 위한 책이다. 현재 국내 스페인어 문법서에서 스페인어의 형태·통사적 현상들에 대한 의구심이 명료하게 설명되지 못한 부분들을 다루고 있다는 점이 본 교재의 특징이다. 스페인어를 교육하는 교수자들뿐만 아니라 향후 스페인어를 학문적으로 접근하고자 하는 스페인어 학습자들이 이 책을 통해 도움을 받을 수 있을 것으로 기대한다. 기존의 스페인어 교육과 학습에서 설명적 타당성이 부족한 문법 항목을 선정하여, 이를 이론적 분석과 설명을 바탕으로 스페인어 문법 항목으로 새롭게 개발한 이론 문법서이다.

일반적인 스페인어 문법 교재들에서는 학문적 지식을 요하는 문법적 지식은 많이 제외되어 있으며 이를 다루지 않거나 단지 예외적 현상으로 한편으로 미루어 놓은 경우가 많았다. 이 때문에 실제 교육 현장에서는 언어학을 전공하는 사람이 아니라면 특정 언어 현상들을 깊이 있게 찾아보고 연구하는 일이 무척 어렵다. 사실상 많은 문법 사항들은 학교 문법만으로는 설명되지 않는 언어적 바탕과 설명적 타당성이 뒷받침되어야 한다. 이에 본 교재는 스페인어 문법 항목들 중 구체적인 설명이 이루어지지 않아 궁금했던 사항들, 기존의 문법서들이 자세하게 다루지 않아 현상으로만 이해하고 있거나 혹은 많은 사람이 간과하고 있는 문법 항목들을 엄선하고 이를 쉽게 설명하여 왜 그런 언어 현상이 나타나는지에 대한 일관된 설명을 담고자 하였다. 또한 기존의 문법서에서 다루고 있는 주제라 하더라도 이에 대해 어떠한 이론적 바탕없이 그 현상만을 기술하고 있는 항목에 대해서도 통사적 설명으로 연결하여 그 내부의 심층 구조까지 이해할 수 있도록 구성하였다. 따라서 스페인어를 공부하는 학습자들뿐만 아니라 교수자와 같은 전문가들이 참고할 수 있는 이론 문법서로서 본 교재를 활용할 수 있을 것이다.

총 50개의 문법 항목을 선정하여 각각의 문법 항목에 대해 예문과 함께 소개하고, 각 현상에 대한 설명은 기존의 전통문법과 최근의 의미-통사적 이론을 모두 아우르는 가장 설명력 있는 논의를 바탕으로 기술하였다. 누구나 이해하기 쉬운 용어로 설명하고자 하였고, 언어 현상을 설명하기 위해 다양한 이론이 존재하지만 문법에 대한 잘못된 견해나 결론을 도출할 수 있다는 문제점을 십분 고려하여 스페인어 전통문법서인 〈Esbozo de una nueva gramática de la lengua española(1973)〉, 〈Nueva Gramática de la Lengua Española(2009)〉, 기술문법서인 〈Gramática Descriptiva de la Lengua Española(1999)〉 등을 바탕으로 설명하였다.

교재는 다음과 같이 구성되어 있다.

1) 선정된 총 50개의 문법 항목은 Ítem으로 소개한다. 각 문법 항목의 핵심적인 주제를 독자들이 쉽게 파악할 수 있도록 Ítem의 제목으로 제시하였다. 그리고 각 Ítem의 핵심 내용을 핵심 CHECK 으로 간략하게 소개하고, 이를 스페인어 대화나 예문으로 제시하여 이해를 돕고자 하였다.

비록 본 교재가 전문적인 스페인어 지식을 필요로 하는 독자를 대상으로 하지만 각자의 관심과 노력에 따라 스페인어의 기본 문법을 알고 있는 누구든지 이해하고 지식의 폭을 넓힐 수 있도록 구성하였다. 이를 위해 교재의 모든 스페인어 문장은 한국어로 해석을 달아 놓았다.

2) 다음은 본격적으로 Ítem에 대해 문법적 설명을 제시하였다. 이 부분은 전통문법, 기술문법, 생성문법 등 다양한 문법 이론을 살펴 각각의 언어 현상이 가장 효과적으로 설명될 수 있고 모든 사람들이 쉽게 이해할 수 있는 방법으로 기술하였다. 그리고 독자들 스스로 이러한 문법 설명을 적용해보고 쉽게 이해할 수 있도록 예시문을 함께 제시하였다. 예시문은 모두 스페인어 문법서나 Real Academia Española에서 제공하는 Corpus를 사용하였고, 출처를 예시문에 표기하였다. 해당 Ítem과 관련된 추가적인 설명은 TIP! 으로 제시하였다.

3) 교재의 마지막에는 Glosario(색인)를 제공하여 필요한 문법 항목을 독자들이 찾아볼 수 있도록 구성하였다.

본 교재는 2020년 출판된『전문가를 위한 스페인어 문법』1권에 이어,『전문가를 위한 스페인어 문법 2』라는 제목으로 새로운 50개의 문법 항목을 담았다. 두 권의 책은 항목 중심으로 기술되었기 때문에 1권과 2권을 순서대로 볼 필요는 없다. 1권과 2권에서 스페인어의 문법 항목 총 100개를 엄선하여 설명하였다. 독자들이 평소 궁금했던 항목, 흥미 있는 항목을 찾아 하나씩 궁금증을 풀어나가다 보면 어느새 스페인어 전문가로 성장한 자신을 발견하게 될 것이라 확신한다.

끝으로 본서의 원고를 처음부터 끝까지 꼼꼼히 읽어 주시고, 격려의 말씀과 더불어 귀중한 제안을 해주신 한국외대 스페인어통번역학과의 전용갑 교수님께 이 자리를 빌려 깊은 감사의 마음을 전한다.

2021년 8월

저자일동

일러두기

1) 표시 *는 비문법적 문장 또는 비문법적 구문을 의미한다.

(예) *Pablo le dimos su bicicleta a ella.
파블로는 그녀에게 자기 자전거를 주었다.

2) 표시 ??는 비문은 아니지만, 문법적으로 어색한 문장을 의미한다.

(예) ??Pablo dio su bicicleta.
파블로는 자기 자전거를 주었다.

3) 표시 ( )는 괄호 안의 내용을 생략할 수 있다는 의미이다.

(예) Pablo le dio su bicicleta (a ella).
파블로는 그녀에게 자기 자전거를 주었다.

4) 표시 *( )는 괄호 안의 내용을 생략하면 비문법적 문장이 됨을 의미한다.

(예) Pablo *(le) dio su bicicleta a ella.
파블로는 그녀에게 자기 자전거를 주었다.

Contenido

머리말 ... 05

Ítem 01. Usted은 왜 문법적으로 3인칭일까요? ... 12

Ítem 02. ¡Que aproveche!를 tú에게 ¡Que aproveches!로 표현할 수 있나요? ... 17

Ítem 03. -mente 부사에서 강세는 어디에 있나요? ... 22

Ítem 04. 위치를 표현할 때 'al norte'일까요? 'en el norte'일까요? ... 26

Ítem 05. 'aquí, ahí, allí' vs. 'acá, allá' ... 32

Ítem 06. 'dentro de un mes'를 "한 달 안에"라고 번역하는 것이 맞나요? ... 38

Ítem 07. 'más de dos personas'를 "두 사람 이상"이라고 번역하는 것이 맞나요? ... 42

Ítem 08. 'un mes antes'와 'antes de un mes'의 차이는? ... 47

Ítem 09. 전치격 대명사 conmigo/contigo/consigo는 어떻게 만들어졌나요? ... 53

Ítem 10. México에 사용된 문자 x는 왜 j와 같은 발음일까요? ... 56

Ítem 11. ¿Quizá o Quizás? 어느 것이 맞나요? ... 60

Ítem 12. conocer와 saber는 어떤 차이가 있나요? ... 64

Ítem 13. pensar와 pensar en은 어떤 차이가 있나요? ... 72

Ítem 14. Voy와 Me voy는 어떻게 다른가요? ... 76

Ítem 15. Dame un poco sal일까요? Dame un poco de sal일까요? ... 82

Ítem 16. 비인칭(impersonal) 구문 『Dicen que ~』와 『Se dice que ~』의 차이점은 무엇인가요? ... 87

Ítem 17. ¿De qué se trata su libro?는 맞는 문장인가요? 틀린 문장인가요? 94
Ítem 18. ¿Véase o Véanse los ejemplos? 어느 것이 맞나요? 99
Ítem 19. 전치사 para와 por를 어떻게 구분하나요? 103
Ítem 20. 『entre + 단수명사』가 가능할까요? 119
Ítem 21. 주어가 'A y B'의 형태일 때 동사는 항상 복수로 일치할까요? 123
Ítem 22. 두 명사가 'A y B' 혹은 'A o B'로 연결된 명사구에 사용하는 관사와 형용사는 어떻게 일치할까요? 129
Ítem 23. 『A y B』와 『tanto A como B』는 같은 의미의 표현일까요? 133
Ítem 24. 간접목적대명사가 문장의 의미에 영향을 줄 수 있나요? 140
Ítem 25. preferir 동사는 비교의 대상 앞에 전치사 a만 사용할 수 있나요? 146
Ítem 26. preferir 동사로 "나를 너보다"와 같은 인칭대명사의 비교 구문을 어떻게 표현할까요? 150
Ítem 27. 사물 목적어 앞에도 'a'를 사용할 수 있나요? 155
Ítem 28. 직접목적격 표시자 a의 사용이 문장의 의미에 영향을 줄 수 있나요? 160
Ítem 29. 중성인칭대명사 ello는 어떤 특성이 있나요? 164
Ítem 30. 소유격대명사 후치형 'mío/tuyo/suyo' 등은 전치형 'mi/tu/su' 등과 비교하여 어떤 점이 다른가요? 169
Ítem 31. todo와 cada 구문의 유사점과 차이점은 무엇인가요? 175
Ítem 32. bastante와 suficiente의 유사점과 차이점은 무엇인가요? 186
Ítem 33. El vestido cuesta cien euros에서 cien euros는 목적어인가요? 192
Ítem 34. Este libro es difícil de {leer/leerlo} 어느 것이 맞나요? 198
Ítem 35. 의문사 의문문에 어순 제약이 있나요? 202
Ítem 36. 부정어가 없어도 부정문을 만들 수 있을까요? 208

Ítem 37. 긍정형 동사 뒤에 nunca, nada, nadie, ninguno 등을 사용할 수 있나요? 214
Ítem 38. 'Depende de a lo que te refieras.'처럼 주절의 전치사와 종속절의 전치사가 겹치면 어떻게 하나요? 220
Ítem 39. 'Con quien hablé fue con Ana.'에서 주어는? 224
Ítem 40. Yo soy quien lo {ha/he} visto. 어느 것이 맞나요? 231
Ítem 41. 관계사 en donde, a donde 그리고 donde 236
Ítem 42. 스페인어도 영어처럼 종속절 접속사 que를 생략할 수 있나요? 243
Ítem 43. 『como si + 접속법』 구문이 왜 비교급 문장인가요? 248
Ítem 44. 어순과 강조의 의미 효과(I) 255
Ítem 45. 어순과 강조의 의미 효과(II) 260
Ítem 46. paraguas, lavavajillas, sacacorchos 등의 복합어가 만들어지는 원리는 무엇인가요? 264
Ítem 47. ¿un sin techo o un sintecho? 269
Ítem 48. 명사화 접미사 -ción과 -sión의 사용을 구분하는 방법이 있나요? 275
Ítem 49. Voseo란 구체적으로 어떤 현상인가요? 280
Ítem 50. 중남미에서 주로 사용되는 어휘 및 표현으로는 어떤 것이 있나요? 286

참고문헌 및 약자 298

색인 303

Ítem 01

Usted은 왜 문법적으로 3인칭일까요?

핵심 CHECK

대명사 'usted'은 명사구 'vuestra merced(당신의 후의/은혜)'라는 존칭어가 축약 과정을 거쳐 만들어진 낱말이다. 상대방을 일컬을 때 사용하는 존칭어이므로 의미적으로 2인칭을 표현하지만, 문법적으로는 3인칭 명사구이기 때문에 3인칭으로 취급한다.

초급 학습자들이 스페인어 인칭대명사를 공부할 때, 논리적으로 쉽게 이해하지 못하는 부분이 있는데, 대명사 'usted'이 그것이다. 의미적으로 2인칭을 표현하지만, 문법적으로는 3인칭으로 취급해야 하기 때문이다. 본 장에서는 이 같은 불일치가 발생한 이유를 알아보고, 더불어 대명사 'usted/ustedes'와 관련된 의미적, 통사적, 지역적 특징에 대해서도 포괄적으로 살펴볼 것이다.

먼저, 대명사 'usted'이 어떻게 형성되었는지 어원론적(etimológico) 관점에서 살펴보자. 널리 알려져 있듯이, 'usted'은 'vuestra merced'이라는 존칭어의 축약형(contracción)에서 기원했다. 대략적 축약 과정은 다음과 같다.

(1) vuestra merced > vuesa merced > vuesarced > vuasted > vusted > usted

(NGLE: 1257)

'vuestra merced'은 존칭어로 14세기부터 사용되었으며, 16세기 이후로는 또 다른 존칭어 'vos'를 거의 대체하면서 (1)의 다양한 모습으로 광범위하게 사용되었다(☞ Ítem 49 참고). 존칭어 'vuestra merced'은 직역하면 "당신의 후의/은혜(gracia)"라는 뜻을 나타내는 말로써, 주로 특별한 작위(título)가 없는 사람들을 높여 부를 때 사용했다.[1] 오늘날의 'usted'은 18세기에 이르러 형성된 형태로 알려져 있다.

이처럼 대명사 'usted'이 다른 인칭대명사들과는 달리 일반 명사구 'vuestra merced'에서 기원했다는 사실은 'usted'이 의미적으로 2인칭이지만, 문법적으로는 3인칭이 되어야 하는 이유를 설명해 준다. 즉, 존칭어 'vuestra merced'은 상대방을 높이는 표현이기 때문에 의미적으로는 2인칭 대상을 가리키지만, 문법적으로는 3인칭 명사구 'vuestra merced(당신의 후의/은혜)'이기 때문에 동사는 (2)에서처럼 반드시 3인칭을 사용해야 하는 것이다.

(2) a. Usted canta/*cantas.
당신은 노래합니다.

b. Ustedes cantan/*cantáis.
당신들은 노래합니다.

(NGLM: 53)

사실 스페인어의 대명사는 'usted'을 제외하고는 모두 라틴어 (인칭/지시)대명사에서 유래했다. 이 같은 차이점은 통사적 측면에서도 상당한 차이점을 보여준다. 먼저, 중복형(doblado) 대명사가 잘못 사용된 예를 보여주는 (3)을 살펴보자.

---

1) 라틴어 'vos'에서 유래한 존칭어 'vos'는 2인칭 단수/복수를 모두 의미할 수 있었다. 한편, 'vos'의 소유격인 'vuestro'도 2인칭 단수/복수를 모두 의미할 수 있었고, 따라서 존칭어 'vuestra merced'은 2인칭 단수인 상대방에게 사용하여 "당신의 은혜"라는 존경의 의미를 표현하였다.

(3) a. *Ha visto a mí.
그가 나를 봤다.

b. *Di el regalo a él.
나는 그에게 선물을 주었다.

c. *Llamó a nosotros.
그가 우리를 불렀다.

(GDLE: 1248)

(3)의 문장들이 모두 비문인 이유는 목적대명사 'me/le/nos'를 사용하지 않고 중복형 대명사 'a mí/a él/a nosotros'만을 사용했기 때문이다. 그러나 중복형 'a usted'의 경우는 (4)에서 보듯 다른 문법성을 보여준다.

(4) a. Agradezco a usted.
당신께 감사드립니다.

b. ¿En qué puedo servir a ustedes?
(당신들을) 어떻게 도와드릴까요?

c. No hay más que ver a usted para comprenderlo.
그것을 이해하기 위해서는 당신을 만나는 수밖에 없군요.

(GDLE: 1248)

(4)의 문장들은 목적대명사 없이 중복형 'a usted/a ustedes'만을 사용하고 있지만 (3)과는 달리 문법성을 가진 문장으로 평가된다. 물론, (4)에 목적대명사 'le/les' 등을 첨가하면 더 자연스러운 문장이 되는 것도 사실이지만, (4)의 문법성이 시사하는 것은 'usted'이 다른 대명사들과 구별되는 어떤 특성을 가진다는 의미로 이해될 수 있다. 본서에서는 이 같은 특성이 'usted'이 명사구 'vuestra merced'의 축약형이라는 사실과 관련이 있다고 설명할 것이다. 즉, 'usted'은 대명사이면서 동시에 본질적으로 일

반 명사구의 특성이 있으므로 (4)에서처럼 중복형만으로도 문법적일 수 있다는 설명이 가능하다.

잘 알려져 있듯이, 'usted/ustedes'는 공식적이고 예의적인 의미를 담고 있으며, 어느 정도의 거리감(distanciamiento)을 표현한다. 그러나 'ustedes'가 복수의 상대방을 지칭할 때, 거리감, 예의, 존중의 의미 없이 친근감(familiaridad)을 표현하는 경우도 있다.

(5) a. A ver, niños, ¿a ustedes les gustan los dulces?
얘들아, 너희들 사탕 좋아하지?

b. Niños, hay merienda para ustedes en la cocina.
얘들아, 주방에 너희들 먹을 간식이 있어.

(DPD: 659; Diccionario de Internet de RAE)

(5)에서 사용된 'ustedes'는 거리감이나 예의적 표현으로 사용한 것이 아니고 유럽 스페인어의 'vosotros'처럼 비공식적이고 친근한 관계에서 사용한 것이다. 즉, 'vosotros' 대신 2인칭 복수의 의미로 'ustedes'를 사용하는 현상으로 중남미 전 지역에서 사용하며, 스페인의 서부 안달루시아와 카나리아제도(Canarias)에서도 관찰된다.

TIP!

¿Ud. o Vd.?

DPD(2005: 659)에 따르면 'usted/ustedes'의 약자(abreviatura)로서 'Ud./Uds.'를 사용할 것을 권장한다. 그러나 간혹 'Vd./Vds.'를 사용하는 경우도 볼 수 있는데, 이는 'usted'의 원래 형태가 'vuestra merced'라는 사실을 보여주는 증거이기도 하다.

Ítem 02

¡Que aproveche!를 tú에게 ¡Que aproveches!로 표현할 수 있나요?

핵심 CHECK

¡Que aproveche!에서 주어는 "음식(comida)"이 되는 것으로 동사 aprovechar는 항상 3인칭 단수로만 사용된다.

1 A: He preparado un bocadillo para ti. ¡Que aproveche!
너를 위해 샌드위치를 준비했어. 맛있게 먹어.

B: Gracias. ¡Qué buena pinta tiene!
고마워. 정말 맛있어 보인다!

식사를 하기 전에 "맛있게 먹어/드세요"라는 표현으로 'Buen provecho.' 혹은 '¡Que aproveche!'를 사용한다. Buen provecho는 남성명사 provecho의 앞에 형용사 bueno가 사용된 것이며, 이 경우 bueno는 남성 단수명사 앞에서 어미 탈락(apócope) 되는 형용사로 모음 o가 탈락된 형태가 사용된다. 이 표현에서 provecho는 "이익(beneficio)", "유용성(utilidad)"을 의미하는 남성명사이다. 이 명사를 이용하여 식사 자리에서 인사말로 'Buen provecho'라는 표현을 사용하는 것은 먹는 음식이 식사하는 사람들의 건강에 유용하고 건강에 좋기를 바라는 마음을 표현하는 것이다. 또 다른 표현으로 사용하는 ¡Que aproveche!는 『Que + 접속법 동사』의 구조를 이용한 일종의 기원문(oración optativa)의 형식을 사용한 표현이다. "~하기를 (바랍니다)"라는 의미를 표현하는 기원문은 다음과 같이 que의 앞에 바람, 기원 등을 의미하는 동사가 생략되어 있는 것으로 이해할 수 있다.

(1) a. ¡Que alguien me ayude!
누군가 나를 도와주기를!

a'. (Espero/Deseo) que alguien me ayude.
누군가 나를 도와주기를 바란다.

b. ¡Que usted lo pase bien!
당신이 잘 지내시기를!

b'. (Espero/Deseo) que usted lo pase bien.
당신이 잘 지내시기를 바랍니다.

(NGLE: 3145, 3141)

따라서 바람, 기원을 나타내는 주절의 동사가 선택하는 목적어 기능의 명사절에 접속법 동사가 사용된 것이고 "~하기를/~이기를 바란다"의 의미를 표현하는 것이다.

그럼 ¡Que aproveche! 구문으로 돌아가 보자. 위의 〈대화 1〉에서 보는 바와 같이, 'He preparado un bocadillo para ti.'라는 문장을 통해 상황은 tú와의 대화임을 알 수 있다. 그리고 "맛있게 먹어"라는 표현은 '¡Que aproveche!'를 사용하고 있다. 스페인어 학습자들 가운데에는 이 표현에서 aprovechar 동사의 주어가 Ud.이라고 생각하는 사람들이 있다. 그래서 2인칭 단수 tú에게 "맛있게 먹어"라고 표현한다면 동사는 접속법 2인칭 단수형이 사용되어 *¡Que aproveches!가 된다고 잘못 생각하는 경우가 있다. 혹은 *¡Que aproveches!라는 표현을 들어 본 적이 없는 학습자들은 왜 2인칭 단수형과 같은 다른 인칭의 동사는 사용할 수 없는 것인지를 질문하는 경우도 있다. 그런데 이 표현에서 주의할 점은 동사 aprovechar의 주어는 Ud.이 아니라는 점이다. 이 표현에서 동사의 주어는 '음식(comida)'이며, 문장에서 표현되지 않은 채로 미루어 짐작되는(sobrentendido) 요소인 것이다. 그리고 aprovechar 동사는 자동사로서 "(무엇이) 유용하게/이롭게 사용되다(servir de provecho)"의 의미를 표현할 수 있다. 즉, "음식이 식사하는 사람들 입에 잘 맞기를 바란다(Espero que aproveche la comida)"라는 문장에서 ¡Que aproveche!라는 표현이 나온 것이다. 따라서 식사를 하는 사람이 여럿이어도, Tú나 Ud.에게 말할 때도 동사는 항상 3인칭 단수 'aproveche'만 사용하는 것이다.

더불어 "네가/너희들이 맛있게 먹기를 바란다" 혹은 "당신(들)이 맛있게 드시기를 바랍니다"처럼 식사를 하는 사람을 언급하고자 한다면 다음 (2)와 같이 표현할 수 있다.

(2) a. Nada, mujer. Que te aproveche.
아무 일도 아니야. 맛있게 먹어.

b. Yo paso. Que os aproveche.
나는 됐어. 너희들 맛있게 먹어.

c. Que le(s) aproveche.
(당신(들)) 맛있게 드세요.

(CREA)

직역을 한다면 "~에게 (음식이) 잘 맞기를/유용하게 쓰이기를"이라는 의미를 표현하는 구조가 된다. 따라서 동사 aprovechar는 3인칭 단수형을 유지하며 간접목적대명사 'te, le, os, les'를 사용하여 식사하는 사람을 표현한다.

TIP!

café cortado

'café cortado'는 진한 에스프레소에 소량의 우유를 섞은 커피의 한 종류이다. 여기에 사용된 'cortado'는 동사 cortar의 과거분사형이 형용사로 사용된 것이다. 일반적으로 "자르다, 나누다"라는 의미를 갖는 동사 cortar가 왜 이 표현에 사용되는지 의아해하는 사람들이 많다. 이는 cortar동사가 갖는 또 다른 의미에 기인한다. cortar는 '액체를 다른 액체와 섞어 본연의 강도나 맛을 변화시키다(Mezclar un líquido con otro para modificar su fuerza o su sabor)'라는 의미를 표현할 수 있다. 그래서 'café cortado'를 다음과 같이 정의한다.

El café cortado es, por definición, un café expreso con un chorrito de leche para suavizar su sabor y rebajar el grado de amargura del café, aunque no se debe confundir con el café con leche.

'café cortado'는 에스프레소의 맛을 부드럽게 하고 커피의 쓴 정도를 낮추기 위해 에스프레소 커피에 우유를 조금 넣은 커피이다. 카페라테(café con leche)와는 혼동하지 않아야 한다.

(https://www.aguaeden.es)

같은 맥락에서 동사 'cortar'를 사용하여 다음과 같이 표현할 수도 있다.

(i) Los que están acostumbrados al café más suave probablemente necesitarán cortar el café con un poco de leche.

더 부드러운 커피에 익숙한 사람들은 아마도 커피에 우유를 조금 넣을 필요가 있을 것이다.

(https://comerbeber.com)

결론적으로 'un café cortado' 또는 'un cortado'라는 표현은 'un café cortado con leche'를 줄여서 나타낸 말이다.

Ítem 03

-mente 부사에서 강세는 어디에 있나요?

핵심 CHECK

'~mente' 부사의 강세는 두 군데에 주어진다. 이는 해당 부사가 내부적으로 『형용사 + 명사(mente)』의 구조로 되어 있기 때문이다. 즉, 원래 형용사의 강세 위치와 명사 'mente(마음)'의 강세 위치에 각각 강세가 온다.

스페인어 부사(adverbio) 중에서 가장 많은 수를 차지하는 것은 '–mente'로 끝나는 부사다. 이는 '–mente'가 형용사 뒤에 붙어 쉽게 파생 부사(adverbio derivativo)를 만들어 주기 때문이다. 실제로 학습자들은 '–mente'를 부사화 접미사(sufijo adverbial)로 알고 있으며, 이는 올바른 지식이기도 하다. 그러나 '–mente'를 단순한 접미사로만 이해하면, (1)의 '–mente' 부사들에 두 번의 강세가 나타나는 이유를 설명하기 어려워진다.

(1) a. claramente, lentamente, tranquilamente
b. naturalmente, particularmente, velozmente
c. fácilmente, inútilmente, rápidamente

(1)의 모든 '–mente' 부사들은 하나의 낱말이지만, 음성적으로 보면 강세가 두 번 적용된다. 즉, 원래 형용사의 강세 위치에 한 번, 그리고 부사화 접미사 '–mente'에 또 한 번의 강세가 일어난다. 학습자들 입장에서 보면 한 단어에 두 번의 강세가 주어진

다는 사실은 상당히 예외적인 경우이고, 따라서 그 이유를 궁금해하는 것은 당연한 일일 것이다. 궁금증 해결을 위해서는 '–mente' 부사의 기원에 대해 살펴볼 필요가 있다.

라틴어에서는 방법 부사(adverbio de modo)에 해당하는 의미, 즉 "~하게"를 표현하기 위해서 『형용사 + 탈격명사(mente)』구조의 탈격(ablativo) 명사구를 사용했다. 즉, *forti mente*(강한 마음으로), *obstinata mente*(완고한 마음으로), *jocunda mente*(즐거운 마음으로)처럼 부사를 대신하여 '형용사 + mente' 명사구가 사용된 것이다.[2)] 이 같은 통사 구조는 스페인어로 그대로 계승되어 『형용사 + mente』구조를 형성했고, 여기서 복합어(palabra compuesta)로서 '–mente' 부사가 나타나게 된 것이다.

실제로 명사 'mente'와 형용사가 함께 부사구를 형성하는 (2)의 예문들은 『형용사 + mente』구조가 왜 결국 부사로 변화했는지를 설명해 준다.

(2) a. Debemos ahora afrontarlas con honradcz, con mcntc abicrta y con enorme esperanza.
지금 우리는 정직하게, 열린 마음으로 그리고 큰 희망으로 그것들과 맞서야 합니다.

b. Era necesario conocer sus experiencias de cambio, ... analizar la situación con una mente concreta.
변화 경험을 아는 것과, ... 상황을 구체적으로 분석하는 것이 필요했다.

(CREA)

(2)의 부사구 'con mente abierta(열린 마음으로)'와 'con una mente concreta(구체적인 마음으로)'는 각각 'abiertamente(솔직히)'와 'concretamente(구체적으로)'로 바꾸어 표

---

2) 라틴어로 명사 mens(마음)는 격에 따라 5가지 형태를 가진다. 즉, mens(주격), mentis(속격), menti(여격), mentem(대격), mente(탈격)이며, 마지막 탈격(ablativo) 'mente'는 스페인어 여성명사 'mente'와 같은 형태이다.

현할 수 있으며, 이는 명사 'mente'가 왜 부사화 접미사로 변화했는지를 의미적 관점에서 잘 설명해 준다.

이처럼 부사 속 '–mente'가 접미사이긴 하지만, 원래는 여성명사 'mente(마음/기분/의도)'라는 사실을 통해 두 가지 현상을 쉽게 설명할 수 있다.

첫째, 두 번의 강세가 나타나는 이유를 설명할 수 있다. 즉, 『형용사 + mente』 구조라는 전제하에서, 첫 번째 강세가 형용사의 강세 위치에 오는 것이고, 두 번째 강세, 즉 주 강세(acento principal)가 명사 'mente'에 오는 것이라 설명할 수 있다.[3] 학습자들이 가장 혼란스러워하는 유형은 (1c)처럼 형용사가 불규칙 강세인 경우이다. 즉, 강세 표시가 형용사에만 있어서 'mente'에는 강세가 오지 않는다고 잘못 생각할 수 있으므로 유의해야 하는 유형이다.

둘째, '–mente' 파생 부사를 만들 때 왜 형용사를 여성형으로 만들어야 하는지를 논리적으로 설명할 수 있다. 즉, 명사 'mente'는 여성명사이므로 이를 수식하는 형용사가 성 변화가 가능한 경우는 (1a)처럼 여성형이 되어야 한다고 설명할 수 있다. 또한 '–mente' 부사가 (3)에서 보듯 'y', 'o', 'tanto ... como', 'que' 등의 접속사로 연결될 때, 접미사 '–mente'를 생략하고 여성형 형용사만을 사용하는 이유도 함께 설명할 수 있다.

---

3) NGLEM(2010: 149)에 따르면, '–mente' 부사에 주어지는 두 개의 강세 중에서 주 강세는 '–mente'에 오고, 형용사에는 부차적 강세(acento secundario)가 주어진다. 그리고 ib)에서 보듯 하나의 강세만 주어지는 경우는 잘못된 강세로 취급한다.

i) a. l[è]ntam[é]nte

b. *lentam[é]nte

(NGLEM: 149)

(3) a. Me lo dijo franca, lisa y llanamente.
나에게 그것을 솔직하고 담백하게 그리고 꾸밈없이 말해주었다.

b. Afortunada o desafortunadamente, hemos de seguir adelante.
다행이든 불행이든 우리는 앞으로 계속 나아가야 한다.

c. Se manifestó tanto privada como públicamente en contra de la sentencia.
사적으로도 공적으로도 그 판결에 반대함을 표명하였다.

d. Actuó más impulsiva que juiciosamente.
신중하기보다는 더 충동적으로 행동했다.

(Instituto Cervantes 2013: 294)

Ítem 04

위치를 표현할 때 'al norte'일까요? 'en el norte'일까요?

핵심 CHECK

전치사 'en'은 기준이 되는 지리적 테두리 내의 '위치'를 나타낼 때 사용한다. 전치사 'a'는 기준점이 되는 지리적 테두리의 외부에 위치한 장소의 '방향'을 가리킬 때 사용한다.

1 A: ¿Sabes dónde está la isla de Jeju?
너 제주도가 어디에 있는지 아니?

B: Sí. Está situada al sur de la península coreana.
응. 한반도 남쪽에 위치하고 있어.

2 A: ¿Podrías recomendarme lugares para visitar en España?
스페인에서 가 볼 만한 장소를 추천해 줄 수 있니?

B: Um... hay unos pueblos preciosos en el norte de Galicia.
음... 갈리시아 북쪽에 가 볼 만한 아름다운 마을들이 있어.

본 장에서는 동(el este), 서(el oeste), 남(el sur), 북(el norte)과 같은 방향을 나타내는 명사를 사용해 위치를 표현하고자 할 때 전치사의 사용에 대해 살펴보고자 한다. "동쪽에, 서쪽에, 남쪽에, 북쪽에"와 같은 위치를 표현하기 위해 전치사 a를 사용해야 하는지 en을 사용해야 하는지 혼란스러울 수 있으며, 실제로 많은 학습자가 오류를 범하기도 한다.

먼저 방향을 나타내는 명사를 사용해 위치를 표현할 때, 가리키는 장소는 기준이 되는 지역이나 국가, 즉 해당 지역의 내부에 있는지 혹은 외부에 있는지에 따라 전치사의 사용이 구별된다. 다음 지도를 통해 구체적으로 살펴보자.

(1)

[4]

예를 들어, "말라가는 스페인 남쪽에 있다"라는 표현을 하고자 한다면, 가리키는 장소는 '말라가(Málaga)'이고, 기준으로 잡은 지리적 테두리는 '스페인(España)'이 되는 것이다. 그렇다면 (1)의 지도에 표시되었듯이, 말라가는 스페인이라는 지리적 테두리 내부에 있는 도시를 표현하는 것이다. 반면에, "프랑스는 스페인 북쪽에 있다"라는 표현을 하는 경우는 가리키는 장소는 '프랑스(Francia)'가 되고, 기준으로 잡은 지리적 테두리는 '스페인(España)'이 되는 것이다. 그렇다면 이 경우 프랑스는 스페인이라는 지리적 테두리

4) https://es.wikipedia.org/wiki/Espa%C3%B1a

외부에 있는 다른 나라를 표현하는 것이다. 이처럼 방향의 명사로 위치를 표현할 때는 기준이 되는 지역 내부의 위치를 말하는 경우와 기준으로 잡은 지역 너머 외부의 위치를 말하는 경우로 나뉜다. 이를 표현할 때 일반적으로 전치사를 구별해서 사용한다.

먼저 첫 번째 경우처럼 기준 지역의 내부에 위치하는 경우에는 전치사 'en'을 사용하고, 두 번째 경우와 같이 기준 지역의 외부에 위치하는 경우에는 전치사 'a'를 사용한다. 스페인어로 이를 표현하면 다음과 같이 나타낼 수 있을 것이다.

(2) a. Málaga está en el sur de España.
말라가는 스페인 남쪽에 있다.

b. Francia está al norte de España.
프랑스는 스페인 북쪽에 있다.

또 다른 예로 위 (1)의 지도에 빨간색으로 표시된 islas Baleares(발레아레스 군도)의 위치를 생각해 보자. 발레아레스 군도는 이베리아반도의 동쪽에 있다. 이는 이베리아 반도라는 지리적 테두리 밖에 위치하고 있는 것이다. 따라서 전치사 en은 사용할 수 없으며, 전치사 a를 사용해 다음과 같이 표현할 수 있을 것이다.

(3) Las islas Baleares se encuentran al este de la península ibérica.
발레아레스 군도는 이베리아반도의 동쪽에 있다.

따라서 위의 〈대화 1〉에서 'la isla de Jeju(제주도)'의 위치를 이야기할 때, '한반도의 남쪽'은 전치사 a를 사용하여 'al sur de la península coreana'라고 표현해야 하며 이 경우 전치사 en을 사용하면 한반도 내에 위치하고 있다는 의미가 되기 때문에 제주도의 위치에는 맞지 않는 것이다. 그리고 〈대화 2〉에서는 'pueblos bonitos(아름다운 마을들)'의 위치가 스페인의 자치주 Galicia 내에서 북쪽에 있다는 의미로 전치사 en

을 사용하여 'en el norte de Galicia'라고 표현한 것이다.

이러한 사용의 차이는 두 전치사의 의미가 다르다는 점을 생각하면 쉽게 이해할 수 있다. 'en'은 위치(ubicación)를 표현하는 전치사로서 기준이 되는 지역의 내부에서 "동, 서, 남, 북의 위치에 있다"라는 의미를 표현하는 것이고, 'a'는 방향(orientación)을 나타내는 전치사로서 어떤 지역을 기준으로 "동쪽, 서쪽, 남쪽, 북쪽 방향으로 있다"라는 의미를 표현하게 되는 것이다.

그런데 실제 스페인어의 사용에서는 이러한 원칙을 지키지 않는 예들이 사용되기도 한다. 다음의 예를 살펴보자.

(4) a. ... en el parque Mgahinga, que está en una región al sur de Uganda que se llama Kisoro, que hace frontera con Ruanda y con Zaire...
므가힝가 공원은 르완다, 자이르와 국경을 맞대고 있는 키소로라고 불리는 우간다의 남쪽 지역에 위치하고 있다.

b. El coñac es un aguardiente producido en la región francesa de Cognac y el champán, un vino espumoso de la región de la Champagne, al norte de Francia.
코냑은 프랑스의 코냑 지방에서 생산하는 증류주이고, 샴페인은 프랑스 북쪽 샹파뉴 지방의 발포성 와인이다.

(CREA)

(4a)에서 가리키는 지역은 '므가힝가 공원이 있는 키소로' 지역이고, 기준이 되는 곳은 아프리카의 국가 '우간다'이다. 이 문장에서 위치는 전치사 'a'를 사용하여 'al sur de Uganda'라고 표현되었다. 그런데 므가힝가 공원은 우간다 내에 있는 국립공원으로, 우간다라는 국가 밖, 즉 다른 나라에 있는 지역을 표현한 문장이 아니다. 엄밀하게 말하면, 'en el sur de Uganda'라고 사용해야 정확한 표현이 된다. (4b)의 경우도 마

찬가지이다. 가리키는 지역은 '샹파뉴 지방'이고, 기준이 되는 곳은 '프랑스'이다. 샹파뉴 지방은 프랑스 내에 있는 지역이다. 따라서 (4b)에 사용된 'al norte de Francia' 대신 'en el norte de Francia'라고 표현해야 한다.

이처럼 앞서 제시한 원칙에 맞지 않는 예가 실제로 사용되고 있는 것은 '동, 서, 남, 북(norte/sur/este/oeste)'이라는 명사가 갖는 방향의 의미 때문이라고 생각할 수 있을 것이다. 즉, 기준이 되는 지점을 바탕으로 구별되는 '방향'과 '위치'라는 개념을 고려하지 않고, 단순히 '방향성'에만 초점을 두어 전치사 'a'를 사용하기 때문에 나타나는 현상이라고 볼 수 있을 것이다. 그러나 엄밀하게 말하면, 전치사 'a'는 기준이 되는 지점으로부터 외부의 위치와 방향을 표현하는 것이 올바른 사용이다.

만약, '위치'를 고려하지 않고 '방향'만을 생각하여 모두 전치사 'a'를 사용하는 경우에는 혼란스러운 상황이 발생할 수도 있다는 점을 유의해야 한다. 앞서 제시한 (4)의 예를 다시 살펴보자. (4a)에 제시된 'el parque Mgahinga(므가힝가 공원)'이 '우간다'라는 나라 안에 있는 공원이라는 것을 모른다면 이 문장만으로는 'al sur de Uganda'는 "우간다 국경 너머 남쪽"이라는 의미로 이해할 수 있으며 그 경우 이 공원은 다른 나라에 있는 공원으로 받아들일 수 있는 것이다. (4b)의 경우도 'la región de la Champagne(샹파뉴 지방)'가 프랑스 내의 한 지방이라는 것을 모른다면 'al norte de Francia'를 "프랑스 국경 너머 북쪽"이라는 의미로 이해할 수 있다. 따라서 정확한 정보를 전달해야 하는 신문이나 언론 매체 등에서는 앞서 제시한 원칙에 따라, 전치사 'en'은 '기준이 되는 지리적 테두리 내부의 위치'를 가리킬 때 사용하고 전치사 'a'는 '기준이 되는 지리적 테두리 너머 외부의 방향'을 가리킬 때 사용해야 한다. 다음 (5)는 신문에 실린 위치 표현의 예이다.

(5) La región de Brescia, al este de Milán, en el norte de Italia, sufrió ayer un seísmo de magnitud 4,2 en la escala Richter.

이탈리아 북쪽, 밀라노에서 동쪽에 있는 브레시아 지역에서 어제 리히터 규모 4.2의 지진이 발생했다.

(CREA)

(5)에서 'Brescia(브레시아)'의 위치를 표현하기 위해 'al este de Milán'과 'en el norte de Italia'의 두 가지 표현이 함께 사용되었다. 'al este de Milán'은 "밀라노의 동쪽"을 표현하며, 구체적으로는 "밀라노라는 도시 넘어 동쪽"을 가리킨다. 그리고 'en el norte de Italia'는 "이탈리아 안에서 북쪽"이라는 의미이다. 즉, "이탈리아의 북쪽에 있는 브레시아는 밀라노라는 도시를 기준으로는 동쪽에 있는 도시"인 것이다. 이처럼 전치사를 구별하여 방향과 위치를 명확하게 구별하여 사용하는 것을 알 수 있다.

TIP!

'방향(orientación)'을 나타내는 전치사 'a'와 '위치(ubicación)'를 나타내는 전치사 'en'은 수식어의 사용에서도 차이가 있다. 다음 (i)의 예를 살펴보자

(i) a. Está un poco más al sur.
조금 더 남쪽 방향에 있다.

b. *Está un poco más en el sur.
조금 더 남쪽 위치에 있다.

(NGLE: 1315)

"남쪽으로"라는 '방향'을 나타내는 (ia)의 'al sur'는 "조금 더"라는 단계적 차이(gradación)를 나타내는 'un poco más'의 수식을 받아 "조금 더 남쪽으로"의 의미를 표현하는 것이 가능하다. 반면에, "남쪽에"라는 '위치'를 나타내는 (ib)의 'en el sur'는 'un poco más'와 같은 표현이 수식할 수 없다는 특징을 갖는다.

Ítem 05

'aquí, ahí, allí' vs. 'acá, allá'

핵심 CHECK

aquí, ahí, allí와 acá, allá는 동일하게 위치와 방향을 나타내는 부사이다. 그러나 acá, allá는 '방향성'의 뉘앙스가 좀 더 강한 부사로 수식어를 동반하거나 전치사 para와 함께 사용되는 것이 자연스럽다.

1 A: No coloques el sofá tan acá.
너무 이쪽으로 소파를 놓지 마.

B: Pero en la entrada no hay suficiente lugar para colocarlo.
하지만 입구 쪽에는 소파를 놓을 만큼 충분한 자리가 없어.

2 A: ¿Qué te pasa?
무슨 일이야?

B: De ayer acá se han acumulado malas noticias.
어제부터 지금까지 나쁜 소식들이 쌓였어.

장소를 표현하는 부사로 aquí, ahí, allí는 "여기", "거기", "저기"의 의미를 표현한다. 이는 화자와 청자 사이의 거리에 따라 화자에게 가까운 것을 aquí, 청자에게 가까운 것을 ahí, 화자와 청자에게서 모두 먼 곳을 allí로 표현하기 때문이다. 그런데 이와 유사한 표현으로 acá와 allá가 있다. 일반적으로는 유럽 스페인어에서는 aquí, ahí, allí가 더 많이 사용되고, 중남미 지역의 스페인어에서 acá, allá가 더 선호되는 경향을 보인다. NGLE(2009)에 따르면, 중남미 지역 내에서도 라플라타강(Río de la Plata) 지역과 멕시코, 온두라스, 베네수엘라, 콜롬비아 등과 같은 카리브해를 접하는 내륙 국가(el Caribe continental)가 다른 중남미 지역보다 acá를 더 많이 사용하고 있다고 한다.

이러한 지역적 차이 외에 이들 장소부사가 갖는 차이점을 살펴보자. 먼저 가장 눈에 띄는 차이는 aquí, ahí, allí는 세 개로 이루어진 삼원 체계를 갖추고 있는 반면, acá, allá는 두 개로 구성된다. 의미적으로 acá는 aquí처럼 화자에게 가까운 "여기"를 나타내고 allá는 allí와 동일하게 화자, 청자에게서 먼 "저기"를 가리킨다. 그리고 청자에게서 가까운 ahí의 경우도 allá로 표현한다. 현재 사용되고 있는 스페인어에서 점차 ahí와 allí를 엄격하게 구별하지 않고 사용하고 있다는 점에서 aquí–ahí–allí의 체계 역시 aquí–allí의 체계로 단순화되어 가고 있다고 보는 의견도 있다. 이를 다음과 같은 예로 이해할 수 있다.

(1) a. este de aquí
여기 있는 이것

b. *este de ahí
거기 있는 이것

c. *este de allí
저기 있는 이것

(2) a. ese árbol de ahí
거기 있는 그 나무

b. ese árbol de allí
저기 있는 그 나무

(NGLE: 1314)

(1)에서 보는 바와 같이 장소부사 aquí와 화자에게서 가까운 대상을 가리키는 지

시대명사 este는 서로 어울리는 표현이지만, ahí나 allí를 지시대명사 este와 함께 사용하는 것은 어색한 조합이 된다는 것을 알 수 있다. 반면에, (2)의 예를 보면, 청자에게서 가까운 것을 가리키는 지시형용사 ese와 함께 사용된 ese árbol은 장소의 부사 ahí나 allí 모두와 연결될 수 있다는 것을 알 수 있다.

의미적으로는 두 종류의 부사가 모두 위치와 방향의 의미를 표현하는 공통점이 있지만 이를 수식하는 수식어나 전치사의 사용과 관련해서 두 형태의 부사 사이에 약간의 뉘앙스의 차이가 있다는 것을 알 수 있다. 먼저 다음 (3)의 예를 통해 수식어의 사용과 의미 사이의 관계를 살펴보도록 하자.

(3) a. más hacia el oeste/muy para la derecha
더 서쪽으로/매우 오른쪽으로

b. *muy sobre la mesa/*bastante junto a la pared
매우 탁자 위에/상당히 벽 옆에

(NGLE: 1315)

먼저 (3a)와 같이 방향의 의미를 가진 명사 'el oeste(서쪽)', 'la derecha(오른쪽)'와 hacia, para와 같이 "~방향으로, ~을 향해"와 같은 의미를 가진 전치사가 함께 구를 형성하고 있을 때, más나 muy와 같은 단계적 차이(gradación)를 나타내는 수식어가 이 방향성의 표현을 수식하는 것은 의미상으로 어울리는 표현이 된다는 것을 보여준다. 그러나 (3b)에서 보듯이, 위치를 나타내는 'sobre la mesa(탁자 위에)', 'junto a la pared(벽 옆에)'와 같은 표현을 정도의 표현이 수식할 수는 없다는 것을 알 수 있다(☞ Ítem 04 Tip 참조)

그러면 이를 바탕으로 다음 예문을 살펴보자.

(4) a. cuando, si parasen un metro más acá o más allá, lo evitaría.
1m만 더 이쪽에서 아니면 더 저쪽에서 멈추면 그것을 피할 텐데.

b. ¿Qué puedo yo decirles desde acá a esos objetos queridos que están tan allá?
그렇게 멀리 있는 그 소중한 물건들에 대해 내가 여기에서 무슨 말을 할 수 있나요?

c. ¿Pero está un poco más acá o más para allá?
그런데 좀 더 이쪽에 있나요, 아니면 더 저쪽에 있나요?

(CREA)

(4)는 장소의 부사를 más, tan과 같은 정도의 의미를 가진 표현이 수식하거나 부사의 앞에 para와 같은 방향의 전치사가 사용된 문장들이다. 그런데 (4)에서 보이는 예들은 모두 acá, allá와 같이 -á로 끝나는 형태의 부사가 사용되었다는 것을 알 수 있다. 앞서 제시된 〈대화 1〉에서도 'tan acá'의 표현이 사용되었고, 이를 "*tan aquí'라고 사용하지는 않는다. 물론 aquí, ahí, allí와 같은 -í로 끝나는 형태의 부사들이 방향을 나타내는 전치사와 사용될 수 없는 것은 아니지만, 실제 부사의 사용에 있어서 수식어를 동반한다거나 전치사 para와 함께 사용되는 경우는 매우 드물다는 특징이 있다. 반면, 상대적으로 acá, allá와 같이 -á로 끝나는 형태의 부사는 'más, tan, un poco más' 등이 수식하는 구문이 많이 사용되고 있으며, 전치사 para와 함께 방향을 표현하는 것이 자연스럽게 받아들여진다는 차이점이 있다.

NGLE(2009)에 따르면, -í 형태의 부사는 장소를 가리킬 때 명확한 위치나 어떤 지점(puntos)을 가리키는 의미가 강하지만, -á 형태의 부사는 영역이나 지역(áreas o zonas)과 같은 공간(espacio)의 개념뿐만 아니라 방향성이 좀 더 강하게 내포되어 있다. 그렇다면 앞서 (3)에서 살펴본 특징을 적용한다면, acá, allá와 같은 -á 형태의 부사는 aquí, ahí, allí와 같은 -í 형태의 부사보다는 방향성의 뉘앙스가 더 강하다고 볼 수 있다. 이 때문에 -á 형태의 부사는 "조금 더", "매우" 등의 의미를 나타내는 정도의 수식어와 함께 사용되거나 전치사 para와 함께 방향을 표현하는 것이 자연스럽게 받아들여진다고 이해할 수 있을 것이다.

마지막으로, 위의 〈대화 2〉에서 보는 것처럼 'acá'는 "현재, 지금"이라는 의미로 '시간(tiempo)'도 표현할 수 있다. 이 또한 aquí와는 다른 점이다. 〈대화 2〉에서는 'de ayer acá'의 표현이 사용되었으며, "어제부터 지금까지"의 의미를 표현한다. 주로 『de/desde + 시간 표현 + (para) + acá』의 구조를 사용하여 "~때부터 지금까지"의 의미를 표현한다.

(5) a. ¿Pero qué ha ocurrido de entonces acá?
그런데 그때부터 지금까지 무슨 일이 벌어졌나요?

b. ... los precios de los vehículos pesados se han triplicado desde 1983 para acá.
대형화물차량의 가격이 1983년부터 현재까지 세 배가 되었다.

(CREA)

전치사 de나 desde와 함께 다양한 시간의 표현이 사용되어 "~부터"의 의미를 표현하고 "지금/현재까지"의 의미를 acá 혹은 para acá를 사용하여 표현한 구문이다. 'de entonces acá'는 "그때부터 지금까지"라는 의미의 표현으로 'desde entonces acá', 'de entonces para acá', 'de un tiempo acá' 등으로 다양하게 사용된다.

Ven acá
...
Si volviera a encontrarte,
no sé qué te diría.
Te diría:
Ven acá,
que de rodillas te estoy pidiendo
ven, ven acá
...
(Agustín Lara, 1897~1970)

Ítem 06

'dentro de un mes'를 "한 달 안에"라고 번역하는 것이 맞나요?

핵심 CHECK

『dentro de + 시간명사』 구문은 "지금부터 명사의 시간이 흐른 뒤에"라는 의미를 표현한다. 따라서 'dentro de un mes'는 "(지금부터) 한 달 후에"로 번역해야 한다.

1 A: Ya es hora de embarcar y ahora sí que tengo ganas de subir al avión.
벌써 탑승할 시간이야. 그리고 이젠 비행기에 오르고 싶어.

B: ¿Y cuándo vuelves?
그러면 언제 돌아오니?

A: Dentro de quince días.
15일 후에/*15일 안에

스페인어 학습자들이 의미적으로 많이 혼동하는 구문 중의 하나가 『dentro de + 시간명사』가 사용된 문장이다. 그리고 이 혼동은 『dentro de + 장소명사』 구문에서 비롯되었다. 즉, ⑴에서 『dentro de + 장소명사』를 "~ 내에/안에"라는 의미로 해석한 것을 ⑵의 『dentro de + 시간명사』에 그대로 적용하여 발생하는 의미적 혼동이다.

(1) a. El paraguas está dentro de la maleta.
그 우산은 가방 안에 있다.

b. Este museo está dentro de una preciosa casa.
이 박물관은 어떤 예쁜 집 안에 있다.

(GDEA: 722)

(2) a. Dentro de tres horas nos veremos.
{세 시간 (지난) 후에/*세 시간 내로} 봅시다.

b. Dentro de unas semanas voy a ir al concierto de los Rollings.
{몇 주 (지난) 후에/*몇 주 안에} 롤링스 콘서트에 갈 겁니다.

(GDEA: 722)

(1)에서 'dentro de la maleta'와 'denro de una preciosa casa'를 각각 "가방 안에"와 "어떤 예쁜 집 안에"로 번역하는 것은 올바른 해석이다. 그러나 (2)의 'dentro de tres horas'와 'dentro de unas semanas'를 각각 "세 시간 내로"와 "몇 주 안에"로 번역하는 것은 의미적으로 혼란의 여지가 있는 한국어 번역이 된다. 왜냐하면 'dentro de ~'에 뒤따르는 명사가 시간명사일 경우는 (장소명사와는 달리) "~시간 후에"라는 의미가 적용되기 때문이다. 예를 들어 'dentro de dos meses'라는 표현의 정확한 의미를 RAE 사전(1992)은 'pasados dos meses desde ahora(지금부터 두 달의 시간이 지나간 후에)'로 정의하고 있다. 즉, 『dentro de + 시간명사』 구문의 가장 중요한 의미적 포인트는 "지금부터 명사의 시간이 모두 흘러간 뒤의 시점"을 표현하는 것이고 이를 한국어로 번역하면 "~의 시간 후에"가 되는 것이다. 다음 (3)의 예문들을 살펴보자.

(3) a. Llegará dentro de tres días.
그는 {삼 일 후에/*삼 일 안에} 도착할 예정입니다.

b. Te llamaré dentro de una hora.
너에게 {한 시간 후에/*한 시간 내로} 전화할게.

(NGLEM: 461, 568)

만약 (3a)의 'dentro de tres días'를 한국어로 "삼 일 내로/안에"로 번역한다면 그 의미는 "삼 일이 넘지 않는 시간"을 뜻하게 되고, 이는 '이틀' 또는 '이틀 반나절'의 시간도 논리적으로 가능한 시간이 된다. 그러나 'dentro de tres días'는 "삼 일이 지나간 시점"을 의미하는 표현이므로 "삼 일 후에"로 번역해야 한다.

『dentro de + 시간명사』 구문의 또 다른 특징은 발화 시점(momento del habla)을 포함하여 그 이후의 미래 동작이나 상황과 의미적 조화를 이룰 수 있다. 따라서 과거 시제가 사용된 (4)와 같은 문장에서는 사용될 수 없다.

(4) a. *Se recuperó dentro de dos días.
이틀 후에 회복되었다.

b. *La enorme grieta que provocó el derrumbamiento del jueves dejó sin hogar a muchas familias dentro de una semana.
목요일 붕괴를 일으켰던 그 거대한 균열은 일주일 후에 많은 가정이 보금자리를 잃게 했다.

(NGLEM: 564; GDLE: 3103)

여기서 주의할 점은 (4)의 한국어 번역은 완벽한 문장이지만 스페인어는 비문법적 문장이라는 것이다. 왜냐하면 『dentro de + 시간명사』 구문은 현재의 발화 시점을 기준으로 삼아야 하지만 한국어 "~ 시간 후에"라는 표현은 이 같은 제약이 없기 때문이다.

한편, 『dentro de + 시간명사』 구문에는 'poco (tiempo)', 'mucho (tiempo)', 'algún tiempo', 'un rato'처럼 구체적으로 정해지지 않은 수량 (대)명사들이 사용될 수 있다.

(5) a. Voy a ser abuelo, no sé si dentro de poco, o dentro de mucho.
짧든 길든, 시간이 지난 후에 나는 할아버지가 될 거야.

b. Si dentro de un rato no salgo sano y salvo, entrarán.
만약 잠시 후에 내가 무사히 나가지 못한다면, 그들이 들어올 겁니다.

c. Dice Redondo que dentro de algún tiempo solo quedará uno: UGT.
레돈도는 얼마 후면 UGT 하나만 남을 거라고 말한다.

(CREA)

TIP!

『en + 시간명사』 구문의 정확한 의미는 무엇인가요?

본문에서 『dentro de + 시간명사』 구문에 가장 근접한 한국어 번역이 "~시간 후에"라는 사실을 살펴보았다. 여기서는 또 다른 시간 표현인 『en + 시간명사』 구문의 정확한 의미가 무엇인지 알아보자.

(i) a. Escribió la carta en veinte minutos.
그는 이십 분 동안/만에 편지를 썼다.

b. Hizo el trabajo en dos horas.
그는 두 시간 동안/만에 그 일을 했다.

(MEE: 125; DPU: 475)

(i)에서 'en veinte minutos/dos horas'는 "이십 분/두 시간 동안/만에"로 번역되었다. 더 정확한 의미는 "어떤 행위가 지속하는 시간(tiempo que dura una acción)"을 뜻한다. 따라서 『en + 시간명사』 구문은 "(표현된 시간) 동안/만에 ~하다/했다"라는 번역이 가장 정확한 의미가 될 것이다.

Ítem 07

'más de dos personas'를 "두 사람 이상"이라고 번역하는 것이 맞나요?

핵심 CHECK

『más/menos de + 숫자』 구문은 "(숫자) 보다 많은/적은"의 의미를 표현한다. 따라서 한국어로 "~ 이상/이하"로 번역하는 것은 때에 따라 심각한 오류를 범할 수 있으니 주의를 필요로 한다.

1 A: Necesitamos ganar por más de dos goles para disputar la final.
결승에서 겨루기 위해서는 두 골 넘게 넣고 이기는 것이 필요합니다.

B: Creo que eso no es tan difícil, porque ya hemos marcado dos goles y todavía nos quedan otros 45 minutos.
내 생각엔 그렇게 어렵진 않을 것 같아요. 왜냐하면 이미 우리가 두 골 넣었고 아직도 45분이 더 남았잖아요.

2 A: Tenemos mucha prisa. ¿Por qué no aceleras más?
우리 정말 급한데. 더 속도 내서 가는 게 어때?

B: En esta carretera hay que ir a menos de 60 kilómetros por hora.
이 도로에서는 시속 60km 미만으로 가야 해.

대부분의 한국인 학습자들은 〈대화 1〉의 A 문장을 "결승에서 겨루기 위해서는 두 골 이상 넣고 이기는 것이 필요하다"라고 번역한다. 그런데 여기서 "두 골 이상"이라는 번역은 잘못된 것이다. 왜냐하면 〈대화 1〉의 B 문장 "ya hemos marcado dos goles y todavía nos quedan otros 45 minutos(이미 우리가 두 골 넣었고 아직도 45분이 더 남았잖아)"가 암시하듯이, 'más de dos goles'의 실제적 의미는 한국어로 "세 골 이상"이 되어야 하기 때문이다. 즉, RAE 사전(1992: 1331)에 따르면 『más de + 숫자』 구문의 정확한 의미는 "표현된 수량을 넘어서는 초과(denota exceso indeterminado con relación a una cantidad expresa)"의 개념이라고 정의하고 있다.

문제는 한국어로 수량을 표현할 때 '초과(exceso)'라는 단어를 특별한 경우를 제외하고는 사실상 잘 사용하지 않기 때문에 발생한다. 즉, 상기 문장을 "두 골을 초과해서 넣고 이기는 것이 필요합니다"라고 번역한다면, 이는 의미는 통하지만 잘 사용하지 않는 어색한 표현이 되기 때문이다.

다음 (1)의 예문들도 "~이상"이라고 번역하면 의미적 오류가 발생한다.

(1) a. Se prohíbe la adopción por más de dos personas.
{*두 명 이상의/ 두 명이 넘는} 사람들에 의한 입양은 금지된다.

b. Los decretos que prohíben que puedan participar más de cuatro jugadores extranjeros en partidos de campeonato.
{*네 명 이상의/ 네 명이 넘는} 외국인 선수들이 경기에 참여하는 것을 금지하는 법령.
(CREA)

(1)에서 'más de dos personas'와 'más de cuatro jugadores extranjeros'를 각각 "두 명 이상의 사람"과 "네 명 이상의 외국인 선수"로 번역하면 중대한 의미적 오류를 범하게 된다. 즉, 이 경우 한국어 의미로는 '두 명의 사람'과 '네 명의 외국인 선수'가 포함되지만, 스페인어로는 표현된 숫자를 포함하지 않기 때문에 각각 '세 명의 사람'과

'다섯 명의 외국인 선수'부터 동사 prohibir(금지하다)의 의미에 포함되어 완전히 다른 뜻을 나타낼 수 있기 때문이다. 특별히 (1)의 예문들처럼 법령이나 규정과 관련된 문장에서는 치명적 오류를 범할 수 있으므로 주의를 요구하는 구문이다. 따라서 『más de + 숫자』 구문의 정확한 의미를 표현하기 위해서는 "~이 넘는", "~보다 많은", "~을 초과하는" 등으로 번역해야 한다.

(2) a. En esta batalla murieron más de dos mil hombres.
이천 명이 넘는 사람들이 이 전쟁에서 죽었다.

b. Son más de las diez.
열 시가 넘었다.

(DRAE: 1331)

〈대화 2〉의 B에서 사용된 『menos de + 숫자』 구문도 의미적으로 동일한 문제점을 포함한다. 즉, 주어진 숫자가 포함되지 않는 의미를 표현하므로 "~이하"가 아니라 "~미만의" 또는 "~보다 적은" 등으로 번역해야 한다.

(3) a. La huelga de hambre duró menos de veinticuatro horas.
단식 농성은 24시간에 미치지 못했다.

b. Son menos de las diez.
열 시가 안 됐다.

(DPD: 432; DRAE: 1355)

그렇다면, 한국어로 "두 명 이상/이하의 사람"을 스페인어로는 정확히 어떻게 표현할 수 있느냐는 의문이 생긴다. 이 경우 스페인어로는 '이상/이하'에 해당하는 어휘가 없으므로 의미를 풀어서 'dos o más/menos personas'로 나타낸다. 결론적으로, '(숫자) 이상/이하의 (명사)'를 스페인어로 표현할 때는 (4)에서처럼 『숫자 + o más/menos + 명사』로 나타내면 된다.

(4) a. Los vehículos de tres o menos ruedas están exentos de autorización para circular.
삼륜 이하의 교통수단은 운행 허가증이 면제된다.

b. La conspiración existe cuando dos o más personas se conciertan para la ejecución de un delito.
공모란 두 명 이상의 사람들이 범죄 실행을 위해 의견을 함께할 때 존재하는 것이다.

(Diario ABC[5]; CREA)

5) https://www.abc.es/espana/madrid/abci-moto-taxis-madrid-201210170000_noticia.html

TIP!

나이(edad)를 표현하는 『(los/las) mayores/menores de + 숫자』 구문도 본문의 『más/menos de + 숫자』와 마찬가지로 "(숫자) 보다 나이가 많은/적은 (사람들)"로 번역하는 것이 올바른 해석이다.

(i) a. Lo mismo ocurre para los mayores de 45 años.
45세가 넘는 사람들에게도 같은 현상이 나타난다.

b. 1 de cada 5 individuos mayores de 19 años son calificados como obesos en los Estados Unidos.
미국에서는 19세가 넘는 다섯 사람 중 한 명이 비만으로 평가된다.

(CREA)

(ii) a. El mayor número de embarazos no deseados se produce entre las menores de 18 años.
원하지 않는 임신의 최고 수치는 18세 미만의 여성들에게서 나타난다.

b. No se recomienda para niños menores de 8 años.
8세 미만의 아이들에게는 권장되지 않는다.

(CREA)

Ítem 08

'un mes antes'와 'antes de un mes'의 차이는?

핵심 CHECK

'un mes antes/después'처럼 antes/después의 앞에 기간 명사가 사용되면 antes와 después 다음에 표현되는 기준 시점으로부터 "(기간) 전/후에"의 의미를 표현한다. 반면, 'antes/después de un mes'처럼 antes/después de 다음에 기간의 명사가 사용되면 발화하는 시점이나 사건이 벌어지는 시점을 기준으로 "기간이 흐르기 전에/흐른 뒤에"의 의미를 표현한다.

1 A: ¿Sabes cuándo se irá Carmen a España?
카르멘이 스페인으로 언제 떠나는지 아니?

B: Sí, se irá tres semanas antes de su boda.
응, 결혼식 3주 전에 떠날 거야.

2 A: ¿Cómo se puede usar este champú?
이 샴푸는 어떻게 쓰는 거야?

B: Aplícalo sobre el cabello seco y después de tres minutos lávate normalmente el pelo.
마른 머리카락에 샴푸를 바르고 삼분 뒤에 보통 머리 감듯이 감아.

시간의 표현에 사용되는 antes(~전에, 이전에), después(~후에, 이후에)는 시간을 표현하기 위해 주로 부사로 사용된다. 시간의 선행성(anterioridad)을 나타내는 표현으로는 antes, anteriormente, previamente 등이 있고, 후행성(posterioridad)을 나타내는 표현으로는 después, luego, posteriormente 등이 있다. 이 중 antes와 después의 사용에 있어서 학습자들이 많이 궁금해하는 내용은 다음 (1), (2)와 같이 'dos días'를 antes와 después의 앞과 뒤에 모두 사용해도 되는지, 그리고 두 표현이 모두 가능하다면 둘 사이에는 어떤 차이가 있는지에 대한 것이다.

(1) a. antes de dos días
b. dos días antes
이틀 전

(2) a. después de dos días
b. dos días después
이틀 후

(1a), (2a)에서는 기간(período)을 나타내는 'dos días'가 전치사 de로 연결되어 antes와 después의 뒤에 사용되었다. 그리고 (1b), (2b)에서는 'dos días'가 antes와 después의 앞에 사용된 것을 볼 수 있다. 먼저 이 두 표현은 모두 맞는 것으로, "이틀 전", "이틀 후"의 의미로 기간을 나타내는 요소가 antes와 después의 앞과 뒤에 모두 사용될 수 있다. 그러나 이 두 표현은 의미적으로 차이가 있다. 다음 (3)의 예를 살펴보자.

(3) a. poco tiempo antes de morir
죽기 얼마 전에
b. dos meses después de su llegada
그가 도착하고 두 달 뒤에

(NGLE: 2320)

⑶의 예에서는 antes와 después의 앞에 기간을 나타내는 'poco tiempo', 'dos meses'가 사용되었다. 그리고 antes와 después의 뒤에 전치사 de를 동반하여 동사원형이나 명사가 사용되었고, 이는 기준이 되는 시점을 표현하고 있다. 즉, ⑶a)에서 '얼마 안 되는 기간 전'이라는 것은 morir(죽음)를 기준으로 한 것이고, ⑶b)에서 '두 달 뒤'라는 기간은 su llegada(그의 도착)를 기준으로 계산된 시점이다. 〈대화 1〉에서도 'tres semanas antes de su boda'는 "결혼식이 열리기 삼 주 전에"의 의미를 표현한다. 이처럼 『기간 + antes/después de ~』의 구조로 시간을 표현하는 것은 "~보다 (기간) 이전, ~보다 (기간) 이후"라는 의미를 나타내는 것으로 '비교'의 의미를 담고 있다. 그리고 antes와 después의 앞에 기간을 나타내는 명사가 사용되는 이 구조에서 antes와 después는 부사가 아닌 형용사로 사용된 것으로 anterior, posterior와 동일한 의미를 표현하는 것으로 이해할 수 있다. 즉, ⑶에서는 antes와 después가 형용사로서 기간을 나타내는 poco tiempo, dos meses를 수식하고 있는 것이다. 다음 ⑷의 예문을 통해 이를 확인해 보자.

(4) a. en los treinta días anteriores a las elecciones
투표 30일 전 이내에

b. durante los 10 años posteriores a su restauración
복원 이후로 10년 동안

(CREA)

⑷에서 보는 바와 같이 비교의 의미를 표현하는 형용사 anterior, posterior의 앞에 기간을 표현하는 명사를 위치시키고, 기준이 되는 시점을 전치사 a와 함께 형용사 뒤에 사용하였다. 이 표현은 앞서 제시한 『기간 + antes/después de ~』의 구조와 같은 의미를 표현한다. 따라서 다음과 같이 나타낼 수 있다.

(5) a. en los treinta días antes de las elecciones
투표 30일 전 이내에

b. durante los 10 años después de su restauración
복원 이후로 10년 동안

다른 한편으로, (1a), (2a)와 같이 『antes/después de + 기간』의 구문에서는 antes와 después 뒤에 기간의 표현이 사용되어, 발화하고 있는 시점 혹은 문맥에서 앞서 제시된 시점을 기준으로 "언급된 기간이 흐르기 전에", "언급된 기간이 지난 후에"라는 의미를 표현한다.

(6) a. Si haces cuentas verás que antes de diez años serás universitario y músico profesional.
세어 보면 알겠지만, 너는 (지금부터) 십 년이 되기 전에 대학생이 되고 전문 음악인이 되어 있을 거야.

b. Aprobó anoche el nuevo modelo después de cinco horas de discusiones.
어젯밤 다섯 시간 토론을 한 뒤 새로운 모델을 승인했다.

(CREA)

(6a)에서 'antes de diez años'는 "antes de que transcurran diez años"의 의미를 표현하는 것으로 "십 년이 흐르기 전에"의 의미를 표현한다. (6b)에서 'después de cinco horas de discusiones'는 "다섯 시간 토론을 한 뒤에"를 의미하며, 이는 문장의 동사구가 가리키는 '새로운 모델을 승인하다(aprobar el nuevo modelo)'라는 사건(evento) 전에 다섯 시간의 토론이 있었다는 것을 의미한다. 〈대화 2〉에서는 'después de tres minutos(삼분 뒤에)'는 앞 문장에서 제시된 'aplicar el champú(샴푸를 바르다)'라는 동작이 문맥상 기준이 되는 것이고 이 동작이 이루어지고 "삼분 뒤"라는 것을 después de 다음에 기간으로 표현한 것이다.

그리고 『antes/después de ~』와 같이 antes와 después 앞에 다른 명사가 사용되지 않은 구문에서 antes와 después는 부사로 기능하게 된다. 따라서 『antes/después de + 사건명사(nombre de evento)』의 구조를 갖는 (7)과 같은 구문은 유사한 의미를 갖는 부사 anteriormente, posteriormente 등과 전치사 a를 사용하여 (8)과 같이 표현할 수 있다.

(7) a. antes de su nombramiento en Bruselas
브뤼셀에서 그의 임명 전에

b. después de la boda
결혼식 후에

(8) a. anteriormente a su nombramiento en Bruselas
브뤼셀에서 그의 임명 전에

b. posteriormente a la boda
결혼식 후에

(NGLE: 2319-2320)

(7)에서 antes와 después 앞에 다른 명사는 사용되지 않았고, 전치사 de 뒤에 nombramiento(임명), boda(결혼식)와 같은 사건명사가 사용되어 "(사건이) 벌어지기 전에/벌어진 후에"라는 의미를 표현한다. 이 경우 antes와 después는 부사로 기능하는 것으로 (8)과 같이 'anteriormente a', 'posteriormente a'를 이용해 동일한 의미를 표현할 수 있다. 그러나 (5)와 같이 antes와 después의 앞에 기간의 명사가 사용된 구문에서는 antes와 después가 형용사로 기능하는 것이기 때문에, 다음 (9)에서 보듯이 anteriormente, posteriormente와 같은 부사로 표현할 수 없는 것이다.

(9) a. *en los treinta días anteriormente a las elecciones
투표 30일 전 내에

b. *durante los 10 años posteriormente a su restauración
복원 뒤 10년 동안

Un mes antes, y otro después de navidad,
es invierno de verdad.

Ítem 09

전치격 대명사 conmigo/contigo/consigo는 어떻게 만들어졌나요?

핵심 CHECK

전치사 'con'이 전치격 인칭대명사 'mí/ti/sí'와 각각 사용될 때 나타나는 'conmigo/contigo/consigo'는 라틴어 전치사 'cum(=con)'이 대명사 'mí/ti/sí'의 앞과 뒤에 중복으로 사용되어 만들어진 특별한 형태이다.

스페인어 인칭대명사(pronombres personales)는 전치사와 연결될 때 고유한 형태, 즉 전치격 인칭대명사 형대를 띤다. 특히, 1인칭, 2인칭 단수 대명사 'mí'와 'ti' 그리고 3인칭 재귀 대명사 'sí'는 전치격 고유의 형태를 가진다. 그러나 이들 전치격 대명사들이 전치사 'con'과 연결될 때는 (1)에서 보듯 특별한 형태인 'conmigo', 'contigo', 'consigo'를 형성한다.

(1) a. No quiere ir con él ni conmigo.
그는 그와 함께 가는 것도 나와 함께 가는 것도 원치 않아.

b. No sé si irme contigo o con él.
너와 함께 갈지 그와 함께 갈지 모르겠어.

c. No olvide traer consigo todas sus pertenencias.
모든 소지품을 스스로 챙기는 것 잊지 마세요.

(NGLEM: 191, 302; DPD: 601)

학습자들이 궁금해하는 점은 (1)의 특별한 형태가 왜 전치사 'con'에서만 일어나는지에 대한 것이다. 이 같은 의문점에 대한 전통적인 설명은 어원론적(etimológico) 분석에 근거한다. 대부분의 학자들은 'conmigo', 'contigo', 'consigo' 형태가 라틴어 전치사 'cum(=con)'이 두 번 결합하여 만들어진 특별한 결과물이라는 데에 이견이 없다.

구체적으로 설명하자면, 라틴어 탈격(ablativo) 대명사 me, te, se에 전치사 'cum(=con)'이 결합하여 mecum, tecum, secum을 형성한다.[6] 그리고 이베리아반도의 통속 라틴어 대명사 mí, ti, sí로 대체되어 각각 micum, ticum, sicum으로 변화하였다. 이후 단어 속 –cum은 –go로 변화하게 된다. 그 과정을 살펴보면, micum, ticum, sicum의 /k/ 발음은 모음 사이에 위치하기 때문에 유성음화(sonorización)하여 /g/로 발음되었고 단어 마지막에 위치한 음소 /m/는 자연스럽게 소실되어 migo, tigo, sigo가 만들어진 것으로 분석한다.

변화는 여기서 끝나지 않는다. 이베리아 통속 라틴어 화자들은 전치사 cum의 흔적이 거의 사라진 migo, tigo, sigo라는 어휘 앞에 다시 전치사 cum을 붙여 사용하여 결국 'conmigo', 'contigo', 'consigo'의 형태가 완성된 것이다. (2)는 이 같은 변화 과정을 보여준다.

(2) mecum > micu(m) > migo > conmigo

(Rini 1990: 504)

요약하면, 전치격 대명사의 예외적 형태 'conmigo', 'contigo', 'consigo'는 마치 우리말의 '역전앞', '처갓집'처럼 단어 속에 이미 포함된 단어(즉, con)를 중복 사용한 표현이 하나의 예외적 형태로 굳어진 경우라 할 수 있다.

---

6) 라틴어의 전치사 cum은 탈격 대명사(pronombre ablativo)와 결합할 때는 대명사 뒤에 위치한다.
ej.) mecum(=conmigo), tecum(=contigo), secum(=consigo), nobiscum(=con nosotros), vobiscum(=con vosotros)

TIP!

¡Sinmigo?

일부 학습자들이 간혹 'sin mí'대신 잘못된 표현인 'sinmigo'를 사용하는 경우를 볼 수 있다. 'conmigo'에 영향을 받아 나타난 현상일 수 있다. 이는 일부 외국인 학습자에게만 국한된 것은 아니고 스페인어를 모국어로 사용하는 원어민도 드물긴 하지만 범할 수 있는 실수이기도 하다. 관련하여 재미있는 일화가 있다.

2018년 스페인 슈퍼컵 대회(Supercopa de España)에 세비야 클럽 소속으로 참가했던 Pablo Sarabia라는 선수가 경기 후에 한 TV 인터뷰에서 다음과 같이 말했다.

"El equipo está bien conmigo y sinmigo también ..."
(우리 팀은 제가 있을 때도 좋고 제가 없을 때도 좋습니다)

이 말은 일부 언론을 통해 사람들에게 알려졌고 'sinmigo'라는 잘못된 표현을 사용한 축구 선수의 인터뷰가 화제가 되었다.

Ítem 10

México에 사용된 문자 x는 왜 j와 같은 발음일까요?

핵심 CHECK

México는 원래 나우아뜰어(náhuatl)로 'Méshico [méʃiko]'로 발음되었다. 이를 16세기 당시 가장 유사한 발음의 문자였던 'x'를 사용하여 'México [méʃiko]'로 표현했고, 그것이 문자 'x'가 멕시코 국명 속에 남게 된 이유다. 한편, 문자 'x'의 /ʃ/발음은 17세기 중반 이후로는 연구개음 /x/ 발음으로 변해서 문자 'j'와 같은 발음이 되었다. 결론적으로, 오늘날 사용하는 México는 17세기 중반의 옛 스페인어(español antiguo)의 문자와 발음인 것이다.

스페인 문학과 예술이 꽃을 피웠던 16–17세기, 이른바 '황금세기(Siglo de Oro)' 스페인어에서는 (1)에서 확인할 수 있듯이 문자 'x'가 널리 사용되었다.

(1) a. Y dixo la muxer a su marido: ¿Qué le parece?
그리고 여자는 남편에게 "어떻게 생각하세요?"라고 말했다.

b. Porke el hixo lleva adelante el linaxe del padre.
왜냐하면 아들은 앞으로 아버지의 가문을 잇기 때문입니다.

c. Lo ke los oxos no ven, el korazón no lo desea.
눈이 보지 못하는 것은 가슴도 원하지 않는다.

(CORDE)[7]

7) CORDE는 Corpus Diacrónico del Español의 약자로 스페인왕립학술원(Real Academia Española)

(1)에서 보듯, 'dixo(dijo)' 'muxer(mujer)', 'hixo(hijo)', 'linaxe(linaje)', 'oxos(ojos)'에 문자 'x'가 사용되었고, 그 음가는 현대 스페인어에서는 사라진 치경마찰음(fricativa alveolar) /ʃ/로 발음되었다. 따라서, 각 단어의 16세기 당시 발음을 대략적인 한글로 나타내면 '디쇼(dixo)' '무셰르(muxer)', '이쇼(hixo)', '리나셰(linaxe)', '오쇼스(oxos)' 정도로 표현할 수 있을 것이다.

한편, 스페인 사람들이 멕시코에 들어간 시기는 16세기였고, 당시 아즈텍 제국(Imperio Azteca)의 수도는 'México–Tenochtitlan'이었다. México는 나우아뜰어(náhuatl)로 "달의 중심지"라는 의미를 담고 있으며, 현지어로는 'Méshico [méʃiko]'와 유사하게 발음되었다. 따라서, 스페인 사람들은 16세기 당시 가장 유사한 발음의 문자였던 'x'를 사용하여 'México [méʃiko]'를 표현했고 그것이 오늘날까지 멕시코의 국명 속에 문자 'x'가 남게 된 이유다.

이 같은 설명에도 불구하고 계속해서 의문점 하나가 남는다. 즉, 'México' 속에 문자 'x'가 포함된 이유는 설명이 되었지만, 왜 문자 'x'가 'j'에 해당하는 연구개음(velar) /x/(즉, 'ㅎ')로 발음이 되는지에 대한 의문점이 그것이다. 이를 설명하기 위해서는 16세기 이후로 진행된 문자 'x'의 발음 /ʃ/가 겪은 변화 과정을 살펴볼 필요가 있다. 구체적으로, 16세기 말부터 시작된 변화 과정 속에서 치경음(alveolar) /ʃ/는 또 다른 치경음 /s/와 구별하기 위해 연구개음 /x/로 바뀌고 있었고, 17세기 중반에 이르러서는 문자 'x'가 이미 연구개음 /x/로 발음되는 것이 일반적 현상이 되었다. 그러나 이 같은 변화는 /x/ 발음을 표현하던 기존의 문자 'j', 그리고 'ge', 'gi'와의 구분을 어렵게 만드는 요인이 되었다.

결국 1815년 스페인왕립학술원(Real Academia Española)은 철자법 개정을 통해 연

에서 제공하는 인터넷 코퍼스(말뭉치 자료)다. 스페인어의 모태가 된 라틴어부터 현대 1974년까지의 스페인어 자료를 담고 있어서, 중세 스페인어처럼 오래된 자료를 확인하는 데에 유용하다.

구개마찰음 /x/는 문자 'j'와 'ge', 'gi'로만 표기하도록 정하였고,[8] 문자 'x'가 더는 /x/를 표현하지 않도록 규정하였다. 실제로 19세기 유럽 스페인에서 멕시코를 'Méjico', 'mejicano'로 표현하는 것은 매우 흔한 일이었다.

그러나 1821년 스페인으로부터 독립한 멕시코는 스페인 철자법을 따른 'Méjico' 대신 자신들의 뿌리인 아즈텍 제국과 관련이 있는 'México'를 공식 국명으로 사용할 것을 결정하였다. 이후로 오늘날까지 스페인을 포함한 대부분의 국가에서 'México', 'mexicano'를 사용하게 되었고, 'Texas', 'Oaxaca', 'Xalapa'와 같은 일부 지명에도 문자 'x'를 사용하고, 소리는 모두 /x/로 발음하게 된 것이다.

결론적으로 말하자면, 오늘날 사용하는 'México'는 17세기 중반부터 19세기 초까지 사용했던 옛 스페인어(español antiguo)의 문자와 발음이다.

---

8) 음소 /x/의 정확한 명칭은 '무성연구개마찰음(velar fricativa sorda)'이고, 스페인어 문자 'j'와 'g'를 통해 낼 수 있는 발음이다. 음성학적 기준을 유지하면서 학습자들에게 /x/ 발음을 쉽게 설명하는 방법은 다음과 같다.

i) 한국어나 영어의 '크림(cream)'의 /k/를 발음하게 하고, 이때 혀의 위치(조음점)를 기억하게 한다. 즉, /k/ 발음 시 혀의 뿌리 부분이 목구멍 바로 위 연한 부분, 즉 연구개(velar)에 위치하는 것을 기억하게 한다.

ii) /x/ 발음은 /k/와 동일한 위치에 혀를 위치시키지만, /k/와는 달리 공기를 터뜨리지 않고 작은 틈새를 통해 공기를 마찰시켜 소리를 내어 준다. 이때 발음은 한국어로 '크'와 '흐'의 중간 정도인데 '크'에 가깝게 공기를 마찰시키며 소리를 낸다.

TIP!

세르반테스는 'Don Quixote'를 어떻게 발음했을까?

세르반테스가 돈키호테를 처음 출간한 해가 1605년이었으니 당시 철자법상 이 소설의 제목에는 'don Quixote'라는 단어가 사용되었다. 그렇다면, 세르반테스 본인은 'don Quixote'를 어떻게 발음했을까? 하는 궁금증이 생긴다. 왜냐하면 1605년 1편이 출간되고 10년 후인 1615년에 2편이 출간되었는데, 이 시기는 공교롭게도 문자 'x'가 음소 /ʃ/에서 /x/로 변화하는 과정을 겪고 있던 시기였기 때문이다. 세르반테스가 1547년생이고, 17세기 중반 이후에나 /x/ 발음이 일반화되었다고 하니, 아마도 세르반테스는 생전에 'don Quixote'를 '돈끼쇼떼[donkiʃote]' 정도로 발음했을 가능성이 높아 보인다. 그러나 당시 모든 사람이 그렇게 발음하진 않았을 가능성도 있다. 적어도 일부 젊은 독자들은 '돈끼호떼[donkixote]'라는 당시 유행하던 새로운 발음 /x/로 이 위대한 소설의 주인공을 불렀을지도 모를 일이다.

Ítem 11

¿Quizá o Quizás? 어느 것이 맞나요?

핵심 CHECK

스페인왕립학술원(RAE)에서는 'quizá'의 사용을 권장하지만 'quizás'도 올바른 표현으로 규정하고 있다. 가능성을 표현하는 부사 'quizá(s)'는 원래 자음 '-s'가 없는 'quizá' 형태였는데, '-s'가 있는 다른 부사 'además', 'jamás' 등의 영향을 받아 'quizás'도 사용하기 시작한 것이다.

1 A: ¿Volvió Juan del viaje? Me dijo que volvería esta semana.
후안이 여행에서 돌아왔니? 나에게 이번 주에 돌아온다고 했거든.

B: Todavía no. Quizá vuelva mañana.
아직 안 왔어. 아마도 내일 올 거야.

2 A: ¿Sabes algo del trío Los Panchos?
트리오 로스판쵸스에 대해 알고 있니?

B: Sí, es un grupo musical latino. Sus canciones más famosas son "Bésame mucho" y "Quizás, quizás, quizás".
알지, 라틴 음악 그룹이야. 그들의 가장 유명한 노래는 "베사메무쵸"와 "키사스, 키사스, 키사스"야.

학습자들에게서 자주 듣는 질문 중의 하나는 가능성 부사(adverbio de posibilidad) 'quizá' 또는 'quizás'의 형태에 관한 것이다. 〈대화 1, 2〉 그리고 (1)에서 볼 수 있듯이 두 형태 모두 특별한 구분 없이 혼용되고 있기 때문이다.

(1) a. Quizá oyó la conversación.
아마도 그가 대화를 들은 것 같아.

b. Oyó quizás la conversación.
아마도 그가 대화를 들은 것 같아.

(NGLEM: 490)

GDLE(1999: 708)에 따르면, 부사 'quizá(s)'는 라틴어 문장 '*qui sapit* (quién sabe)'가 축약(contracción) 과정을 거쳐 부사로 변한 것이다. 따라서 원래 형태는 자음 '–s'가 없는 'quizá'임을 알 수 있다. 이 같은 이유로 스페인왕립학술원(RAE)은 'quizá' 형태를 사용할 것을 권장하지만, '–s'가 있는 'quizás'도 사용 가능한 형태로 규정하고 있다. 따라서 학습 현장에서 교수자는 'quizá' 형태 사용을 권장하되, 'quizás'도 사용할 수 있다는 사실을 설명해 줄 필요가 있을 것이다.

이러한 설명에도 불구하고 학습자들은 변이 형태인 'quizás'가 왜 나타나게 되었는지에 대한 의문점을 여전히 가질 수 있다. 이를 설명하기 위해 일반적으로 적용하는 분석은 유추(analogía) 분석이다. 구체적으로 설명하자면, 마지막 음절이 자음 '–s'로 끝나는 'además', 'jamás' 등의 다른 부사로부터 영향을 받아 'quizá'가 'quizás'로도 사용되기 시작했다고 분석하는 것이다.

한편, 부사 'quizá(s)'는 (2)에서 보듯 직설법과 접속법 동사 모두를 취할 수 있는 구문적 특징을 보인다.

(2) a. Quizá trataron de engañarme.
아마도 나를 속이려고 했던 것 같아.

b. Quizá llueva mañana.
아마도 내일 비가 올 것 같아.

(Diccionario de Internet de RAE)

중요한 것은 'quizá(s)' 뒤에 직설법 또는 접속법 동사 중 어느 것이 사용되는지에 따라 화자의 심리적 상태 및 의도를 다르게 표현할 수 있다는 사실이다. 예를 들어, (2a)에서 직설법 동사 'trataron'을 사용함으로써 화자는 'tratar de engañarme(나를 속이려는 시도)'를 사실에 가깝게 인식하고 있음을 표현한다. 반면, (2b)에서 화자는 'llover mañana(내일 비 오는 일)'에 대해 접속법 동사 'llueva'를 사용하여 가능성이 크지 않음을 표현하고 있다. 여기서 한 가지 주의할 점은 (3)에서 보듯 부사 'quizá(s)'가 동사 뒤에 나타나면 반드시 직설법 동사만 가능하다는 사실이다(☞ 자세한 내용은 1권 Ítem 46 참고).

(3) a. Oyó/*Oyera quizás la conversación.
아마도 (그가) 대화를 들은 것 같아.

b. Los problemas psicológicos se hallan/*hallen en el mismo caso, quizá.
심리적 문제들이 아마도 동일한 사례에 존재하는 것 같다.

(NGLEM: 490; GDLE: 756)

요약하면, 부사 'quizá(s)'가 동사 앞에 오는 경우는 직설법 또는 접속법 동사 모두 사용이 가능하지만(cf. (2)), 동사 뒤에 위치하면 동사는 항상 직설법만 가능한 것이다(cf. (3)).

Siempre que te pregunto
Tú siempre me respondes
Que cuándo cómo y dónde
Quizás, quizás, quizás

Ítem 12

conocer와 saber는 어떤 차이가 있나요?

핵심 CHECK

conocer동사는 목적어로 명사(구)만을 취할 수 있으며, "경험이나 직접적인 접촉으로 안다"는 의미를 표현한다. 반면, saber는 명사절, 동사원형 등을 목적어로 취할 수 있다. 그리고 "어떠한 사실, 논제 등에 대한 이론적 지식을 갖고 있다"는 의미를 표현하며 직접적인 경험으로 대상을 안다는 의미는 표현하지 못한다.

1 A: ¡Dios mío! Se ha roto el reloj que me dio mi abuelo.
어머나! 할아버지께서 내게 주신 시계가 깨져 있어.

B: Sé quién lo rompió.
나는 누가 깼는지 알고 있어.

2 A: Ya es de noche. ¿Dónde estamos?
벌써 어두워지는데. 우리는 어디 있는 거야?

B: Se conoce que estamos justo en la frontera del país.
분명 우리는 지금 국경에 있는 것 같아.

일반적으로 스페인어를 학습할 때 saber와 conocer 동사는 우리말로는 모두 “알다”로 해석되지만, 그 사용에 있어서는 차이가 있기 때문에 주의해야 하는 동사로 다루고 있다. 이때, saber는 “(어떠한 사실을) 알다”라는 의미를 표현하며 자료와 정보 등을 통해 지식을 갖고 있다는 의미를 나타낸다. 이러한 의미를 바탕으로 saber는 명사절로 que이하의 절을 목적어로 취할 수 있고, 위의 〈대화 1〉과 같이 간접의문문의 형태로 의문문을 saber의 목적어로 사용할 수도 있다. 그리고 동사원형을 취해 “~을 할 줄 안다”라는 의미를 표현하기도 한다. 반면, conocer는 “(사람 혹은 장소를) 알다”라는 의미를 표현하여 직접적인 경험(experiencia)을 통해 아는 것을 표현하며, 주로 목적어로는 사람이나 장소의 명사가 사용되는 경우가 일반적이다.

(1) a. Usted sabe cómo está la situación.
당신은 상황이 어떤지 알고 있습니다.

b. Sabe que ella no aparecerá allí.
그는 그녀가 거기에 나타나지 않으리라는 것을 알고 있다.

c. ¿Usted sabe manejar ese aparato?
당신은 그 기계를 다룰 줄 아시나요?

d. La maestra conoce perfectamente a sus alumnos.
선생님은 자신의 학생들을 완벽하게 알고 있다.

e. Todavía no conozco Italia, pero estoy deseando conocerla.
나는 아직 이탈리아를 잘 몰라요. 하지만 알고 싶어요.

f. Rosa conoce muchos poemas de Pablo Neruda.
로사는 파블로 네루다의 많은 시를 (읽어서) 알고 있다.

(CREA; Mosterín 1978: 144-145)

(1)에서 보는 바와 같이, saber동사는 (1a)에서는 의문문 ‘cómo está la situación’, (1b)에서는 명사절 ‘que ella no aparecerá allí’을 취해서 “어떠한 사실, 논제

(proposición)를 알다"라는 의미를 표현하고 있다. 그리고 (1c)에서는 동사원형 'manejar'와 함께 "다룰 줄 안다"라는 의미를 표현하고 있다. 반면에, conocer동사는 (1d)에서는 사람 명사구 'a sus alumnos'를 사용해 "학생들을 안다"는 의미를 표현했고, (1e)에서는 국명의 명사 'Italia'를 사용해 "이탈리아를 안다"는 의미를 표현했다. 그리고 (1f)에서는 문학 작품의 종류로 'muchos poemas(많은 시)'라는 명사구를 사용하여 "읽어 봤다는 경험으로 알고 있다"는 것을 표현했다.

이처럼 saber와 conocer 동사가 갖는 의미의 차이 때문에, 일반적으로 두 동사가 사용되는 문장의 구조에서 saber동사는 명사절, 의문문, 동사원형 등을 취할 수 있는 반면, conocer동사는 명사절, 의문문, 동사원형과 함께 문장을 구성하지 않는다는 것을 알 수 있다. Mosterín(1978)은 두 동사의 사용에 대해 언급하면서, 실제 어떠한 논제나 과학과 관련된 글에서 conocer보다는 saber를 더 많이 사용한다고 설명한다. 즉, 어떠한 이론적 지식을 갖는다는 것은 대부분 saber동사를 사용하여 표현한다는 것이다. 그리고 읽거나 보거나 듣는 것과 같은 경험, 접촉(contacto)을 통해 친근함(familiaridad)을 갖게 된다는 것을 표현하는 conocer동사는 명사구를 목적어로 취하는 것이 문법적인 문장이라고 언급한다. 즉, conocer동사가 que이하의 명사절을 취하는 구문은 비문법적인 문장인 것이다.

Villoro(1970) 역시 conocer의 직접목적어는 항상 명사 혹은 인칭대명사라고 설명하며 saber는 직접목적어로 절이나 동사원형을 취할 수 있지만, 사람이나 사물을 직접목적어로 취할 수는 없다고 주장한다. 따라서 saber동사를 사용해서 "어떤 사물이나 사람에 대해 안다"라고 표현할 때는 'saber algo acerca de algo o de alguien(사물 혹은 사람에 대해 어떤 점을 안다)'라고 표현하는 것이 일반적이다(☞ Ítem 11 〈대화 2〉 참고).

(2) a. Conozco la carretera a Guadalajara.
과달라하라로 가는 길을 안다.

b. Sé que la carretera a Guadalajara está en mal estado.
과달라하라로 가는 길이 지금 상태가 좋지 않다는 것을 안다.

c. Sé cómo llegar a Guadalajara por carretera.
도로를 통해 과달라하라로 어떻게 가는지 안다.

(2)에서 보는 바와 같이, conocer는 'la carretera a Guadalajara'를 안다는 의미로 명사구를 목적어로 바로 취한다. 그러나 saber는 그 도로의 상태, 그 도로로 가는 방법과 같이 도로와 관련된 내용을 안다는 의미를 표현하는 동사이다.

같은 맥락에서, conocer는 "직접적 경험을 통해 안다"는 의미를 표현하기 때문에 "누군가를 알지만 직접 알고 지내는 경우가 아닌 간접적으로 안다"는 표현을 위해서는 다음 (3a)보다는 (3b)를 사용하는 것이 더 적절한 것이다.

(3) a. Solo lo conozco de oídas.
그를 단지 들어서 알고 있다.

b. No lo conozco personalmente, solo por referencia.
그를 개인적으로는 모르고, 간접적으로만 안다.

(Villoro 1970: 77)

(3a)에서 conocer동사는 "직접적인 접촉이 있어서 안다"는 의미를 표현하는 동사이므로 "들어서만 안다(de oídas)"는 의미와는 상충한다. 반면에 (3b)는 "간접적으로(por referencia) 안다"는 내용과 "직접적으로는 알지 못한다(no lo conozco)"는 의미가 서로 어울리므로 (3a)보다 적절한 문장이 되는 것이다.

한편, saber의 경우는 "알고 있는 내용이 직접적 경험을 통한 것이 아니다"라는 의미를 내포하고 있다. 따라서 어떤 대상을 직접적으로는 알지 못해도 "그 대상에 대한 지식을 갖고 있다"는 의미나 직접적으로 알고 있는 대상이더라도 "그 대상에 대한 세부적인 지식"에 대한 것은 saber를 통해 표현하는 것이 적절하다. 다음 예를 살펴보자.

(4) a. Bustamante sabía los propósitos de Hidalgo, aunque nunca lo conoció.
부스타만테는 비록 만나 본 적은 없지만 이달고의 의도를 알고 있었다.

b. Alamán conoció a Hidalgo, pero nunca supo cuáles eran sus propósitos.
알라만은 이달고를 알게 되었다. 그러나 결코 그의 의도가 무엇인지는 알아차리지 못했다.

(Villoro 1970: 77)

(4a)에서 "직접적으로 이달고를 만나 본 적 없다"는 것은 conocer동사로 표현하였고, "이달고의 의도를 알고 있었다"는 것은 saber동사를 사용한 것이다. 즉, 'sabía los propósitos de Hidalgo'는 "이달고를 만나본 적은 없지만, 그에 대한 지식(즉, 의도)을 알고 있었다"는 의미로 사용한 것이다. 그리고 (4b)에서는 "직접적으로 이달고를 알았다"는 것은 conocer동사로 표현하였고, "이달고의 의도가 무엇인지 알지 못했다"는 것은 '지식'에 해당하므로 saber동사를 사용한 것이다.

다른 한편으로, conocer동사가 saber동사의 의미와 잘 구별되지 않는다고 여겨지는 경우가 존재한다. 사람이나 장소, 직접적인 접촉 대상을 가리키는 명사(구) 이외의 명사구를 conocer동사가 목적어로 취하는 다음 (5)와 같은 예가 여기에 해당된다.

(5) a. Conozco tu número de teléfono.
나는 네 전화번호 알고 있어.

b. Parece que no conoces las reglas del juego.
너는 게임의 규칙을 모르는 것 같다.

c. ¿Conoces mi dirección?
너 내 주소 알고 있니?

(Mosterín 1978: 146)

(5)와 같은 경우는 "경험으로 안다"거나 "친근함을 갖고 있다"는 의미를 표현하는 conocer동사의 일반적인 용법과는 무관한 사용이라는 점을 주의하자. Mosterín(1978)은 이런 경우 conocer동사는 "정보를 갖고 있다(posesión de información)"는 의미로 『saber + 의문문』의 구조와 동일한 의미를 표현하는 것이라고 설명한다. 따라서 (5a)는 'sé cuál es tu número de teléfono.(너의 전화번호가 무엇인지 알고 있다)'라는 의미를 표현하며, (5b)는 'parece que no sabes cuáles son las reglas del juego.(너는 게임의 규칙이 어떤 것인지 모르는 것 같다)'를 의미하는 것이다. (5c)의 경우는 '¿Sabes cuál es mi dirección?(내 주소가 어떻게 되는지 너 아니?)'로 바꿔 쓸 수 있는 것이다.

즉, (5)에 사용된 『conocer + 명사』 구문은 "경험적으로 (명사를) 안다"라는 뜻을 표현한 것이 아니라, 『saber + 의문문』 구문처럼 "~대한 정보를 안다"라는 의미로 사용된 것이다. 이는 'saber'가 직접목적어를 취해 『saber + 명사』 구문을 일반적으로 잘 만들지 않는다는 구문적 특성과 관련이 있다고 설명할 수 있다.

마지막으로, 간혹 conocer동사에 que 이하의 명사절이 동반되는 구문을 볼 수 있다. 이는 conocer 동사를 이용한 『se conoce que ~』라는 관용적 표현으로 "~으로 보인다", "~인 것 같다"라는 의미를 나타낸다. 주로 '다른 사람들이 그런 말을 했다거나 그렇게 추정된다'는 의미로 화자가 전달하는 내용이며, 다른 곳에서 얻은 정보로 그렇게 확실한 내용은 아니라는 뉘앙스를 포함하고 있다.

(6) a. Se conocía que no era guatemalteco.
겉으로 보기에는 과테말라 사람이 아닌 것 같았다.

b. Ya se conoce que esa firma es encabezada por un mexicano.
이제는 멕시코 사람이 그 회사를 이끄는 것으로 보인다.

(NGLE: 390; CREA)

여기서 눈여겨볼 것은 『se conoce que ~』 구문에 que이하의 절이 연결된 것은 conocer동사의 일반적 의미와는 다른 용법의 관용적 표현을 만들기 위한 것이라는 점이다. 즉, "(경험적으로) 알다"라는 의미를 표현하는 conocer동사가 que이하의 명사절을 취해서 "어떤 사실을 경험적으로 알고 있다"라는 의미를 표현하는 것이 아니라는 점을 주의하도록 하자. 따라서 (6a)에서는 확실한 것은 모르지만 "과테말라 사람이 아닌 것처럼 보였다"라는 추정의 내용을 표현한 것이고, (6b)의 경우에도 분명하게 확인된 것은 아니지만 "그 회사를 이끄는 사람이 멕시코 사람인 것 같다"는 추측을 표현하는 것이다. 위의 〈대화 2〉에서도 'se conoce que'가 이끄는 내용 'estamos justo en la frontera del país(바로 국경에 있다)'가 확실하지는 않은 추정하는 내용이라는 것을 나타내는 표현이다.

JAVIER DE LAS HERAS
CONOCE
TU
PERSONALIDAD
POR QUÉ ERES
COMO ERES
Prólogo de
Enrique Rojas

Ítem 13

pensar와 pensar en은 어떤 차이가 있나요?

핵심 CHECK

타동사 'pensar'는 "~에 대한 의견/생각/판단을 하다"라는 뜻을 표현하고, 자동사 'pensar en'은 "~을 지속적으로 생각/회상하다"라는 의미를 나타낸다. 따라서 '¿Qué piensas?'는 "네 생각은 뭐니?"라는 뜻으로 상대방의 의견을 묻는 문장이 되고, '¿En qué piensas?'는 "넌 뭘 골똘히 생각하고 있니?"라는 뜻으로, 상대방이 어떤 특정 대상을 생각하고 있는지를 묻는 문장이 된다.

1 A: Mi hermana no quiere casarse hasta que tenga 35 años. ¿Qué piensas de eso?
내 동생은 서른다섯 살까지는 결혼하기 싫어해. 그것에 대해 어떻게 생각하니?

B: No es mala idea. Quizá quiere disfrutar más de su juventud.
나쁜 생각은 아니네. 아마도 젊음을 더 만끽하길 원해서겠지.

2 A: Oye, Juan. ¿En qué piensas sentado ahí solo?
야, 후안아. 너 거기 혼자 앉아서 뭘 골똘히 생각하고 있니?

B: Pienso en lo que me dijo mi abogado ayer.
어제 내 변호사가 말한 것을 생각하고 있어.

동사 'pensar'는 구어 및 문어체 스페인어 모두에서 가장 많이 사용되는 기본 동사들 중 하나이다. 문제는 일부 학습자들이 이 기본 동사를 사용함에 있어서, 정확한 용법과 그에 따른 미묘한 의미적 차이를 잘 구분하지 못한다는 것이다. 본 장에서는 'pensar' 동사의 타동사적 특성과 자동사적 용법을 자세히 살피고 정리함으로써 학습자들이 더 정확하게 'pensar' 동사를 사용할 수 있도록 할 것이다. 먼저 타동사로서 'pensar'를 알아보자.

타동사 'pensar'의 구문적 특징은 접속사 'que'로 이끌리는 절이나 원형동사를 주로 취하며, "의견, 생각, 판단을 하다(formar opiniones, ideas o juicios)"라는 뜻을 표현한다.

(1) a. He pensado que no hace falta que me devuelvas las dos mil pesetas.
나는 네가 그 2천 페세타를 내게 돌려줄 필요가 없다고 생각했다.

b. En cuanto ustedes me lo permitan, pienso irme a casa a dormir.
당신들이 내게 그것을 허락하자마자, 난 잠자러 집으로 갈 생각입니다.

(DPD: 494)

그리고 타동사이므로 (2)에서처럼 명사구를 직접목적어로 취할 수도 있다.

(2) a. Ella piensa lo contrario.
그녀는 반대의 경우를 생각하고 있다.

b. No quiero ni pensar el dinero que se habrá gastado.
이미 써버렸을 그 돈을 생각조차 하기 싫다.

(GDEA: 1581; NGLEM: 336)

이제 자동사 'pensar'의 특성에 대해 살펴보자. 자동사이므로 'pensar'는 전치사 'en'을 매개로 명사구와 연결되고, 그 의미는 "~을 마음속으로 곱씹이 생각/회상하다

(dar vueltas a algo en la mente o reflexionar sobre ello)"라는 뜻을 표현한다. 물론 전치사 없이도 사용할 수 있다.

(3) a. Ya no volví a pensar en él.
이제 다시는 그를 (곱씹어) 생각하지 않게 되었다.

b. Es insensato pensar en morir.
(지속적으로) 죽는 것을 생각하는 것은 어리석은 일이다.

c. Es un hombre incapaz de pensar.
그는 사색할 줄 모르는 남자다.

(GDEA: 1581; DPU: 946)

학습자들이 가장 혼란스러워하는 부분은 (1)–(2)의 타동사 의미와 (3)의 자동사 의미를 정확히 구분하기 어렵다는 것이다. 이 문제를 위해 (4)의 문장을 살펴보자.

(4) a. ¿Y qué piensas tú del general Gómez?
넌 고메스 장군에 대해 어떻게 생각하고 있니?

b. ¡Eh, tú! ¿En qué piensas?
야, 너! 뭘 그리 생각하고 있어?

(CREA)

(4a)는 목적어 'qué'를 직접 취하는 타동사 문장이고, (4b)는 전치사 'en'이 사용된 자동사 문장이다. 따라서 (4a)의 'pensar'는 '의견, 생각, 판단'을 표현하여, "넌 고메스 장군에 대해 어떻게 생각하고 있니?"로 해석된다. 한편, (4b)의 자동사 'pensar'는 "~을 지속적으로/곱씹어 생각한다"는 뜻이기 때문에, "야, 너! 뭘 그리 생각하고 있어?" 정도의 의미를 표현한다. 즉, '¿Qué piensas?'는 "네 생각은 뭐니?"라는 뜻의 의견을 묻는 문장이고, '¿En qué piensas?'는 "넌 뭘 골똘히 생각하고 있니?"라는 뜻으로,

상대방이 어떤 특정 대상에 대해 생각하고 있는지를 묻는 문장이 되는 것이다.

한편, 자동사 'pensar en'도 타동사 'pensar'처럼 시제절이나 원형동사를 취할 수 있다.

(5) a. Mira, cuando bailo solo pienso en que todo salga bien.
근데, 나는 춤출 때 모든 것이 다 잘 될 거라는 생각만 (계속) 해.

b. Cuando pensamos en embarazos, pensamos en cuidar a nuestras hijas.
우리가 임신을 생각하면, 우리 딸들을 돌볼 생각을 (계속) 하게 되지.

(CREA)

(5)에서 자동사 'pensar'는 전치사 'en'과 함께 시제절과 원형동사를 취하고 있으며, 그 의미는 앞서 (3)에서 설명했듯이 의견이나 판단이 아니라 "지속적인 생각의 행위"를 표현한다.

Ítem 14

Voy와 Me voy는 어떻게 다른가요?

핵심 CHECK

단순형 ir는 의미적 초점이 목적지(destino)와 연결되어 있을 때 사용하고, 대명사형 irse는 의미적 초점이 출발지(lugar de origen)와 연결되어 있을 때 사용한다. 즉, ir는 "~로 가다"라는 뜻을 의미하고 irse는 "어떤 장소를 떠나다"라는 의미를 주로 표현한다.

1 A: He decidido no ir más a su casa.
그 사람 집에 더는 안 가기로 했어.

B: ¿Por qué dices eso?
왜 그런 말을 하니?

A: Porque no me siento cómoda hablando con él.
왜냐하면 그 사람이랑 이야기하면 불편해.

2 A: ¿Es Ud. malagueño? No lo sabía.
말라가 분이세요? 몰랐어요.

B: Sí. Me fui de Málaga cuando tenía quince años.
예. 제가 열다섯 살 때 말라가를 떠났어요.

Ya llevo más de veinte años viviendo aquí.
벌써 이곳에서 산 지 이십 년이 넘어가네요.

스페인어 학습자들이 많이 궁금해하는 문법 사항 중의 하나는 ir와 irse를 언제 어떻게 정확히 구분하여 사용해야 하는가이다. 결론부터 말하자면, 단순형 ir와 대명사형 irse를 정확히 구분해서 그 용법 차이를 설명하는 것은 상당히 어려운 일이다. 많은 자료들에서 볼 수 있듯이 ir와 irse는 특별한 차이 없이 혼용되는 경우가 매우 흔하기 때문이다. 그렇다고 ir와 irse의 차이를 묻는 학습자들의 질문에 "둘은 혼용이 가능하다"라는 말로 설명을 대신하는 것도 학습자와 교수자 모두의 입장에서 만족스러운 대답이라 보기 어렵다. (1)–(2)에서 보듯 단순형 ir와 대명사형 irse가 분명히 구분되는 경우도 많기 때문이다.

(1) Creo que el alcalde debería ir al debate, pero me parece que no está por la labor. Si no consigo convencerle, ya voy/*me voy yo.
나는 시장님이 그 토론회에 가야 한다고 생각하지만, 내가 보기엔 그럴 생각이 없으신 것 같아. 만약 시장님을 설득하지 못한다면 내가 갈 생각이야.
(CREA)

(2) ... los dos funcionarios discutían con los ánimos bastante caldeados. Al no cesar la discusión, el presidente dijo "...bueno, yo ya me voy/*voy, no sé si ustedes se quedan ...".
두 명의 공무원이 매우 흥분한 상태로 토론을 하고 있었다. 토론이 멈추질 않자 회장이 말했다. "그러면, 난 이만 갈게요. 당신들은 남아 있을지 모르겠지만 ..."
(CREA)

(1)에서 사용된 'voy' 대신 대명사형 'me voy'를 사용하면 의미적으로 매우 어색한 표현이 된다. 반대로 (2)에서는 단순형 'voy' 대신 대명사형 'me voy'를 사용해야 문맥상 정확한 표현이 된다. 이 같은 차이점은 다음과 같은 기준에 근거하여 단순형 ir와 대명사형 irse를 사용하기 때문이다.

(3) 단순형 ir와 대명사형 irse의 사용 기준

단순형 ir	대명사형 irse
a. 의미적 초점이 목적지(destino)와 연결되어 있을 때 사용한다.	a. 의미적 초점이 출발지(lugar de origen)와 연결되어 있을 때 사용한다.
b. "~로(a donde) 가다"의 의미로 사용한다.	b. "~로부터(de donde), 즉 "어떤 장소를 떠나다"라는 의미로 사용한다."
c. 전치사 a와 함께 미래의 의미를 나타낼 때 사용한다(ir a + inf.).	c. 전치사 a와 함께 미래의 의미를 나타낼 수 없다(*irse a + inf.).
d. 의미적 초점이 중립적인 상황에서 사용한다. (즉, 목적지와 출발지 어느 곳도 의미적 초점을 주지 않는 경우)	d. irse는 "어떤 장소를 떠나다"라는 뜻을 포함하므로 중립적 의미로서의 '이동(movimiento)'을 표현하기 어렵다.

앞서 살펴본 〈대화 1, 2〉 그리고 (1), (2) 예문들에서는 단순형 ir와 대명사형 irse가 구분되어 사용되고 있음을 알 수 있다. (3)의 기준으로 구분되듯이 목적지에 의미적 포커스가 주어진 〈대화 1〉과 예문 (1)에서는 단순형 'voy'가 사용되었고, 출발지로부터 "떠난다"는 의미를 표현하는 〈대화 2〉와 예문 (2)에서는 대명사형 'me voy'가 사용됨을 설명할 수 있다. 구체적으로, 〈대화 1〉과 예문 (1)에서는 목적지 'a su casa'와 'al debate'가 명시적으로 나타나 있기 때문에 단순형 ir가 사용되었다. 한편, 〈대화 2〉에서는 출발지 'de Málaga'가 의미적 초점을 받기 때문에 대명사형 'me fui'가 사용되었고 예문 (2)에서는 출발지가 명시적으로 표현되어 있지는 않지만 문맥상 "어떤 장소를 떠난다"는 의미이므로 'me voy'가 사용됨을 설명할 수 있다.

이처럼 목적지 및 출발지가 명시적으로 표현되거나 문맥상 그 의미가 분명한 경우는 ir 또는 irse를 구분하여 사용해야 한다.

(4) a. ¡Ya voy!
(그곳으로) 제가 갑니다!

b. Me voy.
(이곳을) 저는 떠납니다.

c. El buen tiempo se va ya.
좋은 시간이 (여기서) 떠나가네요.

(Molina Redondo 1974: 48-49)

한편, (3c)의 기준에 의하면 전치사 a와 함께 미래를 표현하는 경우는 단순형 ir만 가능함을 알 수 있다. (5)의 예문들을 살펴보자.

(5) a. Voy a estudiar.
나는 공부할 예정입니다/나는 공부하러 갑니다.

b. Me voy a estudiar.
나는 공부하기 위해 (이곳을) 떠납니다.

c. Me voy a doctorar.
나는 박사학위를 받을 예정입니다/나는 박사학위를 받으러 갑니다.

(Molina Redondo 1974: 48)

(5a)는 두 가지의 의미를 표현하는 중의적(ambiguo) 문장이다. 『ir a inf.』 구문은 미래를 나타낼 수 있으므로 "공부할 예정이다"라는 뜻도 가능하고, 전치사 a를 목적 전치사 para와 동일하게 해석하여 "공부하기 위해 갑니다"라는 의미도 가능하다. 반면에 (5b) 문장은 중의성 없이 전치사 a를 목적 전치사로만 해석해야 한다. (3c)의 기준에 의하면 대명사형 irse는 미래를 표현할 수 없기 때문이다. 여기서 주의할 점은 (5c)와 같은 문장이다. 구체적으로, "Me voy a doctorar"라는 문장에서 me는 doctorar 동사에 연결되는 재귀대명사로 분석해야 한다. 즉, 외견상 (5c)는 (5b)와 유사해 보이지

만 타동사 doctorar의 목적어가 필요하기 때문에 (5c)는 사실상 "Voy a doctorarme"와 같은 문장인 것이다. 따라서 (5c)는 미래의 의미를 표현하여 "나는 박사학위를 받을 예정입니다"라는 의미와 "나는 박사학위를 받으러 갑니다"라는 의미가 모두 가능하다.

마지막으로, (3d)의 기준은 목적지 또는 출발지 어느 곳에도 의미적 포커스를 두지 않고 중립적으로 이동만을 표현하고자 할 때는 단순형 ir가 사용됨을 말한다.

(6) a. Va vestido de mala manera.
그는 옷을 잘못 입고 다닌다.

b. Va diciendo tonterías por ahí.
그는 그곳에서 바보 같은 소리를 하고 다닌다.

(Molina Redondo 1974: 48)

(6)의 문장들은 목적지나 출발지를 명시적으로 표현하지 않았으며 의미적으로도 어느 한 곳을 강조하지 않는다. 즉, 중립적으로 '이동'의 의미를 표현하는 문장들이고 따라서 단순형 ir를 사용하였다. 이 경우 대명사형 irse를 사용하면 문장은 매우 어색해진다.

TIP!

salir/marchar와 salirse/marcharse의 구분

단순형 salir/marchar와 대명사형 salirse/marcharse를 구분하는 의미적 기준은 본문에서 설명한 ir/irse 기준과 유사하다. 즉, 목적지로의 이동이나 중립적 이동을 표현할 경우는 단순형 salir/marchar를 사용하고, "출발지에서 나오다/떠나다"는 의미일 때는 대명사형 salirse/marcharse를 사용한다.

(i) a. Me santigüé antes de salir a la cancha de juego.
나는 운동장으로 나가기 전에 십자 성호를 그었다.

b. El tren sale a las cinco.
기차는 나섯 시에 나간다.

(GDEA: 1818; Molina Redondo 1974: 51)

(ii) a. Juan marchaba hacia las montañas.
후안은 산으로 떠나곤 했다.

b. El tren marcha lentamente.
기차가 천천히 출발한다.

(Molina Redondo 1974: 53)

(iii) a. Me salí del cine a mitad de la película.
나는 영화 중간에 극장을 나왔다.

b. La botella se ha roto y el vino se está saliendo.
병이 깨졌고 포도주가 새어 나오고 있다.

(Molina Redondo 1974: 52)

(iv) a. Juan se marchó de la casa.
후안은 그 집을 떠났다.

b. Se marchó sin decir nada.
그는 아무 말 없이 떠났다.

(Molina Redondo 1974: 53)

Ítem 15

Dame un poco sal일까요? Dame un poco de sal일까요?

핵심 CHECK

"약간"의 적은 수량을 표현하는 un poco는 명사 앞에 오는 경우 전치사 de와 함께 사용한다. 이때 명사는 불가산명사(nombre no contable)이어야 한다.

1 A: ¿Qué desea Ud.?
   뭘 원하시나요?

  B: Deme un poco más de paella, por favor.
   파에야 좀 더 주세요.

2 A: Mamá, está hirviendo el caldo.
   엄마, 수프가 끓어요.

  B: Añádele un poco de sal.
   거기에 소금을 조금 넣어라.

poco는 부정관사 un을 동반한 un poco의 형태로 얼마 안 되는 작은 수량을 표현하여 "약간", "조금의" 등의 의미로 사용된다. 이때 un poco에 연결되는 명사에 따라 사용에 차이가 있으므로 이를 주의하도록 하자.

un poco는 셀 수 없는 불가산명사(nombre incontable)의 앞에서는 전치사 de를 동반하여 『un poco de + 불가산명사』의 구조로 "적은 수량"을 표현한다. 다음 (1)에서는 불가산명사로 agua(물), pan(빵), vino(포도주)와 같은 단어가 사용된 예이다.

(1) a. Ahora beba un poco de agua y descanse.
지금 물을 조금 마시고 쉬세요.

b. Solo queda un poco de pan y de vino.
단지 약간의 빵과 포도주가 조금 남아있다.

(DPD: 509; NGLE: 1450)

(1)에서 un poco는 "약간의 ~"를 의미하며, 명사로 사용되는 것이다. 따라서 뒤따르는 불가산명사의 성에 un poco를 일치하지 않는다. 따라서 *una poca de leche와 같이 leche의 성에 일치하여 una poca로 사용하는 것은 틀린 표현이다. 그리고 un poco de에 연결되는 명사는 불가산명사이므로 항상 명사의 단수형이 사용된다. (1)에서 사용된 불가산명사는 물질을 표현하는 물질명사(nombre de materia)이다. 불가산명사에는 추상명사(nombre abstracto)도 있으며, 추상명사 역시 un poco를 사용하여 "약간의"라는 수량을 표현하기 위해서는 전치사 de를 사용하여 표현해야 한다. 예를 들어, un poco de paciencia(약간의 참을성), un poco de tranquilidad(약간의 차분함)과 같이 표현할 수 있다.

반면에, 셀 수 있는 가산명사(nombre contable)의 앞에 "약간의, 몇몇"의 의미를 표현하고자 한다면 un poco는 전치사 de를 동반하지 않는다. 즉, 명사의 앞에 수 형용사를 사용하는 것과 동일한 기능으로 un poco를 사용하는 것이다. 이 경우 가산명사는 복수형으로 사용되며 un poco는 뒤따르는 명사의 성과 수에 일치하여 unos pocos, unas pocas의 형태를 사용한다.

(2) a. Era un pueblo pequeño, con su hotel, restaurante, escuela, almacén y unos pocos habitantes dedicados a las tareas rurales.
호텔, 식당, 학교, 상점이 있고, 농사일하는 몇 안 되는 주민들이 사는 작은 마을이었다.

b. La mini exposición de la National Gallery se centra en unas pocas obras.
내셔널 갤러리의 작은 전시회는 몇 안 되는 작품들에 집중되어 있다.

(CREA)

이러한 unos pocos는 명확하게 정해지지 않은 수량을 표현하며, 동일한 의미의 표현으로 unos cuantos, algunos pocos도 가산명사의 앞에 사용될 수 있다. algunos pocos는 스페인과 중남미 모두 사용되는 표현이지만 중남미 지역에서 더 많이 사용된다.

(3) a. En el aula había unas {pocas/cuantas} niñas.
강의실에는 몇 명의 여자아이들이 있었다.

b. Reunidos con algunos pocos sobrevivientes, miraban el espectáculo desde la sala−observatorio.
몇몇 생존자들이 모여서 전망대에서 그 광경을 바라보고 있었다.

c. El 5 de mayo a las 8 horas estábamos en alta mar y ya a las 9 todos estaban mareados, salvo algunos pocos viajeros y los bebés.
5월 5일 여덟시에 우리는 먼바다에 있었고, 아홉시에는 몇몇 여행객들과 아기들을 제외하고는 모두가 멀미했다.

(NGLE: 1101, 1487; CREA)

여기에서 한 가지 주의할 점은 명사 중에는 불가산명사와 가산명사의 쓰임을 모두 갖고 있는 명사들이 존재한다는 점이다. 즉, 예를 들어, 물질이나 재료를 나타내는 명사인 cristal, papel, jamón, naranja, tomate와 같은 명사는 불가산명사이다. 그러나

이 명사들이 하나의 물건, 개체를 가리키는 것도 가능하다. 그 경우에는 셀 수 있는 명사로 바뀌어 복수형으로 사용될 수 있다(☞ 1권 Ítem 1 참고).

(4) a. Fue a buscar un poco de papel y trató de escribir.
약간의 종이를 찾으러 갔고 글을 쓰려고 했다.

b. Y se levantó a firmar unos cuantos papeles.
그리고 몇 장의 서류에 사인하기 위해 일어났다.

(CREA)

TIP!

스페인어의 불가산명사를 의미에 따라 분류해 보면, 첫 번째로 물질을 가리키는 명사, 예를 들어 agua(물), aire(공기), humo(연기), luz(빛), oro(금), plata(은), sangre(피) 등과 같은 명사가 여기에 해당한다. 두 번째로는 품질이나 특성을 나타내는 명사인 altura(높이), belleza(아름다움), inteligencia(똑똑함), pereza(게으름) 등을 들 수 있다. 감정을 나타내는 명사 역시 불가산명사로, amor(사랑), apatía(무관심), envidia(선망), miedo(두려움), odio(증오) 등이 여기에 해당한다. 상태나 상황을 나타내는 명사 calma(침착), descanso(휴식), frío(추위), paz(평화), silencio(침묵) 등도 불가산명사이다.

본문에서 설명하였듯이, un poco de는 불가산명사와 함께 "약간의"라는 적은 수량을 의미한다. 그런데 다음의 예에서 보듯이 un poco de에 연결된 명사가 복수형으로 사용된 경우를 발견할 수 있다.

(i) a. Comentó que sentía un poco de celos de Nicolau Casaus.
그는 Nicolau Casaus로부터 약간의 질투를 느꼈다고 이야기했다.

b. Era un lugar ideal para descansar unos días y hacer un poco de piernas.
며칠 쉬고 약간의 운동을 하기에 이상적인 장소였다.

(NGLE: 1454, 1455)

(ia)에서 un poco de에 연결된 명사가 celos로 복수형의 명사가 사용되었다. 그런데 celos(질투)는 불가산명사이며 항상 복수의 형태로 사용되는 단어이다. 따라서 일부 불가산명사들 중에서 항상 복수의 형태를 취하는 경우는 un poco de의 구조가 사용되어야 한다. 반면, (ib)에서는 un poco de에 연결된 명사로 piernas가 사용되었으며, 이 단어는 "다리"를 의미하는 가산명사이다. 그러나 (ib)에서 piernas는 불가산명사 'ejercicio(운동)'을 의미하는 표현으로 사용된 경우로 un poco de의 구조가 사용된 것이다.

Ítem 16

비인칭(impersonal) 구문 『Dicen que ~』와 『Se dice que ~』의 차이점은 무엇인가요?

핵심 CHECK

3인칭 복수 동사가 사용된 『Dicen que ~』 구문은 의미적으로 주어에 화자(hablante)와 청자(oyente)가 포함될 수 없지만, 『Se dice que ~』 구문은 화자와 청자가 자유롭게 포함되거나 배제될 수 있다.

1 A: ¡Escucha! Creo que llaman a la puerta.
들어봐! 누군가 노크하고 있어.

B: Sí, es verdad. ¿Será Juan?
그래, 맞아. 후안일까?

A: ¿A estas horas? Es imposible.
이 시간에? 불가능한 일이야.

2 A: ¿En tu casa se llama a la puerta de la habitación al entrar?
너희 집에서는 들어갈 때 방문을 노크하니?

B: No, no se llama nunca a la puerta a no ser que estés con alguien en la habitación.
아니, 방에 누군가와 함께 있는 경우가 아니면 절대 노크하지 않아.

〈대화문 1, 2〉 그리고 아래 (1)에서 볼 수 있듯이 비인칭(impersonal) 문장을 만들 때 가장 일반적으로 사용하는 것은 '3인칭 복수동사' 구문과 'se + 3인칭 단수동사' 구문이다.

(1) a. Dicen que el corazón femenino sufre más por amor.
여성의 심장이 사랑에 더 취약하다고 한다.

b. Se dice que las personas son animales racionales.
인간은 이성적 동물이라고 한다.

(CREA)

(1)에서 알 수 있듯이 사실상 두 구문은 의미적인 측면에서 거의 다르지 않으며 많은 스페인어 교재 및 교수자들도 특별한 구분 없이 두 구문을 소개하고 설명한다. 그러나 두 구문은 분명히 의미적으로 다른 점이 있으며 문맥상 선호되는 구문이 존재한다. 먼저 '3인칭 복수동사' 구문의 특징에 대해 살펴보자.

(2) a. Vienen a recoger la ropa usada.
중고 의류를 수거하러 옵니다.

b. Me han instalado el ordenador esta tarde.
오늘 오후에 컴퓨터를 설치해 주었습니다.

(GDLE: 1738)

(2)는 3인칭 복수동사 vienen과 han instalado가 사용된 비인칭 구문이다. 이 예문들과 관련하여 스페인어 학습자들이 자주 범하는 실수 중 하나는 주어를 복수로 인식하는 것이다. 즉, 3인칭 복수동사가 사용되었기 때문에 주어를 비특정적(inespecífico) 의미의 "사람들"로 해석한다. 그러나 상기 (2)의 예문들은 의미적으로 아래 (3)에서 보듯 화자나 청자 입장에서 비특정적인 '누군가(alguien)'가 동사의 주어 역

할을 한다. 즉, 3인칭 복수동사가 사용되었지만 의미적으로 주어는 단수인 "누군가"를 표현할 수 있다.

(3) a. Alguien viene a recoger la ropa usada. (=(2a))
누군가 중고 의류를 수거하러 옵니다.

b. Alguien me ha instalado el ordenador esta tarde. (=(2b))
누군가 오늘 오후에 컴퓨터를 설치해 주었습니다.

(GDLE: 1738)

다음 문장을 통해 이 같은 사실을 더 분명히 확인할 수 있다.

(4) a. Vienen a recoger la ropa usada. Es tu amiga de la asociación.
헌 옷 수거하러 올 거야. (올 사람은) 협회의 네 친구야.

b. "¡Que me matan!" Así clamaba una liebre infeliz que se miraba en las garras de un águila altanera.
"(누가) 날 죽이려고 해요!"라고 높이 나는 독수리의 발톱 사이에 잡혀 있던 어떤 불운한 토끼가 그렇게 외쳤다.

(GDLE: 1739)

그러나 3인칭 복수동사 비인칭 구문이 반드시 비특정적 3인칭 단수 주어만을 의미하는 것은 아니다. 예를 들어서 다음 (5)에서 주어는 "일단의 사람들(un cierto grupo de personas)" 또는 "사람들(gente)"이라는 복수 의미로 해석될 수 있다.

(5) a. Le darán el alta mañana.
내일 그를 퇴원시킬 겁니다.

b. Planean convocar elecciones.
선거 공시를 계획하고 있다.

c. Hablan español en España.
스페인에서는 스페인어를 한다.

(GDLE: 1739, 1741)

요약하면, 3인칭 복수동사가 사용된 비인칭 구문에서 주어는 문맥에 따라 비특정 적 단수 주어 "누군가" 또는 복수 주어 "사람들"을 표현할 수 있다.

3인칭 복수동사 비인칭 구문의 또 다른 특징은 주어가 의미적으로 화자(hablante)와 청자(oyente)를 모두 배제한다는 점이다. 즉, 동사의 행위가 화·청자가 아닌 제 3자(들)에 의해 행해진다는 의미이다. 그리고 이 특징은 se를 사용하는 비인칭 구문과 의미적으로 구별되는 부분이기도 하다. 다음 (6)을 살펴보자.

(6) a. En esta oficina trabajan a destajo.
이 사무실에서는 (사람들이) 열심히 일한다.

b. En esta oficina se trabaja a destajo.
이 사무실에서는 (사람들이) 열심히 일한다.

(GDLE: 1739)

(6a)와 (6b) 간의 의미적 차이는 각 문장의 주어에 화·청자가 포함될 수 있는지에 대한 여부다. 즉, (6a) 문장은 주어가 화자와 청자 모두를 배제하기 때문에 "제 3자인 사람들이 열심히 일한다"라는 의미만을 표현한다. 즉, 화자와 청자는 '이 사무실'에서 일하는 사람이 아니라는 의미를 내포한다. 반면에 (6b) 문장은 주어에 화·청자를 포함시킬 수 있기 때문에 "(나를 포함해서) 사람들이 열심히 일한다"라는 의미를 표현할 수 있다.

동일한 관점에서 앞서 살펴본 〈대화 1, 2〉를 설명해보자. 구체적으로, 〈대화 1〉에서는 "노크하다"라는 표현으로 3인칭 복수동사 'llaman a la puerta'를 사용하였다. 이는 화자와 청자 모두 'llamar a la puerta'에 포함될 수 없는 상황이기 때문에 3인칭 복수동사 'llaman'을 사용한 것이다.

반면에 〈대화 2〉에서는 '노크하다'라는 표현으로 'llaman a la puerta'를 사용할 수 없다. 왜냐하면 문맥상 "너의 집에서 방에 들어갈 때 노크하니?"라는 질문에는 청자의 행위가 포함되기 때문에 'se llama a la puerta' 구문을 사용해야 한다. 그리고 이 질문에 대한 대답도 화자가 포함되어야 하기 때문에 비인칭 se 구문 'No se llama nunca a la puerta a no ser que estés con alguien en la habitación(누군가와 같이 있는 경우가 아니라면 절대 노크 안 하지)'를 사용한 것이다.

비인칭 se 구문의 특징을 보다 구체적으로 살펴보자. 형식적 측면에서 se가 사용되고 동사는 반드시 3인칭 단수를 사용한다. 주어는 기본적으로 전체를 표현하는 총칭적(genérico) 의미를 갖는다. 따라서 주어는 "(모든) 사람들이", "누구나" 등의 의미를 포함한다(cf. (7)). 그러나 주어가 "비특정적 의미의 누군가(alguien) 또는 어떤 사람들(cierta gente)"을 의미하는 경우도 있다. 이때는 일반적으로 동사가 완료상(aspecto perfectivo)을 표현하는 단순과거, 현재완료인 경우이다(cf. (8)).

(7) a. Aquí se odia a los extranjeros.
이곳에서는 (사람들이) 외국인들을 혐오한다.

b. En estas reuniones se habla siempre de lo mismo.
이 모임에서는 (누구나) 항상 동일한 것에 대해 말한다.

(GDLE: 1646)

(8) a. Se quemó el bosque para acabar con la plaga de orugas.
송충이 피해를 없애기 위해 (누군가가/어떤 사람들이) 숲을 태웠다.

b. Ya se ha avisado a los bomberos.
(누군가가) 이미 소방대원들에게 알렸다.

(GDLE: 1644)

비인칭 se는 타동사, 자동사뿐만 아니라 ser/estar 동사와도 비인칭 구문을 만들 수 있다.

(9) a. Cuando no se está despierto, no se aprecia el paisaje.
깨어 있지 않으면 경치를 감상할 수 없다.

b. Se es feliz cuando no se desea nada.
아무것도 원하지 않을 때 행복하다.

(NGLE: 3081)

비인칭 se는 (10)에서 보듯 동사원형 어미 뒤에 붙어 나타날 수 없다. 이는 (11a, b)의 수동의 se나 (11c, d)의 재귀대명사 se가 시제동사 앞이나 동사원형 어미 뒤에 자유롭게 나타날 수 있는 현상과는 대비되는 특징이다.

(10) a. No se puede vivir aquí.
여기서는 (누구도) 살 수 없다.

a'. *No puede vivirse aquí.

b. No se podía caminar.
(누구도) 걸어갈 수 없었다.

b'. *No podía caminarse.

(NGLE: 3083)

(11) a. Cosas que no se deben decir.
언급되어서는 안 될 일들

b. Cosas que no deben decirse.
언급되어서는 안 될 일들

c. La gente se puede sentar por ahí.
사람들이 저기에 앉을 수 있다.

d. Nadie puede sentarse a su alrededor.
아무도 그것의 주변에 앉을 수 없다.

(NGLE: 1241; CREA)

TIP!

비인칭 se가 사용된 구문에서 직접목적대명사(사람) 남성형 lo/los는 각각 le/les로 나타난다. 다음 예문들을 살펴보자.

(i) a. Al culpable se *lo/le buscó por varios países.
그 죄인을 여러 나라에서 찾았다.

b. A los políticos se *los/les critica por su hipocresía.
정치인들을 그들의 위선 때문에 비판한다.

(GDLE: 1695)

(i)에서 le/les가 사용되는 것은 leísmo 현상이 아니다. (ii)에서 보듯 비인칭 se 구문에서만 나타나는 특별한 현상인 것이다.

(ii) a. Carlos adora a los niños.
카를로스는 아이들을 좋아한다.

a'. Carlos los adora.
카를로스는 그들을 좋아한다.

b. Se adora a los niños.
(누구나) 아이들을 좋아한다.

b'. Se les adora.
(누구나) 그들을 좋아한다.

(GDLE: 1694)

Ítem 17

¿De qué se trata su libro?는 맞는 문장인가요? 틀린 문장인가요?

핵심 CHECK

'tratar(se) de ~' 동사구가 사용된 ¿De qué se trata su libro? 문장은 문법적으로 잘못된 문장이다. 이는 어휘 주어가 필요 없는 비인칭 'se' 구문에서 'su libro'가 주어 역할을 하고 있기 때문이다. 즉, 이 문장은 어휘 주어 없이 ¿De qué se trata?로 사용하여 "무엇에 관한 것인가요?"라는 의미를 표현할 수도 있고, 반대로 'se'없이 ¿De qué trata su libro?로 사용하여 "당신 책은 무엇에 관한 것인가요?"라는 의미로 사용할 수 있다.

1 A: ¿Has visto alguna vez la película *Thelma y Louise*?
너 영화 '델마와 루이스' 본 적 있니?

B: Sí, es muy divertida. La película trata de dos mujeres que se liberan de un mundo dominado por los hombres.
응, 정말 재미있어. 영화는 남성들에 의해 지배되는 세상으로부터 자유를 찾아가는 두 여자를 다루고 있어.

2 A: Dicen que en la reunión de ayer se trataron varios de los temas pendientes en la universidad. No sé qué tipo de reunión fue.
어제 모임에서 대학의 여러 가지 현안들이 다루어졌다고 하던데. 그것이 어떤 성격의 모임이었는지 모르겠어.

B: Se trataba de un encuentro con miembros del comité para el desarrollo de la universidad.
(그 모임은) 대학 발전을 위한 위원회 위원들과의 모임이었어.

동사 'tratar'는 타동사(transitivo) 또는 자동사(intransitivo)로 다양하게 사용되는 동사이다. 수동의(pasivo) 'se'나 비인칭(impersonal) 'se' 구문에 자주 사용되고 전치사 'de'를 동반하기도 한다. 본 장의 목적은 자칫 잘못 사용할 수 있는 'tratar' 동사의 용법을 명확히 구분하여 학습자들이 문법적으로 정확한 문장을 구사할 수 있도록 하는 데에 있다.

먼저, 타동사 'tratar'의 용법에 대해 알아보자.

(1) a. La filmoteca trata el racismo y la violencia en el cine alemán.
그 영화 컬렉션은 독일 영화의 인종 차별과 폭력을 다루고 있다.

b. ¿Tan mal la ha tratado la policía?
경찰이 그녀를 그렇게 나쁘게 다루었다고?

(CREA)

(1)에서 보듯 타동사 'tratar'는 목적어로 사물이나 사람 명사구를 직접 취할 수 있다. 이 경우 수동의 'se'가 첨가되어 수동태 문장이 만들어질 수 있다.

(2) a. No se ha tratado el tema en sesiones ordinarias.
그 주제는 일반 세션에서 다루어지지 않았다.

b. Se trataron las nuevas tecnologías dentro de la profesión.
그 직업 내부의 새로운 기술들이 다루어졌다.

(CREA)

(2)에서 'el tema'와 'las nuevas tecnologías'는 수동의 'se' 구문에서 주어 역할을 하므로 동사는 각각 'se ha tratado'와 'se trataron'을 사용한다.

이제 자동사 'tratar'에 대해 살펴보자. 통사론(sintaxis) 관점에서, 자동사란 목적이에 대격(acusativo), 즉 (직접)목적격을 줄 수 없는 동사를 의미한다. 따라서 이들 뒤에 주어가 아닌 명사구가 올 때는 중간에 항상 전치사를 동반해야 한다. 자동사 'tratar'의 경우는 (3)에서 보듯 기본적으로 전치사 'de'를 취한다.

(3) a. ¿De qué trata la película?
그 영화는 무엇을 다루고 있어?

b. La novela trata de este asunto desde muchos ángulos.
그 소설은 여러 각도에서 이 문제를 언급하고 있다.

(GDEA: 2018; DPD: 650)

(3)에서 보듯, 동사 'tratar'가 전치사 'de'와 함께 "(~에 대해) 다루다/언급하다"라는 뜻으로 사용된다는 것은 문법적으로 자동사로 기능한다는 의미이고, 이 경우 'la película'와 'la novela'는 각 문장의 주어 역할을 하고 있다. 그러나 구체적 주어 없이 자동사 'tratar'가 비인칭 'se' 구문에서 사용되는 경우도 자주 볼 수 있다.

(4) a. Se trata de un delincuente habitual.
(그것은) 상습범을 말하는 겁니다.

b. Se tratará de un asunto importante.
(그것은) 중요한 사건에 관한 일일 겁니다.

(DDD: 439; GDLE: 1650)

(4)의 가장 중요한 특징 중의 하나는 (5)에서처럼 구체적 주어를 사용하면 안 된다는 것이다.

(5) a. *El detenido se trata de un delincuente habitual.
체포된 사람이 상습범이라는 겁니다.

b. *El resto [de la colección] se trata de hallazgos casuales de bronce encontrados con un detector de metales.
[컬렉션의] 나머지는 금속 탐지기로 우연히 찾아낸 구리로 된 물건들입니다.

(DDD: 439; DPD: 650)

(5)가 비문법적 문장인 이유는 비인칭 se 구문에 주어 'el detenido/el resto'가 각각 사용되었기 때문이다. 즉, 'tratar' 동사가 비인칭 se 구문으로 사용될 때는 항상 『se + tratar(3인칭 단수) + de ~』로 표현되고, (5)처럼 다른 주어 명사구와 함께 나타나면 안 된다는 것이다. 문제는 외국인 학습자들뿐만 아니라 교양어를 구사하는 원어민들조차도 (5)와 같은 문장들을 사용하기도 한다는 데에 있다. 그러나 분명한 사실은 문법적으로 (5)의 예문은 잘못된 문장이라는 것이다(cf. DDD: 439).[9)]

9) Manuel Seco는 자신의 저서 「Diccionario de Dudas y Dificultades de la lengua española」에서 스페인 및 라틴아메리카의 저명 신문/잡지에 실린 잘못된 문장의 예로서 i)을 소개하고 있다.

i) a. El pirómano de Zaragoza puede tratarse de un niño de diez años. (ABC)
사라고사의 방화범은 10살의 아이일 수 있다는 것이다.

b. La muerte de Lucía solo se trataba de una pura fantasía cinematográfica. (Semana)
루시아의 죽음은 단지 순수한 영화적 판타지였다는 것이다.

(DDD: 439-440)

TIP!

동사구 'tratar(se) de ~'의 다른 용법

본문에서 'tratar(se)'는 전치사 'de'와 함께 자동사로 사용된다고 설명하였다. 그러나 'de'의 출현에도 불구하고 'tratar'가 타동사로 사용되는 문장도 있다.

(i) a. La trataba de usted y le decía gracias.
그녀를 'usted'으로 대했고 그녀에게 고맙다고 말했다.

b. Lo trataba de mentiroso.
그를 거짓말쟁이로 취급했었다.

(DPD: 650; GDEA: 2018)

(i)에서 동사 'tratar'는 분명히 타동사이다. 직접목적대명사 'la/lo'가 이를 증명한다. (i)에서 'de'는 'tratar'에 연결된 전치사가 아니라, 전치사구 'de usted/de mentiroso'를 형성하여 각각 'la/lo'의 목적보어로 사용된 것이다.

마지막으로, 『tratar(se) de + inf./que』 구문에 대해 살펴보자.

(ii) a. Irene trata de explicar su insólita y absurda teoría.
이레네는 자신의 이상하고도 터무니없는 이론을 설명하려 애쓴다.

b. Traté de que me consideraran una compañera más.
나를 한 명의 동료로 여길 수 있도록 노력했다.

(DPD: 650)

『tratar(se) de + inf./que』 구문에서 'tratar'는 "꾀하다/노력하다(intentar)"의 뜻으로 사용되며, 특히 접속사 'que' 이하에 동사가 오는 경우 접속법을 사용하여 "~가 ~하도록 애쓰다/노력하다"의 의미를 표현한다.

Ítem 18

¿Véase o Véanse los ejemplos? 어느 것이 맞나요?

핵심 CHECK

Véase los ejemplos에서 se는 비인칭(impersonal)의 의미이고 Véanse los ejemplos에서 se는 수동(pasivo)의 의미로 사용된 것이다. 즉 두 문장은 모두 문법적으로 정문이며 각각 의미가 다른 문장이다.

1 A: ¿Qué quiere decir ese cartel 2x1.
'2x1'이라는 팻말은 무슨 의미인가요?

B: Significa que llévese dos y pague solo uno.
한 개 값을 치르고 두 개를 가져가라는 의미입니다.

A: En Corea esa oferta se dice 1+1.
한국에서는 '1+1'이라고 합니다.

'Véase los ejemplos'에서 se는 수동이나 재귀가 아닌 비인칭(impersonal)의 se를 의미하며 긍정 명령형의 경우 동사 뒤에 붙여(enclítico) 사용한다. 명령형에 비인칭 se를 사용함으로써 명령의 대상이 비인칭 주어임을 표현한다. 이는 청자(oyente)나 독자(lector)에게는 간접적으로 명령이 전달되는 효과가 있다. 구체적으로 〈대화 1〉의 'llévese' "(누구나)가져가세요"에서 사용된 se는 비인칭의 se를 뜻하며 청자 또는 독자에게 간접적으로 명령이 전달되도록 하는 역할을 한다. 해당 예문을 (1)에서 볼 수 있다.

(1) a. Véase más abajo.
좀 더 아래쪽을 보세요.

b. Compárese ahora las oraciones de (61) con las de (63).
이제 (61)의 문장들을 (63)의 문장들과 비교하세요.

c. Nótese las características macroscópicas de los tumores a los 15 días.
15일째에 종양들의 육안적 특징들을 알아두세요.

(GDLE: 3914, 2588; CREA)

(1)의 예문들에서 알 수 있는 가장 눈에 띄는 특징은 동사가 항상 명령형 3인칭 단수로 사용되어야 한다는 점이다. 이는 비인칭 se가 사용된 구문에서 동사는 항상 3인칭 단수로 사용된다는 점을 상기한다면 쉽게 설명할 수 있다. 그리고 상기 문장들은 학술 논문이나 전문 서적처럼 문어체 느낌이 매우 강한 글에서 사용된다는 특징이 있으며, 아래 (2)에서 보듯 구어체에서는 일반적으로 문두에 접속사 que와 접속법 동사를 사용하여 같은 의미를 표현할 수 있다.

(2) a. Que se vea más abajo.
좀 더 아래쪽을 보시길 바랍니다.

b. Que se compare ahora las oraciones de (61) con las de (63).
이제 (61)의 문장들을 (63)의 문장들과 비교해 주시길 바랍니다.

c. Que se note las características macroscópicas de los tumores a los 15 días.
15일째에 종양들의 육안적 특징들을 알아두시길 바랍니다.

한편, 3인칭 복수 명령형이 사용된 'Véanse los ejemplos' 문장에서 se는 수동의 의미로 사용된 se이다. 즉, 3인칭 복수동사가 사용되었다는 것은 'los ejemplos'가 주어라는 것이고 이는 se가 수동의 의미로 사용되었음을 뜻한다. 구체적으로 (3)의 예문들에서 살펴볼 수 있다.

(3) a. Aplíquense maderas o cartones en ambos extremos de la teja.
기와의 양쪽 끝에 목재 또는 판지들이 붙게 하세요.

b. Tómense las medidas necesarias.
필요한 조치들이 취해지게 하세요.

(CREA)

(3)에서 동사가 명령형 3인칭 복수로 사용된 것은 뒤따르는 복수 명사가 주어 역할을 하기 때문이다. 만약 뒤따르는 복수 명사가 (4a)에서 보듯 주어가 아니라면 동사는 3인칭 복수형이 될 수 없으며, (4b)에서처럼 비인칭 se와 3인칭 단수동사를 사용하여 표현해야 한다.

(4) a. *Recuérdense a los gobernadores del imperio.
그 제국의 통치자들을 기억하세요.

b. Recuérdese a los gobernadores del imperio.
그 제국의 통치자들을 기억하세요.

마찬가지로 접속사 'que'로 이끌리는 명사절이 나타날 때도 비인칭 se를 사용하고 동사는 항상 3인칭 단수로 표현한다.

(5) a. Recuérdese que estos predicados expresan procesos durativos ...
이 술어들은 진행 과정을 표현한다는 것을 기억하십시오.

b. Nótese que la preposición ⟨a⟩ tiene doble oficio en estos ejemplos, ...
전치사 ⟨a⟩는 이 예문들에서 두 개의 기능을 가지고 있음을 알아두세요.

(NGLEM: 553, 851)

TIP!

본문에서 우리는 3인칭 단수동사가 사용된 'Véase los ejemplos'의 se는 비인칭 일반 주어로 해석된다고 설명하였다. 여기서 한 가지 의문점이 생긴다. 예를 들어 'Véase el ejemplo'에서처럼 동사는 3인칭 단수가 사용되고 뒤따르는 명사구도 3인칭 단수인 경우 명사구를 주어로 분석하여 se가 수동의 역할을 한다고 볼 수 없느냐는 질문이 그것이다.

결론부터 말하자면, 'Véase el ejemplo'에서 se는 비인칭과 수동의 의미로 모두 해석될 수 있다. 이는 (i)의 예문에서 se가 비인칭과 수동의 의미로 모두 해석이 가능한 것과 같은 것이다.

(i) Se vende un apartamento.
아파트를 매매합니다. (비인칭)
아파트가 매매됩니다. (수동)

(MEE: 74)

Ítem 19

전치사 para와 por를 어떻게 구분하나요?

핵심 CHECK

전치사 para는 기본적으로 '목적(finalidad)'의 의미를 표현하고, por는 '원인(causa)' 및 '동기(motivo)'를 표현한다. 그 외에도 다양한 의미로 두 전치사가 활용되고 있으므로 본문의 내용을 통해 용법을 정리할 필요가 있다.

〈Para〉

1. 목적(finalidad)을 표현하며 "~을 위하여", "~을 목적으로"라는 해석을 가진다.

(1) a. Fumar es malo para la salud.
흡연은 건강을 위해서는 나쁜 것이다.

b. Vine para verte.
난 너를 보려고 왔어.

(MEE: 126)

2. 사물의 용도(destino)를 표현하고 사람의 경우는 수취인(destinatario), 즉 "~에게"를 뜻한다.

(2) a. Tela buena para camisas.
셔츠용으로 좋은 천.

b. Todo lo recaudado será para los pobres.
모금한 모든 것은 가난한 사람들에게 줄 것이다.

(GDLE: 678)

3. 이동의 방향(dirección) 또는 목적지(destino)를 표현한다. "~행/~을 향하여(hacia)"를 표현한다. 방향을 나타내는 다른 전치사 'a'보다는 덜 구체적인(menos concreto) 어감을 표현한다. 따라서 이동의 구체적 종착점을 표현하는 llegar 동사는 전치사 'a'와 결합할 수 있지만 'para'와는 결합하지 못한다(ej. Llegaremos a/*para Caracas. Gili Gaya 1980: 254).

(3) a. Se fue para Barcelona el lunes.
월요일에 바르셀로나로 떠났다.

b. Hace un rato se fue para la oficina.
조금 전에 사무실로 갔다.

(MEE: 127, 129)

4. 시간 흐름의 종료(término), 정해진 기한(límite temporal)을 표현하며, 특히 미래의(futuro) 시간을 표현한다. 따라서 "~까지", "~일/시에"로 번역할 수 있다.

(4) a. Lo dejaremos para mañana.
우리는 내일까지 그것을 남겨둘 겁니다.

b. La boda se ha señalado para el día 6 de marzo.
결혼식은 3월 6일로 표시되었습니다.

(GDLE: 679)

5. 관점(punto de vista) 및 의견(opinión)을 표현한다.

(5) a. Para Borges, por su parte, Quevedo era un maestro, pero Cervantes era un amigo.
보르헤스에게 있어서 께베도는 스승이었지만, 세르반테스는 친구였다.

b. Para mí la danza tiene un enorme poder de curación y revitalización.
내 생각에 춤은 치유와 회복에 엄청난 힘을 가진 것으로 보인다.

(CREA)

6. 주절의 내용과 비교(comparación) 또는 반대되는(adversativo) 의미를 표현할 수 있다. 이 경우 "~임에도 불구하고(a pesar de)", "~을 고려/비교할 때(teniendo en cuenta que)"로 번역한다.

(6) a. Para tener sesenta años, se conserva muy bien.
예순 살이지만, 몸 관리를 정말 잘하고 있다.

b. Está muy joven para su edad.
그의 나이를 고려할 때 매우 젊어 보인다.

(MEE: 127, 129)

7. 『estar para + inf.』는 행위의 임박성(inminencia), 근접성(proximidad)을 나타내는 표현으로 "(막) ~하려고 한다"를 뜻한다.

(7) a. Estaba para llover.
비가 내릴 참이었다.

b. El tren está para salir.
기차가 막 떠나려 한다.

(Gili Gaya 1980: 255)

〈Por〉

1. 원인(causa) 및 동기(motivo)를 표현하며, "~ 때문에", "~로 인해"로 해석한다.

(8) a. Estudió medicina por su padre.
그는 아버지 때문에 의학을 공부했다.

b. Fue detenido por conducir borracho.
그는 음주 운전으로 인해 체포되었다.

(MEE: 127)

2. 대체(sustitución), 교환(intercambio)의 뜻으로 사용되어 "~대신에(en vez de)"라는 의미를 표현한다.

(9) a. Cambió su casa por otra nueva.
그는 자기 집을 다른 새집으로 바꿨다.

b. Dará la clase por mí.
그가 나 대신 수업할 겁니다.

(GDEA: 1639)

3. 사람이나 사물에 대한 이익이나 지지를(a favor o en defensa de alguien o de algo) 표현한다. 따라서 "(누구/무엇의 이익을) 위해"라는 의미로 사용할 수 있다. Gili Gaya(1980: 256)는 'Hable Ud. por mí(날 위해)', 'Hacer algo por alguien(누군가를 위해)' 처럼 앞서 설명한 '대체(sustitución)'의 의미에서 자연스럽게 파생된 의미라고 설명한다. 학습자들이 para와 가장 많이 혼동하는 por의 용법으로 "목적(finalidad)"을 표현하되, "~때문에"라는 "동기(motivo)"의 뜻이 첨가된 복합적 의미를 표현한다.

(10) a. Los pobres también pasan sus malos ratos luchando por la vida.
가난한 사람들도 삶을 위해 투쟁하면서 어려운 순간들을 보낸다.

b. Los tres te esperan, rezan por ti todas las noches.
그 세 사람이 너를 기다리며 매일 밤 널 위해 기도하고 있어.

(NGLE: 1367, 2766)

4. 대략적 장소(lugar aproximado)를 표현한다.

(11) a. Viven por el barrio norte.
그들은 북쪽 지역에 산다.

b. No veo nada por aquí.
이쪽에서는 아무것도 보이지 않는다.

(NGLEM: 569)

5. 이동의 경로(tránsito), 통로(paso)로서의 장소를 표현한다.

(12) a. Se paseaban por las canchas de fútbol.
그들은 축구 경기장들을 돌아다녔다.

b. Por la puerta entraba una corriente de aire frío.
문으로 찬 공기가 들어왔다.

(GDEA: 1639)

6. 대략적 시간(tiempo aproximado)을 표현한다. 따라서 "~즈음에", "~시절에"라고 번역한다.

(13) a. Me iré a Galicia por Semana Santa.
부활절 주간 즈음에 갈리시아로 떠날 거야.

b. Tú aún no habías nacido por esas fechas.
넌 그 시절에는 아직 태어나지도 않았어.

(MEE: 128, 129)

7. 지속된 시간(duración)을 표현한다. 따라서 "~동안(durante)"의 해석을 가진다.

(14) a. Anduvieron de novios por varios meses.
그들은 여러 달 동안 연인으로 지냈다.

b. Esta vez se le condenó a no hablar por tres años.
이번에는 그에게 3년 동안 말을 못 하게 하는 형벌을 주었다.

(CREA)

8. 분배 단위(unidad distributiva) 및 가격(precio)을 표현한다.

(15) a. Viene tres veces por semana.
그는 일주일에 세 번 온다.

b. Me vendieron la bicicleta por poquísimo dinero.
매우 적은 돈에 자전거를 내게 팔았다.

(MEE: 128)

9. 수단(medio), 도구(instrumento) 그리고 수동태 문장의 행위자(agente)를 표현한다.

(16) a. Nos comunicamos por carta y por teléfono.
우리는 편지와 전화로 소통합니다.

b. El anuncio fue hecho por el Presidente de la República.
그 광고는 공화국 대통령에 의해 제작되었다.

(GDEA: 1639)

10. 주어가 느끼는 감정(sentimiento)의 대상 또는 원인을 표현한다.

(17) a. Está loca por usted a su manera.
그녀는 자기 방식으로 당신에게 미쳐있다.

b. Mira, no quiero que sufras por ella.
이봐, 난 네가 그녀로 인해 괴로워하는 걸 원치 않아.

(GDLE: 685)

11. 『estar por + inf.』는 동사의 행위가 이루어지지 않았음을 나타내는 표현으로, "(아직) ~하지 않고 있다(estar sin + inf.)"라는 의미를 갖는다.

(18) a. La casa está por barrer.
집이 청소가 안 되어 있다.

b. La carta está por escribir.
편지가 아직 작성이 안 되었다.

(GDLE: 688)

지금까지 전치사 para와 por의 주요 용법에 대해 살펴보았다. 두 전치사의 용법들을 얼마나 잘 이해하고 있는지를 다음 연습문제를 통해 확인하고 필요한 경우 자세한 설명을 곁들일 것이다.

<Quiz> 전치사 para/por 중 알맞은 전치사를 넣고, 둘 다 가능한 경우는 그 차이를 설명해봅시다.

1. Salió _______ Bolivia el 30 de agosto.

해설: 이동의 방향, 목적지(destino)를 표현하므로 para를 넣는다(cf. (3)).

2. Esta agua no es buena _______ beber.

해설: "~하기에 ~하다/하지 않다"라는 의미에 부합하는 목적(finalidad) 전치사 para가 사용된다. 따라서 예문은 "이 물은 마시기에 좋지 않다"라고 번역한다(cf. (1)).

3. Logró el puesto _______ sus propios méritos.

해설: 수단(medio)을 의미하는 전치사 por를 사용하여 "자기 고유의 재능으로(por sus propios méritos) 그 일자리를 얻었다"라는 문장을 만들 수 있다(cf. (16)).

4. Tengo que ir a Sevilla _______ Córdoba.

해설: 이동의 경로(tránsito)를 표현하므로 por를 사용한다. 즉, 예문은 "코르도바를 거쳐 세비야로 가야 한다"로 번역될 수 있다(cf. (12)).

5. Le pagan poco _______ lo que trabaja.

해설: 문장은 "일하는 것에 비해 적게 번다"라는 의미이므로, 이 경우 주절의 뜻과 반대(adversativo) 또는 비교의(comparativo) 의미를 나타내는 전치사 para를 사용한다 (cf. (6)).

6. Lucharon ______ sus ideas y votaron ______ los demócratas.

해설: 사람 또는 사물에 대한 이익이나 지지를(a favor o en defensa de alguien o de algo) 표현하는 전치사 por를 빈칸 모두에 사용한다. 이 경우 그 의미는 목적(finalidad)을 표현하되, "~때문에"라는 동기(motivo)의 뜻이 첨가된 복합적 의미를 나타낸다. 따라서 문장은 "그들은 자신들의 사상 때문에/사상을 위해 투쟁했고 민주주의자들을 위해 투표했다"로 번역될 수 있다(cf. (10)).

이 경우 학습자들이 por를 의미적으로 para와 구분하여 사용하기는 쉽지 않은 일이다. 그러나 학습자들이 『por + 명사』 구문에서, 전치사 por가 luchar(투쟁하다), rezar(기도하다), votar(투표하다), brindar(건배하다), esforzarse(노력하다), inclinarse(찬성하다) 등의 특정 동사들과 함께 사용되어 '사람/사물에 대한 지지(a favor de)'를 표현한다는 점을 기억한다면, 상기 예문에 por가 사용되는 것을 더 쉽게 이해할 수 있을 것이다.

7. Hoy vengo yo ______ mi hermana, ella está enferma.

해설: 문장의 의미상 대체(sustitución)를 표현하므로, '~을 대신해서(en vez de)'의 의미를 가진 전치사 por를 사용해야 한다(cf. (9)).

8. La comida está lista ______ servir.

해설: 『estar listo para ~』는 "~할 준비가 되어 있다"라는 목적(finalidad)을 표현하는 구문이므로 전치사 para를 사용한다(cf. (1)). 이처럼 목적을 표현하는 para와 자주 연결되는 형용사 및 부사로는 'listo(준비된)'외에도 'suficiente/bastante(충분한)', 'demasiado(너무)'등이 있다.

9. Este cuadro fue pintado ______ un pintor famoso.

해설: 수동 구문에서 행위자(agente)를 표현하므로 전치사 por를 사용한다(cf. (16)).

10. Vendré ______ Navidad.

해설: 전치사 para와 por는 모두 시간을 나타내는 명사와 어울릴 수 있으므로 빈칸에는 para/por 둘 다 들어갈 수 있다. 중요한 점은 각각의 경우 의미가 달라지므로 그 의미 차이를 구분해야 한다는 것이다. GDLE(1999: 683)에서는 다음의 그림으로 의미 차이를 설명한다.

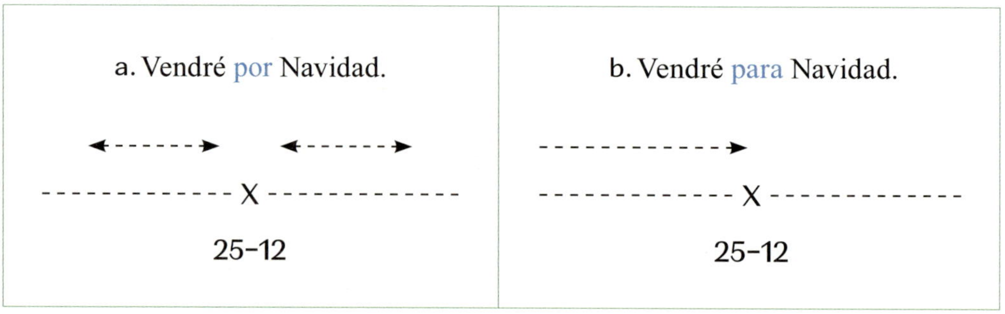

(GDLE: 683)

ⓐ 문장에서 전치사 por는 대략적 시간(tiempo aproximado)을 표현한다(cf. (13)). 따

라서 'por Navidad'을 "크리스마스 즈음에"라고 번역한다. 그림을 통해 보다 구체적으로 설명하면, 12월 25일을 중심으로 전(anterior)과 후(posterior)의 주변 시간이 모두 포함되는 뜻을 표현한다.

반면에 para를 사용한 (b) 문장은 정해진 기한(límite temporal)을 표현한다(cf. (4)). 따라서 'para Navidad'은 "크리스마스까지"로 번역한다. 즉, 그림 (b)의 화살표가 보여주듯, 12월 25일 전(anterior)에 동사 venir의 행위가 이루어지리라는 것을 표현하며, 적어도 12월 25일까지는 venir의 행위가 종결되리라는 것을 의미한다. 따라서 para의 경우는 Navidad(12월 25일)이 지난 시간은 포함할 수 없다.

11. Siempre nieva ______ Navidad.

해설: 앞서 설명한 문장과 매우 유사하기 때문에 para와 por가 모두 가능할 것 같지만, 이 경우는 대략적 시간(tiempo aproximado)을 표현하는 전치사 por민 가능하다. 왜냐하면, "크리스마스 즈음에는(por Navidad) 항상 눈이 온다"라는 해석은 자연스럽지만, "크리스마스까지(para Navidad) 항상 눈이 온다"라는 해석은 부자연스럽기 때문이다. 즉, 'para Navidad'은 'Navidad'이후의 시간은 포함하지 않는 의미적 제약이 있기 때문에, 예문에서처럼 자연 현상을 나타내는 동사 'nevar'와 함께 사용할 때 의미적으로 어색해지는 것이다.

12. ______ haber estado dos semanas en la playa, lo encuentro poco bronceado.

해설: 주절의 내용과 반대되는(adversativo) 양보적 의미(valor consesivo)를 표현하는 전치사 para가 사용된다. 따라서 문장은 "2주 동안 해변에 있었음에도 불구하고 많이 타진 않았어"라고 번역할 수 있다(cf. (6)).

13. ¡Muchas gracias ______ las flores!

해설: 감사(gratitud) 표현 'gracias'는 항상 주어가 느끼는 감사의 원인(causa)과 동기(motivo)를 전제하므로 전치사 por를 동반한다(cf. (8), (17)).

14. Faltan dos semanas ______ Semana Santa.

해설: 문장은 "부활절 주간까지 두 주 남았다"라는 의미이고, 따라서 기한(límite temporal)을 표현하는 전치사 para를 사용한다(cf. (4)). 이 경우 대략적 시간을 표현하는 por를 사용하면 시간 계산의 기준점이 모호해져서 'faltan dos semanas'를 사용할 수 없게 된다.

15. Busca, que tiene que estar ______ ahí, ______ algún rincón.

해설: 대략적 장소(lugar aproximado)를 표현하는 전치사 por를 빈칸 두 곳에 모두 사용한다. 따라서 문장은 "찾아봐, 거기 어느 구석진 곳에 틀림없이 있을 거야"라고 번역할 수 있다(cf. (11)).

16. Siempre corre ______ el parque ______ media hora ______ mantenerse en forma.

해설: 첫 번째와 두 번째 빈칸에는 전치사 por를 사용한다. 각각 이동 경로(tránsito)와 지속된 시간(duración)을 표현하기 때문이다(cf. (12),(14)). 그리고 세 번째 빈칸에는 목적을 표현하는 전치사 para를 사용하여 "항상 몸 상태를 유지하기 위해

30분 동안 공원을 달린다"라는 의미의 문장을 완성할 수 있다.

17. Juan se casó, creo, ______ enero.

해설: 시간 명사 'enero'는 para와 por 모두와 연결될 수 있다. 그러나 전치사 para는 시간 명사와 결합할 때 '미래의 시간(tiempo futuro)'을 표현한다는 제약이 있어서 이 경우는 불가하다(cf. (4)). 따라서 빈칸에는 '대략적 시간'을 표현하는 전치사 por를 사용하고, 문장은 "내 생각엔 후안이 1월쯤 결혼했던 것 같아"로 번역할 수 있다(cf. (13)). 만약, 정확한 시간(tiempo exacto)을 표현하고자 한다면, 전치사 en을 사용해서 'Juan se casó en enero'로 나타내면 된다.

18. El aumento de sueldos es necesario ______ los trabajadores.

해설: 빈칸에 '수취인(destinatario)'을 표현하는 전치사 para를 사용한다(cf. (2b)). 즉, '봉급 인상(el aumento de sueldos)'의 최종 수취인은 '노동자들'이고 따라서 문장은 "봉급 인상이 노동자들에게 필요하다"라고 번역한다(☞ Ítem 24 Tip 참고).

19. Siente una gran admiración ______ ellos.

해설: 주어의 감정(sentimiento) 대상 또는 원인을 표현하는 전치사 por를 사용한다. 따라서 문장은 "그들에게 엄청난 존경심을 느낀다"라고 번역할 수 있다(cf. (17)). 주의할 점은 앞서 설명한 '수취인(destinatario)'을 표현하는 전치사 para를 사용하면 안 된다는 것이다. 왜냐하면, 예문에서 '존경심(admiración)'은 주어가 느끼는 것이고 대명사 'ellos'가 수취인으로서 그 감정을 받는 것은 아니기 때문이다.

20. Échate ______ allá, que no cabemos todos.

해설: 장소 부사 aquí, acá, ahí, allí, allá등은 대략적 장소를 표현하는 전치사 por와 자주 연결된다(cf. (11)). 그러나 동사 'echarse'가 사용된 상기 예문에서는 이동의 방향(dirección)을 표현하는 전치사 para를 사용하는 것이 더 자연스럽다. 'echarse'는 "몸을 움직이다"라는 뜻의 이동 동사이기 때문이다. 따라서 문장은 "넌 저쪽으로 비켜. 모두 들어갈 순 없어"라고 번역할 수 있다(cf. (3)). 특히, acá와 allá는 방향성을 포함하는 장소 부사로서 para와 연결되어 자주 사용된다는 것을 기억하자(☞ Ítem 05 참고).

21. ______ nosotros, esa es la mejor solución.

해설: 관점(punto de vista) 및 의견(opinión)을 표현하는 전치사 para를 사용한다(cf. (5)). 따라서, 문장은 "우리가 보기엔 그것이 가장 좋은 해결책이다"라고 번역할 수 있다.

22. Estaba ______ salir cuando sonó el teléfono.

해설: 행위의 임박성(inminencia)을 표현하는『estar para + inf.』구문이 사용되어, "전화가 울렸을 때 막 나가려고 하고 있었다"라는 의미를 표현한다. 따라서 빈칸에는 전치사 para가 사용된다. 비슷한 의미로『estar a punto de + inf.』구문을 사용하여, 'Estaba a punto de salir cuando sonó el teléfono'로도 표현할 수 있다.

23. Vendió el coche ______ veinte mil euros.

해설: 가격(precio)을 나타내는 전치사 por를 사용한다. 따라서 문장은 "2만 유로에 그 차를 팔았다"라고 번역할 수 있다(cf. (15)).

24. Los precios todavía están _______ decidir.

해설: 상기 예문은 동사의 행위가 이루어지지 않았음을 뜻하는『estar por + inf.』 구문을 사용하여, "가격이 아직 정해지지 않았다"라는 의미를 표현한다. 따라서 빈칸에는 전치사 por를 사용한다(cf. (17)).

25. La velocidad del viento supera los cien kilómetros _______ hora.

해설: 분배 단위(unidad distributiva)를 표현하는 전치사 por를 사용한다. 따라서 예문은 "풍속이 시간당 100㎞를 넘는다"라고 번역할 수 있다(cf. (15)).

OFERTA
NARANJA
GRANEL EL KG. SALE A
0,69 €
KG

Ítem 20

『entre + 단수명사』가 가능할까요?

핵심 CHECK

전치사 entre는 집합명사, 불가산명사와 함께 사용될 때는 단수형 명사와 함께 사용될 수 있다.

1 A: ¿Cómo es que llegas tan tarde?
아니 왜 이렇게 늦었니?

B: Fui a la plaza y me perdí entre la muchedumbre.
광장에 갔다가 군중들 틈에서 길을 잃었어.

2 A: ¿Dónde estaban estos platos antiguos?
이 오래된 접시들이 어디에 있었니?

B: Los descubrí entre el barro.
진흙 속에서 발견했어요.

전치사 entre는 "~사이에, ~중에서"의 의미를 표현하여 일반적으로 복수 명사가 entre에 연결된다. 두 명 이상의 사람 혹은 물건을 가리키는 복수 명사가 사용되거나, 두 개 또는 그 이상의 대상이 『entre A y B』의 구조로 명사가 등위 연결되어 사용된다.

(1) a. Se sentó entre las sillas vacías.
빈 의자들 사이에 앉았다.

b. Sabía lo que había pasado entre su hermano y yo.
그는 자신의 동생과 나 사이에 벌어진 일을 알고 있었다.

(CREA)

(1a)에서는 entre 다음에 복수의 명사 'las sillas vacías'가 사용되었고, (1b)에서는 y로 등위 연결된 두 사람 'su hermano y yo'가 사용되었다.

그렇다면 entre 다음에 단수의 명사가 사용되는 것이 가능할까? 답은 '가능하다'이다. 먼저, 형태적으로는 단수의 형태이지만, 의미상으로는 복수의 의미를 갖는 집합명사(nombre colectivo)가 entre와 함께 단수형으로 사용될 수 있다.

(2) a. Nadie sabía que entre el público había dos personas que sobrevivieron al exterminio.
군중들 속에서 두 명이 그 몰살 사건으로부터 살아남았다는 사실을 아무도 몰랐다.

b. Aunque los tatuajes son una moda entre la gente joven, en el cine se suelen asociar con los malvados.
문신이 젊은이들 사이에서 유행이기는 하지만, 영화에서는 악당들과 관련이 되곤 한다.

(CREA)

(2)에서 보는 바와 같이, 집합명사인 'el público(대중)'나 'la gente(사람들)'는 복수의 의미가 있어서 전치사 entre와 함께 단수형으로 사용될 수 있다. 〈대화 1〉에서도 'me perdí entre la muchedumbre(군중들 사이에서 길을 잃다)'에 la muchedumbre(군중)가 집합명사로 단수형으로 사용될 수 있는 것이다. 이러한 집합명사의 예로는 la familia(가족), el séquito(수행원), el vecindario(이웃) 등이 있다.

다음은 셀 수 없는 불가산명사(nombres no contables)가 전치사 entre와 함께 단수형으로 사용된 경우이다.

(3) a. Y de entre el humo íbamos saliendo nosotros.
우리는 연기 속에서 빠져나오고 있었다.

b. Tenía el maletín de cuero negro escondido entre la ropa.
옷 사이에 검은색 가죽 손가방을 숨겨두었다.

(NGLE: 807; CREA)

(3a)에서 사용된 명사 el humo(연기), (3b)에서 사용된 명사 la ropa(옷)는 불가산명사이다(☞ 1권 Ítem 2 참고). 이와 같이 복수형이 없는 불가산명사는 단수의 형태로 전치사 entre와 함께 사용될 수 있다. 그리고 (3a)에서 'entre el humo'를 통해 "자욱한 연기 사이를 뚫고 나온다"는 의미를 표현하고 있다. 이처럼 전치사 entre와 함께 사용되는 불가산명사는 앞이 잘 보이지 않는 밀집된 구조를 가지는 불가산명사가 의미적으로 어울리는 것이다. 〈대화 2〉의 B가 표현한 'entre el barro(진흙 속에서)' 역시 el barro(진흙)가 불가산명사이며, '진흙'은 밀집된 구조를 갖는 물질이기 때문에 의미적으로도 "좁은 틈 사이를 비집다"는 의미가 적합한 것이다. 따라서 entre el humo(연기 속에서), entre el barro(진흙 속에서), entre la bruma(안개 속에서)와 같은 표현은 가능하지만, 투명한 물질인 el agua(물), el aire(공기)를 사용한 *entre el agua(물속에서), *entre el aire(공기 속에서)와 같은 표현은 사용하지 않는다.

TIP!

전치사 entre는 뒤에 따르는 요소로 명사뿐만 아니라 형용사도 사용할 수 있다. 즉 어떤 상황이나 상태를 나타내는 표현을 하기 위해 『entre A y B』의 구조에서 A와 B에 형용사를 사용할 수 있다.

(i) a. Salió de Palacio entre alegre y triste.
그는 기쁘기도 하고 슬프기도 한 상태로 궁에서 나왔다.

b. Es suavemente picante, con un dejo entre dulce y amargo.
적당히 매우면서, 뒷맛은 달콤 쌉싸름하다.

(NGLE: 2267; CREA)

(i)에서 보는 바와 같이 전치사 entre와 함께 형용사가 사용될 수 있으며, 두 가지 상태의 중간에 있다는 것을 표현한다. (ia)에서는 salir동사의 주격보어로 alegre와 triste가 사용되었으며 3인칭 단수 주어에 성과 수를 일치한다. (ib)에서는 명사 'un dejo(뒷맛)'를 꾸미는 형용사를 전치사 entre와 함께 사용하여 명사의 성과 수에 형용사를 일치한다.

Ítem 21

주어가 'A y B'의 형태일 때 동사는 항상 복수로 일치할까요?

핵심 CHECK

주어 'A y B'가 실제 가리키는 것이 하나의 개체이거나 추상적인 개념, 특성, 사건, 상황 등을 의미할 때에는 동사를 단수로 일치한다.

1 A: ¿Qué le gusta hacer a Ud. en su tiempo libre?
시간이 있을 때 뭐 하는 거 좋아하세요?

B: Me gusta montar en moto, jugar al béisbol y montar a caballo.
야구, 오토바이 타기, 승마하는 것 좋아해요.

스페인어의 동사는 문장에서 주어의 인칭과 수에 일치한다.

(1) a. Nosotros vamos el domingo a Zaragoza.
우리들은 일요일에 사라고사에 간다.

b. Tus manos están limpias.
너의 손은 깨끗하다.

(CREA)

⑴에서 보는 바와 같이, ⑴a)에서는 주어로 인칭대명사 nosotros가 사용되었고 동사 ir는 1인칭 복수로 일치하여 vamos의 형태로 사용되고, ⑴b)에서는 명사구 tus manos가 3인칭 복수로 이에 일치하는 동사 están이 사용되었다.

그런데 등위 접속사(conjunción coordinante) 'y'를 사용하여 명사와 명사가 연결되어 여러 개의 명사가 함께 사용될 때 주어–동사의 일치에 있어 주의해야 하는 경우들이 있다. 물론 일반적으로는 명사와 명사가 연결된 요소가 주어로 사용되면 아래 ⑵의 예와 같이 주어가 복수라고 보고 동사도 복수로 일치하는 것이 일반적이다.

(2) a. La casa y el jardín ocupan 2.000 metros cuadrados.
집과 정원이 이천 제곱미터를 차지하고 있다.

b. Miguel y Marta limpiaron el comedor y la cocina juntos.
미겔과 마르타는 식당과 주방을 함께 청소했다.

(GDLE: 2647, 2639)

⑵의 예에서, A y B로 연결된 주어를 모두 복수로 보아 동사 ocupar와 limpiar를 3인칭 복수로 사용하는 것이 맞는 문장이다.

그러나 주어가 대등접속사 y로 연결되어 있는 경우, 동사가 단수형으로 사용되어 연결된 요소 중 하나와만 일치하는 경우들이 있다. 앞서 ⑵의 경우는 연결된 A와 B의 요소가 각각의 개체인 경우로 이는 복수로 취급한다. 그러나 A와 B가 실제로는 복수가 아닌 하나의 개체인 경우가 있다. 다음의 예를 살펴보자.

(3) a. El presidente y vicesecretario del partido llegó con su escolta.
당 부사무총장이자 대표인 사람이 경호원과 함께 도착했다.

b. El presidente y el vicesecretario del partido llegaron con su escolta.
당 대표와 당 부사무총장이 경호원과 함께 도착했다.

(GDLE: 2650, 2651)

(3a)에서는 presidente와 vicesecretario가 한 사람이 갖는 두 개의 직책을 표현한 것으로, 이 경우 관사 el을 한 번만 사용하였고 동사 역시 3인칭 단수로 표현한다. 이는 (3b)에서 관사 el을 presidente와 vicesecretario에 각각 사용하여 복수 주어를 표현하고 3인칭 복수동사를 사용하는 것과는 구별되는 것이다.

같은 맥락에서, 연결된 두 명사가 실제 존재하는 개체를 가리키는 경우가 아니라 추상적인 개념이나 특성, 사건, 상황 등을 가리키는 경우에도 첫 번째 명사 A의 앞에만 단수 관사를 사용하고 연결된 A y B를 단수동사와 일치시킨다.

(4) a. La salida y llegada de aviones está suspendida.
비행기의 출발과 도착이 중단되었다.

b. La tala y quema de árboles está prohibida.
나무의 벌목과 소각이 금지된다.

c. *La salida y choque de aviones está suspendida.
비행기의 출발과 충돌이 중단되었다.

d. La salida y el choque de aviones están suspendidos.
비행기의 출발과 충돌이 중단되었다.

(GDLE: 2656)

(4a)와 (4b)의 'A y B'로 연결된 주어에서, A와 B는 사건 혹은 동작을 가리키는 명사로서 구체적인 개체를 지시하는 명사가 아니다. 이런 경우 명사구의 앞에 하나의 단수 정관사를 사용하여 A y B를 단수로 취급할 수 있다는 것이다. 그러나 이 경우 주의할 점은 A와 B가 나타내는 사건 혹은 동작은 넓은 의미에서 보면 하나의 사건, 하나의 동작에 포함되어 있는 하위 개념으로서 두 개념을 연결하고 있는 것이라고 볼 수 있다. 즉, (4a)에서 'la salida y llegada'가 표현하는 "비행기의 출발과 도착"이라는 것은 비행기의 운항이라는 하나의 동작 내에 포함된 하위 개념이다. (4b)에서 'la tala y quema'는 "나무의 벌목과 소각"이라는 것이 산림 파괴라는 하나의 사건 내에 포함

된 하위 개념이라고 볼 수 있는 것이다. 따라서 하나의 정관사로 이끌어지는 명사구 내에서 단수의 명사로 취급할 수 있는 것이다. 반면, (4c)는 비문으로 판정되는데, 이는 'la salida y choque (비행기의 출발과 충돌)'라는 것이 어떤 하나의 행위나 사건 내에 포함된다고 보기 어렵기 때문이다. "비행기의 출발"과 "비행기의 충돌"을 별개의 동작으로 보는 것이 적절할 것이다. 따라서 이러한 명사의 연결을 단수로 다루는 것은 옳지 않으며, (4d)와 같이 각각 별개의 명사로서 복수의 명사로 다루며, 동사도 복수로 일치해야 한다는 것을 알 수 있다.

또한 주어가 여러 개의 구성소(constituyente)로 연결되어 있어도 복수로 취급하지 않는 경우가 있으므로 주의하자. 그런 경우로는 동사원형이 두 개 이상 연결되는 경우, 명사절이 두 개 이상 연결되는 경우, 동사원형과 명사절이 함께 연결된 경우, 그리고 의문문이 두 개 이상 연결되는 경우 등이다. 이런 요소들이 주어로 사용되는 경우에는 주어를 복수로 다루지 않고 3인칭 단수로 취급한다는 점에 주의하자.

(5) a. Me gusta cantar y bailar.
a'. *Me gustan cantar y bailar.
나는 노래하고 춤추는 것을 좋아한다.

b. Me gusta que canten y que bailen.
b'. *Me gustan que canten y que bailen.
나는 그들이 노래하고 춤추는 것을 좋아한다.

c. Me aburre repetirlo y que me lo repitan.
c'. *Me aburren repetirlo y que me lo repitan.
나는 그것을 반복하는 것, 그리고 그들이 내게 그것을 반복해 주는 것이 지겹다.

d. ¿Te interesa quiénes son y cómo han llegado?
d'. *¿Te interesan quiénes son y cómo han llegado?
너는 그들이 누구인지, 어떻게 왔는지 관심 있니?

(GDLE: 2759)

(5a)에는 gustar동사의 주어로 두 개의 동사원형이 사용되었다. 이 경우 등위 연결된 두 동사원형은 단수로 취급하여 동사는 3인칭 단수의 gusta가 사용되어야 한다. (5b)에서는 gustar동사의 주어로 두 개의 명사절이 사용되었고 이 경우 역시 등위 연결된 두 명사절은 단수로 취급하여 동사는 3인칭 단수의 gusta가 사용되어야 한다. (5c)는 동사원형과 명사절이 등위 연결되어 주어로 사용된 경우로 역시 주어는 단수로 본다. (5d)에서는 두 개의 의문문이 interesar동사의 주어로 사용되었으며, 이 역시 주어는 단수로 본다. 위의 〈대화 1〉의 B를 살펴보면, gustar동사의 주어로 jugar al béisbol, montar en moto, montar a caballo가 사용되어 동사원형 세 개가 연결되었다. 그런데도 주어를 단수로 취급하여 동사를 3인칭 단수로 일치한 것을 확인할 수 있다.

더불어 주어로 중성 명사가 사용되는 경우에도 두 개 이상의 중성 명사를 단수로 다룬다는 점에 유의하자.

(6) a. Resultó imposible lo uno y lo otro.
a'. *Resultaron imposibles lo uno y lo otro.
둘 다 불가능했다.

b. Esto y aquello no era lo que había estudiado.[10)]
b'. *Esto y aquello no eran lo que había estudiado.
이것과 저것은 내가 공부했던 것이 아니었다.

(GDLE: 2759; Entrepreneur 9/11/2020)

(6)에서는 중성 명사 lo uno와 lo otro가 등위 연결된 주어, esto와 aquello가 등

---

10) https://www.entrepreneur.com/article/359279

위 연결된 주어가 각각 사용되었으며, 이 주어는 모두 단수로 취급하여 동사를 각각 resultó, era의 3인칭 단수의 동사를 사용한다.

물론 (5)와 (6)에서 살펴본 규칙이 일반적이지만, 경우에 따라 언급된 주어를 각각 별개의 개체로 취급하는 경우, 즉 의미적으로 두 개의 요소로 분리하여 해석되는 경우라면 복수로 취급할 수 있다. 다음과 같은 예를 살펴보자.

(7) a. Holgazanear y aprender son incompatibles.
a'. *Holgazanear y aprender es incompatible.
게으름을 피우는 것과 배우는 것은 서로 양립할 수 없다.

b. Esto y lo otro se contradicen.
b'. *Esto y lo otro se contradice.
이것과 또 다른 것은 서로 모순된다.

(GDLE: 2760)

(7a)에서는 holgazanear(게으름 피우는 것)와 aprender(배우는 것)가 문장의 술어 ser incompatible(양립할 수 없다)의 주어로 사용되었다. 문장의 의미 자체에서 "게으름 피우는 것과 배우는 것이 서로 양립할 수 없다"는 해석이 이루어짐으로써 각각 별개의 요소로 기능하는 것이기 때문에 복수 주어로 보고 복수동사를 사용한다. 마찬가지로 (7b)에 사용된 중성 명사 esto와 lo otro는 동사 contradecirse(서로 모순되다)의 주어로 사용되고 있다. 두 명사(구)가 서로 모순된다는 의미를 표현하기 때문에 복수 주어로 보고 동사를 복수로 사용한다.

Ítem 22

두 명사가 'A y B' 혹은 'A o B'로 연결된 명사구에 사용하는 관사와 형용사는 어떻게 일치할까요?

핵심 CHECK

두 명사를 『A y(o) B』의 구조로 연결하고, 연결된 명사구를 하나의 단위로 취급하는 경우에 관사는 첫 번째 명사 A의 성과 수에 일치한다. 형용사는 명사의 앞에 사용하는 경우에는 A에 성과 수를 일치하고 명사의 뒤에 사용하는 경우에는 B에 성과 수를 일치한다.

1 A: ¿Cualquier persona interesada en el mundo de la actuación profesional puede estudiar aquí?
전문적인 연기 활동에 관심이 있는 누구나 이곳에서 공부할 수 있나요?

B: Eso es. El chico o chica que quiera ser actor o actriz puede aplicar en esta academia.
그렇습니다. 배우가 되기를 원하는 사람은 이 학원에 지원할 수 있습니다.

2 A: ¿Quién es el que quiere verme?
나를 보려고 하는 사람이 누군가요?

B: Allí está. El que lleva un sombrero y una camisa amarillos.
저기 계세요. 노란색 셔츠를 입고 노란 모자를 쓰신 분입니다.

두 개의 명사를 접속사 y나 o를 사용해 연결하는 구문에서, 명사구의 맨 처음에만 관사를 사용하여 하나의 명사구로 표현할 때 관사는 가장 가까이에 인접해 있는 명사, 즉 첫 번째 명사에 일치한다.

(1) a. Las niñas y niños de este lado deben avanzar al frente.
b. *Los niñas y niños de este lado deben avanzar al frente.
이쪽에 있는 아이들은 앞으로 나가야만 한다.

(GDLE: 2716)

여자아이들과 남자아이들을 합쳐 "아이들"을 표현하고자 하는 것으로 niñas와 niños를 하나의 명사로 표현하기 위해 명사의 앞에 관사를 하나만 사용한 문장이다. 이 경우, 관사는 첫 번째 명사인 niñas에 일치하여 여성 복수 las를 사용한다.

(2) a. La niña o niño nombrado debe subir a recoger su premio.
b. *Las niña o niño nombrado debe subir a recoger su premio.
호명된 아이는 상을 받기 위해 올라가야만 한다.

(GDLE: 2716)

호명된 아이가 여자아이일 수도 남자아이일 수도 있기에 접속사 o를 사용하여 분리해서 표현한 것이며 가리키는 것은 "호명된 아이 한 명"이다. 이 경우, 역시 관사는 첫 번째 명사인 niña에 일치하여야 하며 관사를 복수형 혹은 남성형으로 사용하지 않는다. 같은 맥락에서 위의 〈대화 1〉에서도 접속사 o로 연결된 'el chico o chica(남, 여학생)'에서 앞에 사용된 명사에 성, 수 일치하여 남성 단수의 정관사 el을 사용한 것이다.

다른 한편으로, ⑵의 예에서 주어 명사구를 수식하는 형용사에 주목해보자. La niña o niño를 수식하는 형용사 nombrado는 남성 단수로 사용되어 두 번째 명사에 일치한다는 것을 알 수 있다. 즉, A y B 혹은 A o B의 구조로 사용되면서 두 명사가 하나의 단위로 취급되는 명사구의 경우는 수식하는 형용사에 가까운 명사와 성과 수를 일치한다.

그렇다면 다음 예와 같이 명사 앞에 형용사가 사용되는 경우를 살펴보자.

(3) a. Famosas orquestas y directores han pasado por el Teatro Real.

a'. *Famosos orquestas y directores han pasado por el Teatro Real.
유명한 오케스트라와 감독들이 왕립극장을 거쳐 갔다.

b. Muchas mujeres y ancianos perecieron.

b'. *Muchos mujeres y ancianos perecieron.
많은 여성들과 노인들이 사망했다.

(GDLE: 2739)

(3)에서 주어로 사용된 A와 B의 두 명사는 개별적인 각각의 명사로 보는 것이 아니라 A와 B를 하나의 단위로 본 경우이다. 이때 이 두 명사를 모두 수식하는 형용사를 명사 앞에 사용할 때, 형용사는 첫 번째 명사의 성과 수에 일치한다. 따라서 (3a)에서는 orquestas에 일치한 여성 복수형의 형용사 famosas가 사용되어야 하며, (3b)에서는 mujeres에 일치한 여성 복수형의 형용사 muchas가 사용되어야 한다.

이제 (1)~(3)의 예와는 달리, 연결된 두 명사 A와 B가 각각 관사를 동반하여 개별적인 개체를 가리키는 경우를 생각해 보도록 하자. 이 경우 A와 B는 각각 독립적인 개체를 의미하므로 두 명사가 연결된 'A y B'는 복수로 다루어야 할 것이다(☞ Ítem 21 참고).

(4) a. Tengo un pantalón y un sombrero negros.
검은색 바지와 검은색 모자를 갖고 있다.

b. Me puse unos pantalones y una camisa claros.
밝은색 바지와 밝은색 셔츠를 입었다.

c. Me compré unas camisas y una corbata nuevas.
나는 몇 벌의 새 셔츠와 새 넥타이 한 개를 샀다.

(GDLE: 2739)

(4)에서 명사의 뒤에 사용된 형용사 negros, claros, nuevas는 A와 B 명사 모두를 수식하는 형용사로 사용된 것이며 복수형을 사용하여 이를 표현하고 있다. 이때 형용사의 성의 일치는 수식하는 명사 A와 B가 (4a)와 같이 모두 남성인 경우나 (4b)와 같이 남성명사와 여성명사가 섞여 있는 경우에는 남성 복수로 일치한다. 반면, A와 B가 모두 여성명사인 경우에는, (4c)와 같이 여성 복수형으로 일치한다. 위의 〈대화 2〉에서도 관사를 동반하는 두 명사가 y로 연결된 'un sombrero y una camisa'가 사용되었고 이 두 명사를 동시에 수식하는 형용사는 남성 복수로 일치한 'amarillos'가 사용되었다는 것을 확인할 수 있다. 즉, 남성 복수형의 형용사가 사용되었다는 것은 '모자와 셔츠가 모두 노란색'이라는 것을 표현하는 것이기도 하다.

Ítem 23

『A y B』와 『tanto A como B』는 같은 의미의 표현일까요?

핵심 CHECK

『tanto A como B』는 "A와 B가 함께 (무엇을) 하다"라는 의미를 표현하는 것이 아니라 "A와 B가 각각 별개로 ~을 하다"라는 의미를 표현하는 불연속(discontinuo) 접속사이다. 따라서 『tanto A como B』는 "함께 ~하다"에 사용되는 juntos 혹은 "서로 상호 간에 ~하다"를 표현하는 상호의 se 등과는 의미적으로 맞지 않아 함께 사용될 수 없다.

1 Tanto mi papá como mi mamá vinieron de Czestochowa. Llegaron a México en 1912 y se casaron el 16 de septiembre. [...] Estaban muy enamorados. Mi papá se vino primero para México y después mandó por mi mamá. (CREA)
아빠와 엄마는 쳉스토호바에서 오셨다. 1912년에 멕시코에 도착하셨고 그해 9월 16일에 결혼하셨다. 두 분은 열렬히 사랑하셨다. 아빠가 먼저 멕시코로 오셨고, 이후 엄마를 부르셨다.

A와 B를 연결하는 접속 표현(expresiones conjuntivas)으로 『tanto A como B』(A도 B도), 『A así como B』(B처럼 A도), 『no solo A sino (también) B』(A뿐만 아니라 B도) 등의 표현의 사용에 대해 생각해 보자. A와 B로 연결된 이 두 요소가 문장에서 주이일

때 동사는 복수로 일치하며 두 요소를 합친 의미로 인칭의 일치를 한다. 다음의 예를 보자.

(1) a. Tanto mi mujer como yo hemos sido ciudadanos.
아내와 나는 도시 사람이었다.

b. Tanto su fachada principal como el interior están decorados con magníficos azulejos cerámicos de los siglos XIV al XVIII.
건물 정면과 내부는 14세기부터 18세기까지의 멋진 세라믹 타일로 장식되어 있다.
(CREA)

(1)에서 주어는 tanto A como B의 구조를 통해 표현되었으며, A와 B를 합쳐서 복수가 되었고 동사도 복수로 일치되었다. 즉, (1a)에서 mi mujer와 yo를 합쳐 1인칭 복수가 되었고 동사를 1인칭 복수형 hemos로 일치시킨 것이다. (1b)에서는 su fachada principal과 el interior를 합쳐 3인칭 복수가 되므로 동사를 están으로 표현하였다. 일반적으로 "A도 B도", "A뿐만 아니라 B도"라는 의미를 표현하는 접속사 tanto A como B, A así como B, no solo A sino B 등이 주어로 사용될 때, 주어는 A와 B가 되므로 동사는 복수형으로 사용하며, 1인칭 인칭대명사가 포함되어 있다면 동사는 1인칭 복수로, 2인칭 인칭대명사가 포함되어 있다면 2인칭 복수로 동사를 일치한다. 이러한 특징만 본다면, tanto A como B의 구조는 다음 (2)의 등위 접속사 y로 연결된 A y B의 구조와 동일하다고 생각할 수 있을 것이다.

(2) a. Mi muer y yo hemos sido ciudadanos.
아내와 나는 도시 사람이었다.

b. Su fachada principal y el interior están decorados con magníficos azulejos cerámicos de los siglos XIV al XVIII.
건물 정면과 내부는 14세기부터 18세기까지의 멋진 세라믹 타일로 장식되어 있다.
(CREA)

그러나 접속사 『tanto A como B』, 『A así como B』, 『no solo A sino (también) B』는 접속사 y와는 의미적으로 구별되는 특징을 갖고 있다는 점에 주의하자. tanto A como B, A así como B, no solo A sino B 등은 '불연속(discontinuo) 접속사 혹은 상관(correlativo) 접속사'라고 불린다. 다시 말해, A와 B가 연결되어 있지만, 그 해석에 있어 '분배적(distributivo)' 의미를 갖는다는 특징을 갖는다. "A와 B가 함께 (무엇을) 하다"라는 의미를 표현하는 것이 아니라 "A와 B가 각각 별개로 ~을 하다"라는 의미를 표현한다는 것이다. 다음의 예를 통해 살펴보자.

(3) a. Luis y Marta viven juntos.
루이스와 마르타가 함께 살고 있다.

b. *Tanto Luis como Marta viven juntos.
루이스뿐만 아니라 마르타도 함께 살고 있다.

(NGLE: 2410)

(3a)의 경우는 대등 접속사 y를 통해 주어가 Luis y Marta로 표현되었고 이 경우에는 "루이스와 마르타가 함께 살고 있다"는 의미를 표현할 수 있다. 그러나 (3b)와 같이 'tanto... como'의 불연속 접속사로 주어가 Tanto Luis como Marta로 표현되는 경우에는 그 두 사람이 함께 어떠한 일을 한다는 의미를 표현할 수 없다. 따라서 문장에 술어로 vivir juntos(함께 살다)가 사용되는 경우는 서로 의미가 상충되어 비문이 되는 것이다.

이러한 '분배적' 의미를 위의 박스에 제시된 〈텍스트 1〉을 통해 살펴보자. 주인공의 부모님은 모두 폴란드 남부의 도시 쳉스토호바(Czestochowa)에서 오신 분들이라는 것을 'Tanto mi papá como mi mamá vinieron de Czestochowa.' 에서 표현하고 있다. 그런데 이 문장에서 『tanto A como B』의 구조가 사용되어 두 분이 함께 그곳을 떠나 온 것이 아니라는 의미를 포함하고 있다. 이는 이어지는 문장 'Mi papá se vino primero para México y después mandó por mi mamá.'가 "아빠가 먼저 멕시코로 오셨고 이후 엄마를 부르셨다"라는 의미를 표현하기 때문에 분배적 해석을 갖는 『tanto A como B』와 서로 어울리는 표현이 된다. 다시 말해, 아빠와 엄마가 함께 첼스토호바를 떠난 상황이라면 『tanto A como B』의 구조는 맞지 않는 표현이 된다는 의미이다.

다음 (4)의 예를 통해 다른 불연속 접속사들도 살펴보자.

(4) a. *Tanto Ramón como Fernando se encontraron.
라몬도 페르난도도 함께 만났다.

b. *No solo Ramón, sino Fernando se encontraron.
라몬 뿐만 아니라 페르난도도 함께 만났다.

c. *Ramón, así como Fernando, se encontraron.
페르난도처럼 라몬도 함께 만났다.

(GDLE: 2670, 2671)

(5) a. *Tanto el niño como la niña se fueron juntos.
남자아이도 여자아이도 함께 떠났다.

b. *No solo el niño, sino la niña se fueron juntos.
남자아이뿐만 아니라 여자아이도 함께 떠났다.

c. *El niño, así como la niña, se fueron juntos.
여자아이처럼 남자아이도 함께 떠났다.

(GDLE: 2671)

(4)에서 보는 바와 같이, encontrarse가 "모이다, 함께 합류하다"라는 의미로 사용된 경우, 그리고 (5)와 같이 juntos가 사용되어 "함께"라는 의미를 표현하는 경우에는 불연속 접속사 tanto A como B, A así como B, no solo A sino B는 사용될 수 없다

는 것을 알 수 있다. 즉, 불연속 접속사는 A와 B를 연결하지만, "A와 B가 함께 ~하다" 혹은 "서로 ~하다"라는 의미와는 어울리지 않는 것이다.

이처럼 불연속 접속사는 A와 B가 각각 동사 술어와 개별적으로 연결되는 의미가 있기 때문에 A와 B를 함께 하나의 단위로 취급하지 않고 각각의 독립적인 단위로서 연결한다는 특징을 갖는다. 다시 말해, 연결하는 요소가 전치사구라면 A와 B가 각각 해당 전치사를 포함하는 전치사구로 표현되어야 한다.

(6) a. *Este avión viaja tanto a Cali como Popayán.
이 비행기는 칼리도 포파얀도 운행한다.

b. *Este avión viaja no solo a Cali, sino Popayán.
이 비행기는 칼리뿐만 아니라 포파얀도 운행한다.

c. *Este avión viaja a Cali, así como Popayán.
이 비행기는 포파얀처럼 칼리도 운행한다.

(7) a. Este avión viaja tanto a Cali como a Popayán.
이 비행기는 칼리도 포파얀도 운행한다.

b. Este avión viaja no solo a Cali, sino a Popayán.
이 비행기는 칼리뿐만 아니라 포파얀도 운행한다.

c. Este avión viaja a Cali, así como a Popayán.
이 비행기는 포파얀처럼 칼리도 운행한다.

(GDLE: 2671)

연결된 두 요소 A와 B가 전치사구 a Cali, a Popayán으로 이 요소들은 문장의 동사 viaja와 각각 연결되어야 한다. 따라서 (6)과 같이 A에만 전치사 a를 사용하고 B에 전치사 a가 없이 연결된 문장은 모두 비문이며, (7)과 같이 A와 B가 동일하게 전치사구로서 연결되어야 맞는 문장이 되는 것이다. 이러한 예를 하나 더 살펴보도록 하자.

(8) a. Me gusta la música tanto de Bach como de Haendel.

a'. *Me gusta la música de tanto Bach como Haendel.
나는 바흐의 음악도 헨델의 음악도 좋아한다.

b. Se producen tanto para el consumo interno como para la exportación.

b'. *Se producen para tanto el consumo interno como la exportación.
국내 소비를 위해서도 수출을 위해서도 생산된다.

(NGLE: 2411)

사실상 (8a) 문장은 바흐의 음악과 헨델의 음악을 모두 좋아한다는 의미이고, (8b)는 국내 소비와 수출을 위해 생산된다는 의미를 표현하고 있다. 불연속 접속사가 사용된 표현에서는 연결된 A와 B가 각각의 전치사구로 개별적으로 앞에 표현된 명사 la música(8a)와 동사 se producen(8b)에 연결되어야 한다는 점을 주의해야 한다. 따라서 (8a')와 같이 Bach와 Haendel을 하나의 단위로 전치사 de에 한꺼번에 연결하는 '*de [tanto Bach como Haendel]'의 구조는 사용할 수 없는 것이다. 동일하게 (8b')에서도 el consumo interno와 la exportación을 하나의 단위로 전치사 para에 한꺼번에 연결하는 '*para [tanto el consumo interno como la exportación]'의 구조는 사용할 수 없는 것이다.

앞서 살펴본 『tanto A como B』 구문 외에, 『A así como B』와 『no solo A sino (también) B』 구문이 사용된 예문들을 소개하면 다음과 같다.

(9) a. El vino, así como la cerveza, contienen alcohol.
맥주처럼 포도주도 알코올이 있다.

b. Los pasajeros llegaban por tierra, así como por aire.
여행객들은 하늘길로 왔던 것처럼 육로로도 도착하고 있었다.

(GDLE: 2672)

(10) a. No solo el vino, sino la cerveza, contienen alcohol.
포도주뿐만 아니라 맥주도 알코올이 있다.

b. Los pasajeros llegaban no solo por tierra, sino por aire.
여행객들은 육로뿐만 아니라 하늘길로도 도착하고 있었다.

(GDLE: 2672)

Ítem 24

간접목적대명사가 문장의 의미에 영향을 줄 수 있나요?

핵심 CHECK

간접목적어가 강조의 의미 효과를 위해 직접목적어의 앞 혹은 문두에서 사용될 때 동사는 간접목적대명사를 동반해야 한다. 또한 간접목적대명사는 동사가 표현하는 사건이 완성되었음을 나타내는 의미적 기능을 갖는다.

1 A: Juan no dijo nada a nadie.
후안은 아무한테도 아무 말도 하지 않았어.

B: ¡Qué va! A su amigo le contó todo lo que había pasado.
천만에! 그의 친구에게 벌어진 모든 일을 이야기했어.

2 A: ¿Le diste ese libro a Marta?
마르타에게 그 책 주었니?

B: Como no estaba en casa, se lo dejé a su hermano para ella.
집에 없어서 그녀에게 주라고 그녀의 동생에게 전달했어.

대명사가 간접목적어로 사용될 때는 반드시 간접목적대명사 me, te, le 등을 사용해야 하고, 아래의 (1b)처럼 중복형 a mí, a ti, a él, a ella 등만을 사용하면 안 된다. 이는 동사와 함께 사용하는 목적대명사가 필수로 사용되는 기본형이며, a mí, a ti, a él, a ella 같은 중복형은 선택적 요소이기 때문이다.

한편, 일반명사나 고유명사가 간접목적어 표시자 a와 함께 a Juan, a mi amigo를 형성하는 경우는 (1c)처럼 간접목적대명사가 함께 나타날 수도 있고, (1d)처럼 간접목적대명사가 사용되지 않는 경우도 있다.

(1) a. Te lo pregunto a ti.
b. *Lo pregunto a ti.
나는 너에게 그것을 질문한다.
c. Se lo pregunto al profesor.
d. Lo pregunto al profesor.
나는 선생님께 그것을 질문한다.

그러나 다음과 같이 단순 전치사구로서 『a + 전치격 인칭대명사』가 사용되는 경우는 이러한 목적대명사 중복의 규칙이 적용되지 않는다.

(2) a. Se acercó a mí.
그가 내게 다가왔다.
b. Se parece a mí.
그는 나를 닮았다.

(NGLE: 1245-1246)

(2a)는 『acercarse a ~(~에 다가가다)』의 구조를 갖는 동사가 사용된 구문이다. 동사가 전치사 a를 필요로 하는 경우로 a mí는 간접목적어가 아니라 전치사구이다. 따라서 간접목적대명사 me를 중복하면 비문이 된다. (2b) 역시 『parecerse a ~(~를 닮았다)』 구문에서 전치사 a가 사용된 경우로 a mí는 간접목적어가 아닌 동사 parecerse가 선택한 전치사구이다. 따라서 간접목적대명사 me를 사용할 수 없다.

그럼 앞서 (1)에서 제시한 일반적인 목적대명사 중복의 규칙과는 별개로, 'a + 일반명사/고유명사'로 간접목적어가 표현되었지만 간접목적대명사가 함께 사용되어야 하는 구문에 대해 살펴보도록 하자.

먼저 직접목적어와 간접목적어를 필요로 하는 dar, entregar, regalar 등과 같은 소위 '전달 동사'는 『주어 + 동사 + 직접목적어 + 간접목적어』의 구조가 기본 어순이다. 그러나 직접목적어와 간접목적어 사이의 어순이 바뀌는 경우를 우리는 쉽게 발견할 수 있다.

(3) a. María regaló un libro a su madre.
 b. María le regaló a su madre un libro.
 c. A su madre le regaló María un libro.
 마리아는 어머니께 책을 한 권 선물했다.

(3a)는 『주어 + 동사 + 직접목적어 + 간접목적어』의 어순으로 이루어진 문장이다. 이러한 기본적인 어순에서 화자가 간접목적어를 강조하고자 할 때, 스페인어에서는 어순을 통해 이러한 의미적 효과를 얻을 수 있다. (3b)에서는 『주어 + 동사 + 간접목적어 + 직접목적어』의 어순으로 간접목적어 'a su madre'가 직접목적어 'un libro' 앞으로 이동했다. (3c)에서는 간접목적어가 문두에 사용되었다. 이처럼 문장 내의 특정 요소를 강조하기 위해 스페인어는 그 요소를 이동시켜 강조의 뉘앙스를 표현할 수 있다. 이때 (3b)는 (3c)보다는 강조의 정도가 조금 낮다고 생각하면 된다. 다시 말해, 문두에 강조할 요소를 사용하는 (3c)가 (3b)보다 더 강조된 뉘앙스를 표현하는 것이다. 이는 "자기 어머니에게 마리아는 책 한 권을 선물했다"와 같은 강조된 의미를 표현하는 것이다. 이때 중요한 사항은 간접목적어가 문두로 이동하면, 반드시 간접목적대명사 le를 함께 사용해야 한다는 것이다. 따라서 (3c)에서 동사 regaló의 앞에 le가 사용되었다. 〈대화 1〉에서도 B는 'a su amigo'를 강조하기 위해 문두로 이동시켰고, 이 경

우 간접목적대명사 le를 반드시 사용해야 한다.

한편, (3b)에서도 간접목적어가 직접목적어의 앞에 사용되면서 강조의 의미 효과를 위한 어순의 변화가 일어난 것이다. 이 경우에는 간접목적대명사 le의 사용이 필수는 아니지만 사용하는 것을 권고한다.

요약하면, (3)에서 간접목적어는 목적어 표시자 a와 함께 일반명사 su madre가 사용되었다. 따라서 (3a)에서 보는 것처럼, 목적대명사가 반드시 중복되어야 하는 구문이 아니다. 그러나 간접목적어가 강조의 의미 효과를 위해 '직접목적어의 앞' 혹은 '문두'에서 사용될 때에는 간접목적대명사를 동반한다.

다음은 간접목적대명사가 사용될 때 나타나는 의미적 효과를 살펴보고자 한다. 다음 (4)에서 두 문장의 차이는 (4a)에는 간접목적대명사 les가 사용되지 않았고, (4b)에는 간접목적대명사 les가 사용되었다는 것이다. 그런데 두 문장 사이에는 의미적인 차이가 만들어진다.

(4) a. De estudiante enseñó inglés a los inmigrantes latinos.
그는 학생 때 라틴계 이민자들을 위해 영어를 가르쳤다.

b. De estudiante les enseñó inglés (a los inmigrantes latinos).
그는 학생 때 라틴계 이민자들에게 영어를 가르쳤다.

(NGLE: 2680)

(4a)에서는 간접목적대명사 없이 enseñar(가르치다) 동사의 직접목적어로 'inglés', 간접목적어로 'a los inmigrantes latinos'를 사용했다. 이 문장은 "그는 학생 때 라틴계 이민자들을 위해 영어를 가르쳤다"로 해석된다. 주목할 점은 "라틴계 이민자들을 위해 영어를 가르쳤다"라는 것이 "라틴계 이민자들에게 영어를 가르치고 그들이 영어를 배웠다"라는 의미는 아니라는 점이다. 다시 말해, '그들을 위해 영어를 가르쳤다'

라는 것은 목적이 그들을 위한 것이고 실제 영어를 배운 사람들이 라틴계 이민자들인지는 표현되지 않는다. 따라서 실제 영어를 배운 사람은 다른 사람일 수도 있는 것이다. 즉, (4a)와 같이 간접목적대명사 les가 사용되지 않으면 'De estudiante enseñó inglés para los inmigrantes latinos.'의 의미를 표현하는 것이다. 반면, 간접목적대명사가 사용된 (4b)의 경우는 "그가 영어를 가르친 사람이 바로 라틴계 이민자들이었고, 그들이 그에게서 영어를 배웠다"라는 의미를 표현한다. 이러한 의미적 차이는 간접목적대명사로 인해 발생하는 것으로, 간접목적대명사가 동사를 동반하여 사용되면 동사가 가리키는 사건(evento)이 완성되었음(completitud)을 표현하는 의미적 기능을 갖기 때문이다.

TIP!

전치사 para를 사용한 전치사구와 간접목적어는 의미상 유사성이 있지만 동일한 요소로는 볼 수 없다. 먼저, 'para + 명사'는 간접목적대명사로 대체할 수 없다는 점에서 전치사구와 간접목적어는 구별된다. 그리고 다음 (ib)에서 보는 바와 같이 'para + 명사'의 전치사구와 간접목적어가 한 문장에 함께 사용될 수 있다는 것은 두 요소를 동일시할 수 없다는 것을 보여준다.

(i) a. Le dio un regalo a su amiga.
그는 여자친구에게 선물을 주었다.

b. Le dio un regalo para su amiga.
그는 여자친구를 위해 그에게 선물을 주었다.

(NGLE: 2660)

(ia)에서 간접목적대명사 le는 간접목적어 a su amiga와 함께 중복형으로 사용되었다. 이 문장은 "그는 여자친구에게 선물을 주었고, 여자친구는 그 선물을 받았다"라는 의미를 표현하고 있다. 즉, 간접목적대명사 le가 사용되면서 동사가 나타내는 사건이 완성되었음을 표현하는 것이다. 그리고 (ib)에서는 간접목적어가 le로 표현되면서, 동시에 문장에 'para su amiga'가 함께 사용되었다. 이 문장은 'dar un regalo'라는 동사구의 사건이 이루어지는 시점에 그가 선물을 주고 그 선물을 받는 사람은 'le'이다. 즉, 예를 들어, a él 혹은 a ella를 간접목적대명사 le로 표현한 것이다. 그리고 전치사구 para su amiga는 그 선물의 최종 수취인(destinatario)이 될 뿐이며, 이 사건이 일어날 때 선물을 받은 사람은 여자친구가 아니다. 결과적으로, (ib)에서 간접목적대명사 le와 전치사구 para su amiga는 가리키는 대상이 다른 것이다. 또한 전치사 para를 사용한 전치사구를 간접목적어와 동일시해서는 안 된다는 것을 보여준다.

같은 맥락에서 위의 〈대화 2〉 B의 대화에서 'se lo dejé a su hermano'라는 동사구의 사건이 이루어질 때 책을 받은 사람은 간접목적대명사 'se(a su hermano)'로 표현된 '그녀의 동생'이다. 그리고 전치사구 'para ella'는 이 사건이 일어날 때 직접 책을 받은 사람이 아니다.

Ítem 25

preferir 동사는 비교의 대상 앞에 전치사 a만 사용할 수 있나요?

핵심 CHECK

preferir동사가 동사원형이나 절을 비교하는 경우에는 전치사 a뿐만 아니라 비교의 접속사 que를 사용할 수 있다.

1 A: ¿A qué se dedica Ud. últimamente?
최근에 무슨 일을 하며 지내시나요?

B: A descansar en una casa rural. Prefiero el campo a la ciudad.
시골집에서 시간을 보내요. 나는 도시보다 시골이 더 좋아요.

2 A: ¿Por qué no viniste ayer?
어제 왜 안 왔어?

B: Prefería cenar a solas con Marta que ir a la fiesta.
파티에 가는 것보다 마르타와 단둘이 저녁 먹고 싶었어.

동사 preferir는 "(A를 B보다) 더 좋아한다"라는 비교의 의미를 담고 있는 동사이다. 일반적으로 『preferir A a B』의 구조를 사용해 비교의 대상을 전치사 a로 표현한다고 교육한다. 그러나 A와 B로 표현되는 요소에 따라 전치사 a뿐만 아니라 일반적으로 우등, 열등 비교의 비교 대상 표현에 사용되는 비교의 접속사 que가 사용될 수 있는 경우도 있다. 먼저 A와 B가 명사인 경우에는 반드시 전치사 a를 사용해야 한다. 예를 들어, 위의 〈대화 1〉의 B에서 보는 바와 같이 비교하는 대상이 명사 el campo와 la ciudad인 경우에는 전치사 a로 비교 구문을 만든다. 그러나 A와 B가 동사원형이나 절인 경우, 비교의 대상은 전치사 a 대신에 비교의 접속사 que를 사용하는 것도 가능하다. 다음 예를 살펴보자.

(1) a. Prefiero la montaña a la playa.

b. *Prefiero la montaña que la playa.
나는 해변보다는 산이 더 좋다.

(DPD: 517)

(2) a. Siempre he preferido vivir la vida a estudiar la literatura.
나는 항상 문학을 공부하는 것보다 인생 경험하는 것을 더 좋아했다.

b. Prefirió hacer un rodeo que tomar el camino directamente.
그는 직진하기보다는 돌아가기를 더 좋아했다.

(CREA)

(3) a. Prefiero que estudies más a que salgas tanto por las noches.

b. Prefiero que estudies más que que salgas tanto por las noches.
나는 네가 밤에 그렇게 많이 나가 노는 것보다는 공부를 더 하는 것을 선호한다.

(NGLE: 3407)

(1)에서는 명사 la montaña와 la playa를 비교하는 문장으로 전치사 a로 비교 대상을 표현해야 한다. 그러나 (2)에서는 A와 B에 동사원형이 사용된 문장으로 a와 que가 모두 사용될 수 있음을 알 수 있다. 즉, 동사구 hacer un rodeo와 tomar el camino directamente가 비교된 문장이다. 〈대화 2〉의 경우도 동사원형으로 이루어진 동사구 cenar a solas con Marta와 ir a la fiesta를 비교한 문장이며 비교의 대상을 접속사 que로 표현한 문장이다.

(3)은 절의 비교가 이루어진 예로 A와 B가 모두 종속절 접속사 que로 시작하는 절의 형태로 비교 구문이 만들어졌다. 역시 a와 que가 모두 비교의 대상을 표현하기 위해 사용될 수 있다는 것을 알 수 있다. 그런데 이 중 (3b)의 경우에 주목해보자. (3b)에서는 비교의 접속사 que와 절을 이끄는 종속절 접속사 que가 서로 겹쳐 두 개의 que가 사용되었다. NGLE(2009)는 이를 올바른 표현이라고 언급하고 있기는 하지만, DPD(2005)는 비교의 접속사와 종속절 접속사 que가 겹쳐 두 개의 que가 사용되는 구문을 피할 것을 권고하고 있으며 이런 구문의 경우에는 (3a)와 같이 전치사 a를 사용한 구문만 가능하다고 제시하고 있다.

더불어 (4)와 같이 A에는 동사원형이 사용되고 B에는 que로 이끌어지는 종속절이 사용된 구문도 가능하다. 이 경우도 비교의 대상이 전치사 a와 비교의 접속사 que로 표현되는 것이 모두 가능하다.

(4) a. Prefiero quedarme sin coche a que compres este.

b. Prefiero quedarme sin coche que que compres este.
나는 네가 이것을 사는 것보다 내가 차가 없는 쪽을 택하겠다.

(Instituto Cervantes 2013: 351)

마찬가지로 (4b)에서는 비교의 접속사 que와 종속절을 이끄는 접속사 que가 겹쳐져 사용되고 있으므로 전치사 a를 사용하는 (4a)가 더 좋은 표현이라고 할 수 있다.

다른 한편으로, preferir 동사를 사용한 구문에서 오히려 비교의 대상 앞에 접속사 que를 사용할 것을 권고하는 경우가 있다. 비교 대상인 A와 B가 preferir 동사가 직접 선택하는 명사나 동사원형이 아닌 경우이다. 즉, 비교 대상인 A와 B가 preferir에 의해 직접 선택된 요소가 아니라, 선택된 동사구나 명사구 속에 포함되어 사용된 요소인 경우이다. 다음의 예를 통해 살펴보도록 하자.

(5) a. Prefiere beber vino que cerveza.
그는 맥주보다는 포도주 마시는 것을 더 좋아한다.

b. Mi hija prefirió estudiar una carrera técnica que una de humanidades.
내 딸은 인문학보다는 공학 과정을 공부하길 원했다.

c. Prefiero pasear por la mañana que por la tarde.
나는 오후보다는 오전에 산책하는 것을 더 좋아한다.

d. Prefiero ir contigo que con ella.
나는 그녀보다는 너와 함께 가기를 원해.

(NGLE: 3407; DPD: 518)

(5)에서 preferir 동사는 비교 접속사 que 뒤의 요소들을 직접 선택하지 않았다. 구체적으로 설명하자면, (5a)와 (5b)에서 비교 대상 명사구인 'cerveza'와 'una de humanidades'는 preferir에 의해 직접 선택된 것이 아니라, 생략된 원형동사 'beber'와 'estudiar'의 목적어로 기능하고 있으며, 이 경우 전치사 a 대신 비교 접속사 que의 사용을 권장한다는 설명이다.

같은 맥락에서, (5c)와 (5d)에서도 동사원형 'pasear'와 'ir'가 생략되었고, 이들 동사원형에 각각 연결된 전치사구 'por la tarde'와 'con ella' 앞에는 a 대신 que를 사용하여 비교 대상을 표현한다고 설명할 수 있다.

Ítem 26

preferir 동사로 "나를 너보다"와 같은 인칭대명사의 비교 구문을 어떻게 표현할까요?

핵심 CHECK

preferir는 "~보다"의 비교의 대상을 표현하기 위해 전치사 a를 선택하는 동사이다. 따라서 인칭대명사를 비교의 대상으로 표현할 때 『a + 전치격 인칭대명사』를 사용하며, 이 전치사구는 목적대명사의 중복형이 아니라는 점을 주의하자.

1 A: Y tú, ¿a quién prefieres entre Daniel y yo?
너는 다니엘과 나 중에 누구를 더 좋아하니?

B: Lo prefiero a ti.
너보다 그를 더 좋아해.

2 A: ¿Cómo te atreves a decir que lo prefieres a mí?
어떻게 나보다 그를 더 좋아한다고 말할 수 있어?

B: Lo siento. Pero lo prefiero a él.
미안해. 그렇지만 나는 그를 더 좋아해.

preferir는 비교의 의미를 내포하고 있는 동사로 "선호하다, ~보다 더 좋아하다"의 의미를 표현한다. 그리고 전치사 a를 사용하여 비교의 대상을 표현한다.

(1) a. Prefiero *Cervantes* a *Quevedo*.
나는 케베도보다는 세르반테스를 더 좋아한다.

b. Prefiero tener a desear.
나는 바라는 것보다 소유하는 것을 더 좋아한다.

(GDLE: 1799, 2629)

(1)에서 보듯이 preferir동사는 직접목적어와 함께 비교의 대상을 취할 수 있으며, 비교의 대상으로 명사나 동사원형을 사용할 때 전치사 a를 통해 "~보다"의 의미를 표현한다.

그렇다면 먼저 비교의 대상으로 인칭대명사를 사용해야 하는 경우를 생각해 보자. 즉 "나를 너 보다", "그를 그녀보다"와 같은 의미를 표현하기 위해 직접목적어 A와 비교의 대상 B를 어떻게 표현해야 할까? 주의할 점은 비교의 대상에 사용하는 전치사 a는 preferir 동사가 비교의 의미를 표현하기 위해 선택하는 요소로 "~보다"의 의미를 갖는 전치사이다. 즉, 직접목적어가 사람일 때 사용하는 a, 간접목적어에 사용하는 a와는 다르다는 것을 기억하도록 하자. 그러면 인칭대명사를 비교하는 구문을 살펴보자.

(2) a. Bien sabes que Hitler le prefiere a ti.
히틀러가 너보다 그를 더 좋아한다는 사실을 잘 알잖아.

b. Cree que Papadoc me prefiere a él.
그는 파파독이 그보다 나를 더 좋아한다고 생각한다.

(CREA)

(2)에서 preferir의 직접목적어는 목적대명사 형태로 동사의 앞에 각각 le, me의 형태로 사용된다. 그리고 비교의 대상은 전치사 a와 함께 전치격 인칭대명사의 형태로 표현하는 것이다. (2a)의 a ti와 (2b)의 a él은 직접목적어나 간접목적어의 중복형이 아

니며, 동사가 선택하는 전치사 a와 연결된 표현이라는 점을 주의하자.

따라서 위의 〈대화 1〉의 경우도 'Lo prefiero a ti.'는 "너보다 그를 더 좋아한다"는 의미를 표현하는 것으로, 여기에 사용된 a ti는 목적어나 중복형이 아니고 "~보다"의 의미를 표현하는 전치사구이다. 한편, 〈대화 2〉의 'Lo prefiero a él'은 문맥상 "나는 그를 더 좋아한다"라는 의미를 표현한다. 즉, lo와 a él이 같은 사람을 가리키며 a él이 직접목적대명사 lo의 중복형으로 사용된 경우이다. 그러나 문맥을 통해 확실하게 구별되지 않는 경우, 'Lo prefiero a él'이라는 문장만 본다면 이 문장은 또 다른 해석도 가능하다. 즉, lo와 a él이 서로 다른 사람을 의미함으로써, lo는 직접목적대명사로 사용되었고, a él은 preferir 동사가 선택한 전치사구로 비교의 대상으로 사용되었다고 보는 것도 가능하다. 그 경우 "나는 그를 그보다 더 좋아한다"의 의미로 해석된다.

그리고 『preferir A a B』의 구조에서 A와 B가 모두 사람을 가리키는 경우, 즉 '나는 Marta를 Carmen보다 더 좋아한다'와 같은 표현을 생각해 보자. 이 경우 Marta가 직접목적어이기 때문에 목적격 표시자 a를 사용하게 되고, Carmen 역시 비교를 표현하는 전치사 a를 동반해야 한다. DPD(2005)는 이런 경우에는 직접목적어에 사용하는 목적격 표시자 a를 사용하지 않아야 한다고 언급한다.

(3) a. *Prefiero a Marcos a Luis.
b. Prefiero Marcos a Luis.
나는 마르코스를 루이스보다 더 좋아한다.

(DPD: 518)

DPD(2005)는 (3a)를 비문으로 판정한다. (3a)와 같은 경우에는 'A를 B보다 더 좋아한다'라는 preferir동사의 의미 해석에서 어떤 것이 A이고 어떤 것이 B인지 해석상 혼동의 여지가 있기 때문에 직접목적어에 a를 삭제함으로써 'a Luis'가 비교의 대상임을 분명하게 해야 한다는 것이다. 해석상의 혼동을 피하기 위해 사용할 수 있는 다른 표현으로는 다음 (4)와 같은 예들이 있다.

(4) a. Prefiero a Marcos antes que a Luis.
나는 루이스보다 마르코스를 더 좋아한다.

b. Prefiero a Marcos y no a Luis.
나는 루이스가 아니라 마르코스를 더 좋아한다.

(DPD: 518)

(4a)에서는 비교의 접속사로 'antes que'를 사용한 것으로, "~보다 우선하여"라는 우선순위(prioridad), 선호도(preferencia)를 나타내는 표현이며 여기에 시간적인 의미는 없다. (4b)는 "B가 아니라 A를 더 좋아한다"라는 의미로 비교의 대상을 no로 부정하여 직접적으로 표현한 경우이다. (4)에서는 antes que와 no라는 표현을 통해 직접목적어 A와 비교 대상 B가 분명하게 드러나기 때문에 직접목적어에 사용하는 목적격 표시자 a를 삭제하지 않는다.

같은 맥락에서 〈대화 1〉의 'Lo prefiero a ti.' 역시 'Lo prefiero a él antes que a ti.'로 표현할 수 있으며, 〈대화 2〉의 'lo prefieres a mí'를 'lo prefieres antes que a mí'라고 표현할 수 있다.

TIP!

직접목적어와 간접목적어가 모두 사람을 나타내는 경우, 혼동을 야기한다면 직접목적어에 사용한 목적격 표시자 'a'를 생략할 수 있다.

(i) a. El director presentó al profesor a los alumnos.
교장 선생님이 그 선생님을 학생들에게 소개했다.

b. El director presentó el profesor a los alumnos.
교장 선생님이 그 선생님을 학생들에게 소개했다.

c. Presentó a Luis a los alumnos.
그는 루이스를 학생들에게 소개했다.

d. Aposté un mes de sueldo a que presentaba a Marina con mis padres.
나는 그가 마리나를 내 부모님께 소개할 거라는데 한 달 치 월급을 걸었다.

(DPD: 520)

DPD(2005)는 (ia)와 같이 직접목적어와 간접목적어에 모두 목적격 표시자 'a'를 사용함으로써 목적어를 구별하는데 혼동의 여지가 있는 경우에는 직접목적어에 사용한 'a'를 생략하여 (ib)와 같이 사용한다고 언급한다. 그러나 직접목적어가 고유명사(nombre propio)라면 (ic)와 같이 'a'는 생략하지 않는다는 점을 주의하자. 이처럼 고유명사가 직접목적어로 사용되어 'a'를 동반하는 경우, 일부 중남미 지역, 특히 멕시코에서는 혼동을 피하고자 (id)와 같이 간접목적어에 전치사 con을 사용하여 직접목적어와 간접목적어를 구별하기도 한다.

Ítem 27

사물 목적어 앞에도 'a'를 사용할 수 있나요?

핵심 CHECK

직접목적어가 사람이 아닌 사물이나 물질을 나타내는 경우에도 직접목적어가 격 표시자 a를 동반하는 경우가 있다. 이러한 사용은 직접목적어를 의인화하여 표현하는 경우에 사용될 수 있으며, 구조적으로 문장이 다른 요소와 직접목적어를 확실하게 구별하기 위해서도 사용된다.

1 Algunos pensadores llaman a este cambio la cuarta revolución industrial.
몇몇 사상가들은 이러한 변화를 4차 산업혁명이라고 부른다.

일반적으로 타동사의 직접목적어로 사람 혹은 생명이 있는 대상이 사용될 때 목적격 표시자 a를 사용한다. 그러나 직접목적어로 생명이 있는 요소가 아닌 사물을 가리키는 명사(nombres inanimados)가 사용되었음에도 목적격 표시자 a를 동반하는 경우가 있다.

먼저, 직접목적어를 생명이 있는 존재로 의인화(personificación)하여 표현할 때 격 표시자 a를 사용할 수 있다.

(1) a. Es difícil parar a un tren.
기차를 멈추는 것은 어렵다.

b. Tomaron a la ciudad.
도시를 점령했다.

(NGLE: 2645; GDLE: 1801)

이같이 사물이나 물질을 나타내는 명사를 생명이 있는 요소와 같이 의인화시키는 것은 문장이 『동사 + 목적어 + 목적보어』의 구조로 이루어지는 구문에서 많이 사용된다. 다음 예를 통해 살펴보자.

(2) a. Dejamos entrar a los objetos técnicos en nuestro mundo cotidiano.
우리는 우리의 일상생활 속에 과학 기술 관련 기기들이 도입되도록 하였다.

b. [...] solo una época de paz, trabajo y orden podría hacer salir a la nación del caos en que se hallaba.
평화, 노동, 질서의 시대만이 현재 처한 혼돈으로부터 국가를 탈출시킬 수 있을 것이다.

(NGLE: 2645; CREA)

(2)에서 직접목적어 'los objetos técnicos'와 'la nación'은 사람을 나타내는 표현이 아니지만 격 표시자 a와 함께 사용되었다. 먼저 (2a)는 『dejar + 목적어(los objetos técnicos) + 목적보어(entrar)』의 구조를 이루고 있다. 이러한 구문은 "(목적어)가 ~하는 것을 내버려 두다/허가하다"의 해석이 이루어지면서 목적어는 목적보어인 동사원형의 동작을 하는 행위자(agente)로 이해된다. 따라서 행위자의 의미를 표현하기 위해 이러한 구조의 직접목적어는 사물 명사라도 격 표시자 a를 동반할 수 있는 것이다. (2b) 역시 『hacer + 목적어(la nación) + 목적보어(salir)』의 구조를 이루고 있다. 이러한 구문은 "(목적어)가 ~하게 만들다/시키다"의 해석이 이루어지고, 목적어는 목적보어인 동사원형이 가리키는 동작을 하는 행위자의 의미를 표현하기 위해 직

접목적어가 사물을 나타내는 경우에도 격 표시자 a를 동반할 수 있는 것이다.

또 다른 경우로『동사 + 목적어 + 목적보어』의 구문에서 목적어가 행위자로 기능하지 않는 경우에도 사물 목적어가 격 표시자 a를 동반하기도 한다. 즉, 목적어의 의인화가 이루어지지 않는 구문이라고 볼 수 있다. 다음의 예를 살펴보자.

(3) a. [...] denominaron a sus primeras obras Tragédie en Musique o Tragédie Lyrique.
그들은 자신들의 초기 작품을 음악 비극 혹은 서정 비극이라고 불렀다.

b. El texto constitucional, que considera a la libertad de prensa un derecho no delegado en los poderes del Estado.
헌법은 언론의 자유를 국가 권력으로 위임될 수 없는 권리로 여긴다.

(CREA)

(3)에서는 문장의 동사로 denominar(명명하다), considerar(여기다)가 사용되었다. 두 동사 모두『동사 + 목적어 + 목적보어』의 구조를 취하여, "~을 ~으로 명명하다", "~을 ~이라고 생각하다/여기다"의 의미를 표현한다. (3)에서는 직접목적어로 'a sus primeras obras(그들의 초기 작품)'와 'a la libertad de prensa(언론의 자유)'가 사용되었는데 모두 격 표시자 a를 동반하고 있다. 그런데 문장의 의미로 볼 때, '초기 작품'과 '언론의 자유'는 어떠한 행위를 하는 의인화된 요소가 아니다. 이 경우 격 표시자 a는 해당 직접목적어를 문장에서 다른 요소들과 구별해주는(distintivo) 기능을 한다. 구체적으로, denominar, nombrar(임명하다), llamar(부르다)와 같은 동사들은 목적보어로 주로 명사(구)를 사용하게 되고, considerar, caracterizar(특징짓는다)와 같은 동사들은 형용사, 전치사구 외에도 명사(구)를 목적보어로 사용할 수 있다. (3a)에서는 명사구 'Tragédie en Musique o Tragédie Lyrique'가 목적보어이며, (3b)에서는 명사구 'un derecho no delegado en los poderes del Estado'가 목적보어로 사용되었다. 이런

경우 직접목적어와 목적보어인 명사구가 인접하여 사용되고 있기 때문에 직접목적어를 목적보어와 확실하게 구별할 수 있도록 직접목적어에 격 표시자 a를 사용하는 것이라고 이해할 수 있다. 위의 박스에 제시된 ⟨1⟩번 문장에는 llamar동사가 사용된 것으로 목적어 'este cambio'와 목적보어 'la cuarta revolución industrial'이 모두 명사로 구성된다. 이때 직접목적어가 사람을 가리키지 않지만, 직접목적어를 확실하게 구별하기 위해 'este cambio'에 격 표시자 a를 사용한 것이다.

또한 목적어와 목적보어의 구별뿐만 아니라, 문장 내의 다른 요소와 직접목적어가 혼동될 때에도 직접목적어에 격 표시자 a를 사용한다. 다음 예를 살펴보자.

(4) a. Su canto es todo el clamor agrio que caracteriza a la música indígena.
그의 노래는 원주민 음악을 특징짓는 절절한 외침이다.

b. Resulta interesante conocer, aunque sea sumariamente, los objetivos fundamentales que caracterizan a estas instituciones.
비록 개괄적이기는 하지만, 이 기관들을 특징짓는 근본적인 목표를 아는 것은 흥미롭다.

(NGLE: 2646; CREA)

⑷에서는 caracterizar 동사가 목적보어 없이 목적어만 취하는 구조로 사용되었다. 이때 que 이하의 관계절 내에 caracterizar동사가 사용되었고 que앞에는 선행사가 사용되고 있다. 먼저 ⑷a)에서 선행사 'todo el clamor agrio'와 직접목적어 'la música indígena' 모두 3인칭 단수의 명사가 사용되었다. 만약 직접목적어에 격 표시자 a가 없다면 이 두 명사 중 어떤 요소가 주어이고 직접목적어인지 혼란스러울 수 있다. ⑷b)에서는 선행사 'los objetivos fundamentales'와 직접목적어 'estas instituciones'가 모두 3인칭 복수의 명사가 사용되었기 때문에 직접목적어와 주어를 분명하게 구별하기 위해 직접목적어가 사람을 가리키는 요소가 아니지만 격 표시자 a를 사용한 것이다.

Si alguien se hace daño,
tiene que llamar a la
ambulancia.

Ítem 28

직접목적격 표시자 a의 사용이 문장의 의미에 영향을 줄 수 있나요?

핵심 CHECK

직접목적어가 사람이 아닌 사물이나 물질을 나타내는 경우에도 직접목적어가 격 표시자 a를 동반하는 경우가 있다. 이러한 사용은 동사가 가리키는 동작이 능동적으로 이루어진다는 의미적인 효과를 줄 수 있다.

1 El Mecanismo Único de Supervisión, la piedra angular de un proyecto aún en construcción, controla a los bancos más grandes de la UE, entre ellos el Santander. (El País, 4/10/2019)

단일 은행 감독 기구는 지금 추진하고 있는 프로젝트의 초석으로 산탄데르 은행을 포함한 EU의 거대 은행들을 통제한다.

controlar(통제하다), dominar(지배하다), vigilar(감시하다) 등과 같은 동사가 사용되는 구문에서 직접목적어가 사람이 아닌 사물이나 물질을 가리키는 명사(nombres inanimados)인 경우에도 격 표시자 a를 동반할 수 있다.

(1) a. controlar la asociación − controlar a la asociación
조합을 통제하다

b. vigilar el club − vigilar al club
클럽을 감시하다

(NGLE: 2645)

(1)에서 직접목적어로 'la asociación(조합)', 'el club(클럽)'과 같은 집합명사(nombre colectivo)가 사용되었다. 이러한 구문에서는 동사가 나타내는 동작이 보다 능동적(activo)으로 이루어진다는 의미를 표현하기 위해 직접목적어가 격 표시자 a를 동반하여 사용된다. (1)에서 보는 바와 같이 직접목적어가 a를 동반하는 것과 그렇지 않은 사용이 모두 가능하나, 그러나 a를 동반하는 경우 주어가 "보다 능동적으로 통제, 지배, 감시에 나섰다"라는 의미를 표현할 수 있다. 위의 박스에서 제시된 문장에서는 동사 controlar의 목적어로 los bancos(은행)가 사용되었지만 격 표시자 a를 동반함으로써 주어 'El Mecanismo Único de Supervisión(단일 은행 감독 기구)'이 능동적으로 통제하고 있다는 의미를 표현한다.

격 표시자 a의 사용이 동작의 능동성과 관련되어 있다는 점은 직접목적어가 사람을 가리키는 명사(nombre animado)일 때 격 표시자 a의 사용에 주어지는 제약과 연결된다.

(2) a. La diva conoce a muchos aficionados a la ópera.
그 오페라 여가수는 많은 오페라 팬들을 알고 있다.

b. La ópera conoce muchos aficionados.
그 오페라는 많은 팬들을 보유하고 있다.

c. *La ópera conoce a muchos aficionados.
그 오페라는 많은 팬들을 보유하고 있다.

(GDLE: 1786)

⑵에서는 conocer동사가 사용되었고 직접목적어로 사람을 가리키는 'muchos aficionados(많은 팬)'가 사용되었다. 직접목적어가 사람을 가리키므로 모두 격 표시자 a를 사용해야 한다고 생각할 수 있다. 그러나 ⑵b)에서는 직접목적어가 격 표시자 a를 동반하지 않았지만 정문이며, ⑵c)의 경우는 오히려 격 표시자 a를 사용했지만 비문이다. 이는 주어와 관련되어 있는 것이다. ⑵a)에서는 주어인 'la diva(오페라 여가수)'가 직접 팬들을 알고 있다는 의미를 표현하여 주어가 능동적으로 이 행동을 한다는 것을 나타내고 있다. 반면, ⑵b), ⑵c)에서는 주어로 'la ópera(오페라)'가 사용되었다는 점이 중요하다. 오페라는 직접 어떠한 동작을 할 수 있는 주체가 되지 못한다. 즉, 동사의 동작을 직접 능동적으로 하지 못하는 경우 직접목적어는 a를 동반하지 않는다는 것을 알 수 있다. 따라서 의미에 있어 차이가 나타나며 오페라가 직접 팬들을 알고 있다는 의미가 아니라 "오페라는 많은 팬을 보유하고 있다"는 의미를 표현하는 것이다. 이러한 의미의 차이는 다음과 같은 예에서도 확인할 수 있다.

(3) a. Han matado a un buscador de oro.

b. Han matado un buscador de oro.
그들은 금 채굴꾼을 죽였다.

(GDLE: 1786)

⑶에서는 주어로 사람인 'ellos'가 사용되었고 동사는 'matar(죽이다)'가 사용되었다. 직접목적어로 사람인 'un buscador de oro(금 채굴꾼)'가 사용되어 격 표시자 a를 사용하는 것이 일반적인 문장이다. 그런데 흥미로운 점은 a를 사용하지 않은 ⑶b)도 맞는 문장이라는 점이다. 이 경우 역시 주어의 능동성이라는 측면과 연결되어 있으며 격 표시자 a의 사용 여부에 따라 의미의 차이를 야기한다. ⑶a)는 주어인 'ellos'가 직접 'un buscador de oro'를 죽인 경우에 해당된다. 반면, 격 표시자 a를 사용하지 않은

(3b)의 경우는, 주어의 능동성이 결여되어 있다는 것을 가리킨다. 다시 말해, 그들이 직접 금 채굴꾼을 죽인 것이 아니라, 사고를 일으킨다거나 하는 간접적인 방법으로 죽음을 야기했다는 것을 표현한다.

Ítem 29

중성인칭대명사 ello는 어떤 특성이 있나요?

핵심 CHECK

중성인칭대명사 'ello'는 전치사의 목적어(complemento), 문장의 주어(sujeto)로는 사용될 수 있지만, 동사의 직접목적어(complemento directo)로는 사용될 수 없다.

1 A: ¿Qué tal fue la cena de ayer?
어제 저녁 식사 어땠어?

B: Para mi esposo y para mí fue estupenda. Comimos varios platos buenísimos y no pagamos mucho por ello.
남편이나 나나 정말 좋았어. 아주 맛있는 여러 가지 요리들을 먹었고 그것 때문에 돈도 많이 안 썼어.

2 A: ¡Caramba! Ojalá hubiera comprado esa casa. Ahora su precio está por las nubes.
이런! 그 집을 샀었더라면 좋았을 텐데. 지금은 집 가격이 엄청나게 올랐어.

B: Te recomiendo no mirar tanto al pasado, sobre todo si ello te afecta mucho.
지나간 일을 그렇게 자꾸 쳐다보지 않길 바라. 특히 그것이 네게 많은 지장을 준다면 말이야.

대명사 'ello'는 구어체(lengua hablada) 보다는 문어체 언어(lengua escrita)에서 주로 사용하는 중성인칭대명사(pronombre personal neutro)이다. 〈대화 1, 2〉 그리고 아래 (1)에서 볼 수 있듯이, 문장이나 술어(predicado)처럼 성과 수로 표현할 수 없는 것을 대명사로 나타낼 때 사용한다.

(1) a. Dice que crearán nuevas industrias y que se beneficiarán con ello miles de personas.
(그는) 새로운 산업들을 창출할 것이고 그것으로 수천 명의 사람이 혜택을 받을 것이라고 말한다.

b. París es muy cosmopolita y es famoso por ello.
파리는 매우 국제적인 도시이고 그것으로 유명합니다.

(NGLEM: 303; GDLE: 1242)

또한 'ello'는 그 이름이 말해주듯 다른 중성 명사구를 대신할 수 있고, 여러 사물 명사들을 합쳐서 언급할 때도 사용할 수 있다.

(2) a. Lo que no quieras, deshazte de ello.
네가 원치 않는 일, 그것에서 벗어나라.

b. Si traen algo para mí, vendré por ello más tarde.
내게 줄 뭔가를 가져오면, 나중에 그것 때문에 올게.

c. Tenía huevos, aceite y un par de patatas: con ello preparó una tortilla.
계란, 기름, 감자 두 개가 있었고, 그것으로 토르티야를 만들었다.

(GDLE: 1242; DPD: 251)

구문적 특성으로 'ello'는 전치사의 목적어로 가장 많이 사용되며(cf. 〈대화 1〉, (1), (2), (3)), 문장의 주어로도 사용될 수 있다(cf. 〈대화 2〉, (4)).

(3) a. Me voy a dedicar a ello.
나는 그것에 전념할 거야.

b. No quiero hablar de ello.
난 그 일에 관해 이야기하고 싶지 않아.

(GDLE: 1242)

(4) a. Creo que era una tía lejana de mi madre. Ello es que era una vieja menudita.
그녀는 우리 어머니의 먼 고모뻘이었어. 그 말은 별로 중요치 않은 노인네였다는 거야.

b. Los derechos humanos son inalienables, ello significa que nadie, ni la mayoría, ni la Constitución, puede menoscabarlos.
인권은 양도 불가능한 것입니다. 그것은 아무도, 다수도, 헌법도 인권을 훼손시킬 수 없다는 것을 의미합니다.

(GDLE: 1243; CREA)

'ello'의 또 다른 구문적 특징 중의 하나는 (5)에서 보듯 동사의 직접목적어로는 사용될 수 없다는 점이다.

(5) a. *No creo ello.
난 그것을 믿지 않아.

b. *Le dije que volviera y no hizo ello.
난 그에게 돌아오라고 말했고 그는 그 일을 하지 않았다.

(GDLE: 1243)

(5)의 비문법성은 'ello'가 동사의 직접목적어로 사용되었기 때문에 발생한다. 이는 'ello' 대신 다른 중성대명사 'eso' 또는 'lo'를 사용하면 (6)에서 보듯 문장이 모두 문법적 문장으로 변한다는 사실을 통해 확인할 수 있다.

(6) a. No creo eso.

a'. No lo creo.
난 그것을 믿지 않아.

b. Le dije que volviera y no hizo eso.

b'. Le dije que volviera y no lo hizo.
난 그에게 돌아오라고 말했고 그는 그 일을 하지 않았다.

TIP!

ello와 eso의 호환성

'ello'는 의미적으로나 구문적으로 중성지시대명사(pronombre demostrativo neutro) 'eso'와 매우 유사한 자질을 공유한다. 따라서 (5)–(6)의 경우를 제외하고 본문의 모든 예문에서 사용된 'ello'는 'eso'와 호환이 가능하다. 그러나 이 같은 호환성에도 불구하고 (i), (ii)와 같은 대화에서는 지시대명사 'eso'만 사용할 수 있다.

(i) A: ¿Qué miras?
뭘 보고 있니?

B: Eso/*Ello.
그것 (보고 있어).

(ii) A: ¿A qué te dedicas?
넌 어떤 일을 하고 있니?

B: Me dedico exactamente a eso/*a ello.
바로 그 일을 하고 있어.

(GDLE: 1245)

(i), (ii)에서 B의 대답으로 'ello'가 불가능한 이유는 'ello'는 'eso'와는 달리 본질적으로 지시적(deítico) 성격이 없기 때문이다. 즉, 대화의 내용상 B는 '지시성 있는 대상'을 언급해야 하므로 지시대명사인 'eso'만 가능한 것이다.

이 같은 특성으로 인해 현대 스페인어에서 'ello'의 사용 빈도수는 점점 줄어드는 추세이고, 'esto'나 'eso'같은 중성지시대명사로 대체되는 현상을 보이고 있다 (cf. GDLE: 1242).

Ítem 30

소유격대명사 후치형 'mío/tuyo/suyo' 등은 전치형 'mi/tu/su' 등과 비교하여 어떤 점이 다른가요?

핵심 CHECK

소유격대명사 전치형은 그 자체로서 수식하는 명사구에 한정성을 부여하지만, 후치형은 명사에게 한정성(definitud)을 주지 않고, 단지 소유격대명사가 '누구인지(de quién)를 강조하는' 역할을 한다. 따라서 후치형은 관사, 지시사를 동반한 명사구뿐만 아니라 무관사 명사구와도 함께 사용될 수 있다.

1 A: ¿Quién es la vecina que ayudó mucho a Pedro? ¿Es Carmen?
페드로를 많이 도와줬다는 이웃집 여자가 누구야? 카르멘이야?

B: No, Carmen es mi vecina. Esa vecina suya es Marta.
아니야, 카르멘은 내 이웃이고, 페드로의 그 이웃집 여자는 마르타야.

2 A: ¡Qué grande es este tigre! Parece el rey del zoo.
이 호랑이 정말 크다. 동물원의 왕 같아.

B: Sí, es verdad. El rugido suyo atemoriza a todos los animales de este zoo.
그래, 맞아. 그의 울음소리는 이 동물원의 모든 짐승들을 공포에 떨게 만들지.

스페인어 소유격대명사(pronombre posesivo)는 수식하는 명사 앞에 위치하는 전치형(prenominal)과 명사 뒤에 위치하는 후치형(posnominal)으로 나누어진다. 이 같은 위치적 차이점 외에도 두 대명사는 통사적, 의미적으로도 서로 다른 특성이 있다. 본 장에서는 이 같은 차이점을 중심으로 논의를 전개할 것이다.

먼저, 통사적 차이점에 대해 살펴보자. 소유격대명사 전치형 'mi/tu/su'등은 명사 앞에 위치하여 관사처럼 한정사 역할을 한다. 즉, 수식하는 명사를 구체적이고 특정적 의미로 만들어주는 한정성(definitud)을 부여하므로, (1)에서 보듯 일반적으로 관사와 함께 나타나지 않는다.

(1) a. Su coche/*El su coche
그(녀)의 차

b. Mi casa/*Una mi casa
나의 집

반면에 소유격대명사 후치형 'mío/tuyo/suyo'등은 관사 또는 지시사를 동반한 명사구와 자유롭게 결합할 수 있다.

(2) a. El coche suyo
그(녀)의 차

b. Una traducción tuya
너의 번역

c. Este hijo mío
이런 나의 아들

(GDLE: 990)

여기서 학습자들이 가장 궁금해하는 것은 (1a)의 전치형 'su coche'와 (2a)의 후치형 'el coche suyo' 간에는 어떤 의미적 차이점이 있는가에 대한 의문점이다. 두 구문에 대한 우리말 번역이 "그(녀)의 차"로 사실상 동일하기 때문에 발생하는 궁금증이라 할 수 있다.

그러나 전치형 'su'와 후치형 'suyo' 간에는 중요한 의미 차이가 존재한다. 구체적으로, 전치형 'su'는 그 자체로서 수식하는 명사구에 한정성을 부여하지만, 후치형 'suyo'는 명사에게 한정성을 주지 않고, 단지 소유격대명사 'suyo'가 "누구인지(de quién)를 강조하는" 역할을 할 뿐이다. 이 같은 후치형의 특성은 (3)의 예를 통해서 확인할 수 있다.

(3) a. Conservo cartas tuyas.
나는 너의 편지들을 보관하고 있다.

b. Una delicada acuarela suya colgaba en la pared.
그의 섬세한 수채화 한 점이 벽에 걸려 있었다.

(GDLE: 990, 991)

(3a)에서 후치형 'tuyas'는 무관사 명사구 'cartas'를 수식한다.[11] 만약, 'tuyas'가 그 자체로서 한정성을 부여한다면 명사구 'cartas tuyas'는 한정적 의미를 갖겠지만, 실제

11) 소유격 대명사 후치형이 명사를 수식하는 경우, 명사 앞에는 일반적으로 관사나 여러 가지 형용사들이 오지만, (3a)와 아래 i) 예문에서 보듯, 무관사 명사구로도 나타날 수 있다.

i) a. Hay acuarelas tuyas por toda la casa.
집안 전체에 너의 수채화들이 있다.

b. Nobles y letrados se hicieron alumnos suyos.
귀족과 법률가들이 그의 제자가 되었다.

(GDLE: 992; CREA)

로는 'cartas tuyas'에서 "너의(tuyas)"라는 소유자 의미가 강조될 뿐 명사구 전체적으로는 한정되지 않은 "불특정 다수의 너의 편지"라는 의미를 표현한다. 부정관사와 연결된 (3b)의 경우도 마찬가지다. 'una delicada acuarela suya'에서 "그의(suya)"라는 의미는 강조하지만, 한정성을 부여하지 않기 때문에 부정관사 'una'와 함께 나타날 수 있는 것이다. 즉, "그의 어떤 수채화 한 점"의 의미를 표현한다.

요약하면, 'su coche'에서 'su'는 명사 'coche'에 한정성을 부여하여 "그의 (특정한 그) 차"라는 의미를 표현한다. 그리고 'el coche suyo'에서는 'suyo'는 소유주(poseedor)를 강조하고, 정관사 'el'이 한정성을 부여하므로, 그 의미는 "(다른 사람 소유가 아닌) 그 사람의 (특정한 그) 차"라고 표현할 수 있을 것이다. (4)에서 후치형의 대조적(contrastivo) 의미를 다시 한번 확인해 보자.

(4) a. La casa suya estaba situada en un altozano.
(다른 사람 집이 아니라) 그 사람의 집은 언덕에 자리 잡고 있었다.

b. Las balas nuestras no se desviaban. Las balas de ellos, a contra viento, se perdían.
우리 총알은 빗나가지 않았다. 그들의 총알은 역풍을 받아 사라졌다.

(GDLE: 990; NGLE: 1350)

(4a)에서 후치형 'suya'는 소유주 'suya'를 강조하는 문맥에서 사용된 것이고, (4b)의 'nuestras'도 이어지는 문장의 'de ellos'와 대조되는 의미로 사용된 것이다. 학습자들이 후치형 소유격대명사를 사용할 때 주의해야 할 의미적 특성이다.

한편, 후치형은 (2c)에서 보았듯이 지시형용사와도 함께 나타날 수 있다. 이 경우 후치형은 대조적 의미뿐만 아니라, (5)에서처럼 화자의 감정(valor afectivo)을 표현할 수도 있다.

(5) a. Esta admiración tuya por la obra de Bergam nos conmueve.
베르감 작품에 대한 이 같은 너의 칭찬은 우리를 감동케 한다.

b. Aquella excesiva pusilanimidad tuya empezaba a ser preocupante.
너의 그 과한 소심함이 걱정거리가 되기 시작했다.

(GDLE: 996)

소유격대명사 전치형과 후치형 간의 또 다른 차이점은 의미적으로 가리키는 대상에 대한 것이다. 구체적으로, 3인칭 전치형 'su'는 사람, 사물 제한 없이 모두를 의미할 수 있지만, 3인칭 후치형 'suyo'는 사람(또는 동물)을 의미하며 사물을 의미할 수는 없다. (6)의 예를 살펴보자.

(6) a. Sus habitaciones
그(녀)의/그 호텔의 방들

b. Las habitaciones suyas
그(녀)의/*그 호텔의 방들

(GDLE: 997)

(6a)에 사용된 전치형 'sus'는 자신의 선행사가 사람을 의미할 수도 있고, '호텔' 같은 사물을 의미할 수도 있다. 따라서, "그(녀)의/그 호텔의 방들"이란 해석이 모두 가능하다. 그러나, (6b)의 후치형 'suyas'는 선행사로 사물을 의미할 수 없으므로 "그 호텔의 방들"이라는 의미는 가질 수 없고 "그(녀)의 방들"이라는 해석만 가능함을 알 수 있다.

Toma aquí
tu turno
Alcampo

Ítem 31

todo와 cada 구문의 유사점과 차이점은 무엇인가요?

핵심 CHECK

todo와 cada는 전칭 양화사(cuantificador universal)로서 모두 '전체성(totalidad)'을 표현한다는 유사점이 있다. 차이점으로는 todo와는 달리 cada는 영역 내에서 분배적 해석(interpretación distributiva)을 갖는 요소가 연결되어야 한다는 특징이 있다.

1 A: ¿Todos los lunes tienes la clase sobre cine?
너는 매주 월요일에 영화에 대한 수업이 있니?

B: No, la tengo cada martes.
아니, 매주 화요일에 있어.

2 A: Hoy tenemos una entrevista con el tutor, ¿verdad?
오늘 튜터 선생님과 면담이 있잖아. 그렇지?

B: Sí. Cada alumno habla con él unos treinta minutos.
맞아. 각 학생이 30분 정도 선생님과 이야기하는 거야.

스페인어에서 'todo'를 사용한 명사구를 'cada'로 바꾸어 표현할 때 그 의미가 그대로 유지되는 경우를 볼 수 있다. 대표적으로 (1)의 두 문장이 그 예가 될 수 있다.

(1) a. Después de ese breve encuentro, se vieron todos los días.
그 짧은 만남 이후로, 그들은 매일 만났다.

b. Son mujeres piadosas que van a misa cada día.
매일 미사에 참석하는 신앙심 있는 여자들입니다.

(NGLEM: 441, 377)

todo와 cada는 수나 양에 있어서 '전체성(totalidad)'을 표현할 수 있기 때문에 전칭 양화사(cuantificador universal)라는 이름으로 부른다. 즉, 이들은 수식하는 명사에게 "구성 요소 전부(todo)" 그리고 "모든 구성 요소의 각각(cada)"이라는 의미를 부여하기 때문에 (1)의 'todos los días'와 'cada día'는 결과적으로 매우 유사한 의미를 표현하는 것이다. 이처럼 todo와 cada는 '전체성'을 표현할 때 공통점을 갖지만, 구문적 측면에서는 서로 다른 특성을 보인다. 먼저, todo의 특성에 대해 알아보자.

todo는 기본적으로 형용사 역할을 하므로 (2)에서 보듯 명사구 앞에 위치하여 '모든 명사(들)'라는 의미를 표현한다.

(2) a. Toda la familia estuvo de acuerdo.
온 가족이 동의했었다.

b. Todas las ventanas estaban cerradas.
모든 창문이 닫혀있었다.

c. Por fin pude reunir todo el dinero que necesito.
마침내 내가 필요로 하는 모든 돈을 모을 수 있었다.

(DPD: 642; GDLE: 1037, 1058)

(2)에서 'todo'는 명사구를 수식하기 때문에 명사구와 성·수 일치를 한다. 일반적 형용사와 다른 부분은 정관사를 동반한 명사구 전체를 수식한다는 점이다. 예를 들

어, (2a)의 'toda la familia'를 구조적으로 나타낼 때 [toda la] [familia]의 구조가 아니라 [toda] [la familia]의 구조를 형성한다는 의미이다. 이와 같은 분석은 (3)의 예문들이 각각 어떻게 형성되는지를 자연스럽게 설명할 수 있다.

(3) a. Leí todos los informes.
나는 모든 보고서를 읽었다.

b. Leí todos ellos.
나는 모든 그것들을 읽었다.

c. Los leí todos.
나는 그 모든 것들을 읽었다.

(NGLEM: 373)

(3a)의 [todos] [los informes] 구조에서 (3b)는 'los informes'를 대명사 'ellos'로 표현한 문장이고, (3c)는 'los informes'를 목적대명사 'los'로 바꾸어 동사 앞으로 위치시킨 문장이다. 특히, (3c)는 목적어가 'los'와 'todos' 두 부분으로 나뉘어서 학습자들이 이해하기 어려워하는 문장이지만 상기 구조를 활용하면 쉽게 설명할 수 있다. 즉, 'todos'는 목적 대명사 'los'를 수식하는 양화 형용사인 것이다.

같은 관점에서 주어가 두 부분으로 나뉘어 표현되는 (4)의 문장들도 논리적으로 잘 설명할 수 있다.

(4) a. Los invitados se fueron todos ayer.
어제 손님들이 모두 떠났다.
(=Todos los invitados se fueron ayer.)

b. Las sillas estaban todas ocupadas.
의자들이 모두 차 있었다.
(=Todas las sillas estaban ocupadas.)

(NGLEM: 379)

(4)에서 주어 'los invitados'와 'las sillas'는 원래 'todos [los invitados]'와 'todas [las sillas]' 구조에서 분리된 요소들이다. 이는 양화사 todo가 'todos'와 'todas'로 각각 수식하는 명사구에 성·수를 일치한다는 사실을 통해 알 수 있다. 물론 명사구가 분리되지 않고 (괄호 속의 문장처럼) 사용될 수도 있다.

이처럼 'todo'는 기본적으로 정관사 명사구를 수식하지만, (5)에서 보듯 다른 한정사를 동반한 명사구도 수식할 수 있다.

(5) a. Tras el accidente, hubo que precintar toda una sala del teatro.
사고 후에 그 극장의 어떤 방 전체를 봉쇄해야 했다.

b. Todos esos informes carecen de valor.
모든 그 보고서들은 가치가 없다.

c. Conozco todas sus tretas.
나는 그의 모든 계략을 안다.

(DPD: 642; NGLEM: 439)

(5a)에서는 'todo'가 부정관사 명사구 'una sala'를 수식하고, (5b)와 (5c)에서는 각각 지시형용사 'esos'와 소유격대명사 'sus'를 동반한 명사구를 수식하여 '전체성(totalidad)'을 표현하고 있다.

한편, todo는 (6)에서처럼 단수 부정관사 un/una를 동반한 명사구를 수식할 때, 그 명사의 자질(cualidad) 및 특성을 강조하는 구문을 만들기도 한다.[12)]

12) todo가 매우 드물긴 하지만 복수 부정관사 unos/unas와 함께 오는 예도 있다. 이때 주의할 점은 todo가 항상 남성 단수 형태로 사용된다는 것이다.

i) Seguro que ellas -que son todo unas señoras-, no tendrán ningún inconveniente en cubrirte la herida con sus limosnas.
타고난 귀부인인 그녀들이 기부금으로 너의 상처를 덮어주는 데에 어떤 장애물도 없을 거라고 확신해.
(DPD: 643)

(6) a. Es todo un caballero.
(그 사람) 완전 신사야.

b. Era toda una mujer.
(그녀는) 천생 여자였지.

(DPD: 642)

지금까지 우리는 todo가 관사, 지시사 등 한정사와 함께 오는 경우를 살펴보았다. 그런데 todo가 (7)에서 보듯 한정사가 생략된 무관사 명사구도 수식할 수 있다는 점도 기억해야 한다.

(7) a. Todo hombre

b. Toda mujer

(GDLE: 1035)

주의할 점은 todo가 수식하는 명사가 단수일 때는 (7)에서처럼 한정사가 생략될 수 있지만, 명사가 복수일 때는 일반적으로 한정사를 생략할 수 없다는 사실이다.[13)]

(8) a. *Todos hombres

b. *Todas mujeres

(GDLE: 1035)

그리고 무관사 단수명사와 결합한 『todo + 단수명사』 구문은 (9)에서 보듯 『todos(-as) + los(las) + 복수명사』 구문으로 나타내어 같은 의미를 표현할 수 있다.

---

13) NGLEM(2010: 376)에 따르면, 옛 스페인어(español antiguo)에서는 'todo'가 한정사가 생략된 복수 명사구와 연결되는 경우가 많았다고 한다. 오늘날에는 'de todas formas/maneras', 'de todos modos', 'en todas direcciones', 'en todas partes'와 같은 일부 표현들에서 볼 수 있다.

(9) a. Todo delito será castigado.
(=Todos los delitos serán castigados.)
모든 범죄는 벌 받을 것이다.

b. Todo hombre aspira a la felicidad.
(=Todos los hombres aspiran a la felicidad.)
모든 사람은 행복을 열망한다.

(DPD: 642; GDLE: 1039)

한편, todo는 (10)에서처럼 수식하는 명사구 없이 대명사로도 사용될 수 있다.

(10) a. Todo ha terminado entre nosotros.
모든 것이 우리들 사이에서 종결되었다.

b. Imagínate que todos actuaran como lo haces tú.
모두가 네가 하는 것처럼 행동한다고 상상해봐라.

(NGLEM: 374)

(10)에서 todo(s)는 대명사로 사용되어 문장의 주어 역할을 하고 있다. 그리고 전치사들과 어울려 (11)의 다양한 표현을 만들기도 한다.

(11) ante todo(우선), sobre todo(특별히)
después de todo(결국)
a pesar de todo(모든 것에도 불구하고)

이제 cada에 대해 살펴보자. 앞서 (1)에서 언급했듯이 cada는 전칭 양화사(cuantificador universal)이므로 "모든 구성 요소의 각각(cada)"이라는 뜻으로 '전체성'을 표현할 수 있다.

(12) a. Cada estudiante cumplimentó su examen. (← todos los estudiantes)
각 학생이 자기 시험을 보았다.

b. Íbamos al cine cada domingo. (← todos los domingos)
우리는 매주 일요일에 극장에 갔었다.

(GDLE: 1031, 1037)

(12)에서 보듯 cada는 기본적으로 무관사 단수 가산명사(nombre contable)와 함께 올 수 있다. 가산명사와 결합하는 이유는 의미적으로 '각각'이라 표현할 수 있는 개별적(individualizado) 대상을 지칭하기 때문이고, 따라서 불가산명사이자 물질명사인 'arena(모래)', 'agua(물)'같은 명사와는 함께 올 수 없다.

(13) *cada arena, *cada agua

(GDLE: 12, 1059)

그러나 (14)처럼 물질명사가 물질의 종류나 제품을 나타내는 가산명사로 변하는 경우는 cada와 함께 사용할 수 있다(☞ 1권 Ítem 2 참고).

(14) a. Cada vino tiene un aroma especial.
각각의 포도주가 특별한 향이 있다.

b. Cada agua es recomendable para una enfermedad distinta, depende de su concentración de minerales.
각 종류의 물은 미네랄 농축 정도에 따라 서로 다른 질병을 위해 권장될 수 있다.

(NGLEM: 397; GDLE: 1059)

(12)−(14)에서 보았듯이, cada는 기본적으로 단수 가산명사와 결합한다. 그러나 (15)에서 보듯 『cada + 복수명사』 구문이 사용되는 경우도 있다.

(15) a. Cada dos horas se produce un accidente.
매 두 시간마다 하나의 사건이 발생한다.

b. Cada pocos minutos pasa un tren.
몇 분마다 기차가 지나간다.

(NGLEM: 398)

(15)에서처럼 'cada'가 복수 명사와 결합한 경우는 의미적으로 복수 명사 'dos horas', 'pocos minutos'가 하나의 개별적 단위(unidad individualizada)로 해석된다. 따라서 "매 두 시간마다"와 "몇 분마다"로 각각 번역할 수 있다.

앞서 (1), (12)에서 살펴보았듯이 cada는 todo처럼 전체성을 표현할 수 있다. 이처럼 두 양화사는 매우 유사한 의미를 표현하지만, (16)에서는 해석상 미묘한 차이점을 보여준다.

(16) a. Todos los estudiantes comieron una tarta.
i) 모든 학생들이 어떤 케이크 하나를 먹었다.
ii) 모든 학생들이 케이크를 하나씩 먹었다.

b. Cada estudiante comió una tarta.
각 학생이 케이크를 하나씩 먹었다.

(Bosque y Gutiérrez-Rexach 2009: 503)

todo가 사용된 (16a)는 두 가지 해석이 가능하다. 즉, "모든 학생들이 어떤 케이크 하나를 먹었다"는 집합적(colectivo) 해석과 "모든 학생들이 케이크를 하나씩 먹었다"는 분배적(distributivo) 해석이 모두 가능하다.

반면, (16b)는 하나의 해석, 즉 "각 학생이 케이크를 하나씩 먹었다"라는 분배적 해석만 가능하다. 이 같은 차이는 '개별화' 의미를 표현하는 cada가 기본적으로 분배적 해석을 낳기 때문에 나타나는 현상이다. 이러한 cada의 분배적 특성은 (17)의 예문들을 통해 다시 한번 확인할 수 있다.

(17) a. Cada alumno se fue de vacaciones *(a una playa).
각 학생이 *(각자의 해변으로) 휴가를 떠났다.

b. Cada ciudad tiene {un/*el} hermoso monumento.
각 도시에는 아름다운 {기념물이 하나씩/*그 기념물이} 있다.

(GDLE: 1068)

(17a)에서 부사구 'a una playa'가 생략되면, 문장은 비문법적 문장이 된다. 이는 주어 명사구에 cada가 포함된 사실과 관련이 있다. 구체적으로 설명하자면, 'cada alumno'가 분배적 해석을 받기 위해서는 자신의 영역 내부에(dentro de su ámbito) 의미적으로 연결될 수 있는 부정관사, 수사, 소유대명사 등을 포함한 요소가 사용되어야 한다.[14] 즉, "각자 하나씩", "각자 몇 개씩", "각자 자신의 것"과 같은 분배의 의미가 만들어지기 위해 이런 요소가 필요한 것이다. 따라서 (17a)에서 부사구 'a una playa'는 생략될 수 없는 것이다.

(17b)의 문법성도 같은 조건으로 설명할 수 있다. 즉, 주어 'cada ciudad'의 영역 내에 부정관사를 포함한 'un hermoso monumento'가 있는 경우는 정문이지만, 정관사를 포함한 'el hermoso monumento'의 출현은 비문법성을 일으킨다고 설명할 수 있다.

여기서 의문점이 하나 생긴다. 예를 들어, 앞서 살펴본 (1b), (12b)와 같은 문장들은 부정관사, 수사, 소유대명사 등을 포함하는 어떤 요소도 없지만, cada 구문이 정문이기 때문이다. ((1b)와 (12b)를 (18)에서 반복함)

14) 영역 내부 요소(elementos dentro de su ámbito)라는 개념을 쉽고 단순하게 표현하면 '양화사를 뒤따르는 문장 요소들(elementos que siguen al cuantificador)'이라 표현할 수 있다.

(18) a. Son mujeres piadosas que van a misa cada día. (=(1b))
매일 미사에 참석하는 신앙심 있는 여자들입니다.

b. Íbamos al cine cada domingo. (=(12b))
우리는 매주 일요일에 극장에 갔었다.

(NGLEM: 377; GDLE: 1037)

(18)에서 부정관사, 수사, 소유대명사 등 분배적 해석과 관련된 어떤 요소도 없지만 cada가 사용될 수 있는 이유를 각주 14에서 언급한 '영역 내부 요소'라는 개념으로 설명할 수 있다. 즉, (18)에서 'cada día/cada domingo'가 문미에 위치하여 뒤따르는 요소가 없으므로 자신의 영역을 가질 수 없고, 따라서 분배적 해석이 필요 없는 문장이 되기 때문이라고 설명할 수 있다.

그러나 (19)–(20)에서 볼 수 있듯이, 'cada domingo'가 문두에 사용되어 자신의 영역을 갖는 경우는 분배적 해석을 만들어주는 요소 'un cine'를 영역 내에 위치시키거나(☞ (20a)), 아니면 'cada domingo' 대신 다른 표현인 'todos los domingos'를 사용해야 한다(☞ (19b)).

(19) a. *Cada domingo voy al cine.
매주 일요일 나는 극장에 간다.

b. Todos los domingos voy al cine.
매주 일요일에 나는 극장에 간다.

(GDLE: 1068)

(20) a. Cada domingo voy a un cine diferente.
일요일마다 나는 다른 극장에 간다.

b. Todos los domingos voy a un cine diferente.
매주 일요일에 나는 다른 극장에 간다.

(GDLE: 1068)

'cada' 구문과 관련하여 학습자들이 가장 많이 실수하는 것은 (19a)가 비문법적 문장이라는 사실을 모르고 자주 사용한다는 점이다. 즉, 문두에 사용된 『cada + 명사』 구문의 경우는 (20a)처럼 문장 내에 분배적 해석이 연결될 수 있는 요소가 출현해야 한다는 점을 기억하자.

Ítem 32

bastante와 suficiente의 유사점과 차이점은 무엇인가요?

핵심 CHECK

'bastante'는 "(~하기에) 충분한"이라는 의미와 "(수)많은"이라는 의미를 모두 표현할 수 있다. 따라서 전자인 경우만 'suficiente'와 동의어로 사용될 수 있다. 'bastante'가 'mucho'의 의미로 사용될 때는 ① 명사 앞에 위치하고, ② 전치사 'para'가 없어야 한다. 'bastante'는 'mucho'를 의미할 수 있고, 'suficiente'는 그럴 수 없기 때문에, 형용사나 다른 부사를 수식하는 정도 부사 'muy'의 의미로는 'suficiente'가 사용될 수 없고 'bastante'만 가능하다.

1 A: Este año tengo un plan de viajar por toda Latinoamérica.
올해는 라틴아메리카 전역을 여행할 계획을 세워 놓았어.

B: ¿Ah, sí? ¡Qué bien! ¿Cuándo te vas?
아, 그래? 축하해! 언제 떠나는데?

A: Pues, aún no lo sé. Primero tengo que reunir bastante dinero para viajar.
아직은 몰라. 먼저 여행에 필요한 충분한 돈을 모아야 하거든.

2 A: Profesora, no sé muy bien cuándo usar el subjuntivo.
선생님, 제가 접속법을 언제 사용하는지 잘 모르겠습니다.

B: No te preocupes. Bastantes alumnos tienen dudas del uso del subjuntivo. En esta clase lo explicaré a todos detalladamente.
걱정하지 말아요. 많은 학생들이 접속법 사용에 대해 의문점을 가지고 있어요. 이번 수업에서 모두에게 자세히 설명해 줄게요.

일부 학습자들은 'bastante'와 'suficiente'를 동의어(sinónimo)로 인식하여 자주 두 단어를 구분 없이 사용하는 경향이 있다. 물론 두 어휘는 많은 경우 동의어로 사용될 수 있지만, 어떤 경우는 반드시 구분해야 하기도 한다. 본 장에서는 'bastante'와 'suficiente' 두 단어의 유사점과 차이점에 대해 살펴보고 이를 정리함으로써 학습자들이 올바른 용법을 숙지할 수 있도록 할 것이다. 먼저, 두 어휘가 동의어로 사용될 수 있는 문법적 환경과 그 특징에 대해 알아보자.

(1) a. Había suficientes pruebas para incriminarlos.
그들을 기소하기에 충분한 증거들이 있었다.

b. No hay bastantes datos para sentenciar en pro ni en contra.
찬성과 반대를 판결할만한 충분한 자료가 없다.

(NGLEM: 779, 931)

(1)의 두 문장에서 'suficiente'와 'bastante'는 서로 교체해서 사용해도 의미가 변하지 않는다. 즉, 두 단어는 "(~하기에) 충분한"이라는 형용사로 사용될 때 동의어가 될 수 있다. 이때 중요한 차이점은 'bastante'는 문맥상 또는 문장에 목적을 표현하는 'para(~하기에)'가 대부분은 나타나지만, 'suficiente'의 경우는 (2)에서 보듯 선택적이라는 것이다.

(2) a. Aún no habían reunido dinero suficiente.
(그 당시) 아직 충분한 돈을 모으지 못했었다.

b. Hay la cantidad suficiente.
충분한 양이 있다.

(NGLE: 808, 910)

(1)처럼 'suficiente'와 'bastante'가 동의어로 사용될 수도 있지만, 항상 그런 것은 아니다. 예를 들어 (3)에서는 'bastante'의 동의어로 'suficiente'를 사용할 수 없다.

(3) a. Su padre era banquero, así que tiene bastante dinero.
그의 부친은 은행가였고, 그래서 많은 돈을 가지고 있다.

b. Bastantes niños vinieron a la fiesta.
수많은 아이가 축제에 왔다.

(Gutiérrez Rodríguez 2006: 873, 881)

(3)의 'bastante'는 'suficiente'와 다른 뜻을 표현한다. 즉, "많은 양이나 수"를 뜻하는 'mucho(많은)', 'numeroso(다수의)' 등의 단어들과 유사한 의미를 표현한다. 이처럼 'bastante'가 'mucho'의 의미로 사용될 때는 ① 명사 앞에 위치하고 ② 목적을 표현하는 전치사 'para'가 나타나지 않는다.[15] 전치사 'para'가 나타나면 (1)에서처럼 'bastante'는 'suficiente(충분한)'의 뜻을 표현하기 때문이다. (4)의 문법성 차이가 이를 잘 설명해준다.

(4) a. Trajo libros suficientes.
그가 충분한 양의 책을 가져왔다.

b. ??Trajo libros bastantes.[16]
그가 충분한 양의 책을 가져왔다.

c. Trajo libros bastantes(=suficientes) para llenar una estantería.
그가 책장 하나를 채우기에 충분한 양의 책을 가져왔다.

(Gutiérrez Rodríguez 2006: 878)

(4b)의 문장이 문법적으로 어색한 이유로는 두 가지 요인이 있다. 첫째, 'bastante'가 'suficiente(충분한)'의 뜻으로 사용되는 경우는 일반적으로 (1b), (4c)처럼 목적을 표

15) 본문의 ①, ② 조건은 주로 유럽 스페인어에서 나타난다.

16) 표시 '??'는 문장이 비문은 아니지만, 어감이 매우 어색함을 의미한다.

현하는 'para'가 있어야 하지만, (4b)에는 'para'가 없기 때문이다. 둘째, 앞서 (3)에서 보았듯이, 'bastante'가 'para' 없이 'mucho(많은)'의 의미를 나타낼 수 있는데, 이 경우 'bastante'는 반드시 명사 앞에 사용된다는 조건이 있지만 (4b)에서는 명사 뒤에 위치하기 때문이다.

결과적으로, (4b)의 'bastante'는 "충분한"의 의미로 사용할 수 없을 뿐만 아니라, "많은"의 의미로도 사용할 수 없으므로 어색한 문장이 된다.

(3)–(4)외에도 'bastante'가 'suficiente'와 구분되어야 하는 예들은 더 있다. (5)를 살펴보자.

(5) a. Bastantes/*Suficientes de los niños llegaron tarde.
그 아이들 중 다수가 늦게 도착했다.

b. Había muchos niños en el jardín. Bastantes/*Suficientes jugaban en los toboganes.
정원에 많은 아이들이 있었다. (그들 중) 다수가 미끄럼틀에서 놀고 있었다.

(Gutiérrez Rodríguez 2006: 889)

(5)에서 보듯 'bastantes'는 대명사로 기능하여 "~의 일부"를 표현하는 부분격(partitivo)으로 사용될 수 있지만, 'suficientes'는 불가하다. 이 경우 'bastantes'는 대명사 'muchos(다수)'를 의미한다.

마지막으로 'bastante'와 'suficiente'가 구분되는 경우를 한 가지 더 살펴보자. (6)은 학습자들이 두 단어를 혼동하여 자주 실수를 범하는 문장이다.

(6) a. El programa de hoy es bastante/*suficiente interesante.
오늘의 프로그램은 매우 흥미롭다.

b. El fin de semana pasado me lo pasé bastante/*suficiente bien.
난 지난 주말을 정말 재미있게 보냈어.

(NGLEM: 259; GDEA: 292)

(6)에서 보듯, 'bastante'는 부사로서 형용사 및 다른 부사 앞에 사용되어 'muy(매우)'의 뜻을 표현하지만, 'suficiente'는 형용사, 부사를 이처럼 수식할 수 없다. 이 같은 차이점은 앞서 (3), (5)에서 'bastante'만이 'mucho'의 의미를 표현할 수 있다는 설명과 연결된다. 즉, 부사 'muy'가 'mucho'에서 어미 '–cho'가 탈락하여 파생된 단어이고,[17] 또한 'bastante'만이 'mucho'의 의미를 표현한다면, 부사의 경우도 당연히 'bastante'만 'muy'에 연결될 수 있고 'suficiente'는 불가하다는 설명이 가능하다.

결론적으로, (6)에서처럼 부사 'muy(매우)'의 의미로 형용사나 다른 부사를 수식하는 경우는 'bastante'만 가능하다. 따라서, 만약 "충분히(de manera suficiente)"라는 의미로 부사를 사용하고자 할 때는 (7a)에서처럼 'suficiente'의 부사형 'suficientemente'를 사용하거나, (7b)처럼 'bastante'에 'para'를 함께 사용하면 된다.

(7) a. "El pie está suficientemente bien como para salir y jugar", dijo Martin.
"발은 나가서 경기할 만큼 충분히 좋은 상태다"라고 마틴이 말했다.

b. Hay una fórmula bastante simple para comprobar la distancia recorrida.
주행 거리를 확인하기에 충분히 간단한 공식이 있다.

(CREA)

17) DPD(2005: 447, 626)의 설명에 따르면, 'tan'이 'tanto'에서 어미 '–to'가 탈락하여 형성된 어휘이듯이, 'muy'는 'mucho'에서 어미 '–cho'가 탈락하여 만들어진 어미탈락형(forma apocopada) 어휘이다.

TIP!

Comí suficiente에서 suficiente의 품사는?

본문 (6)에서 'bastante'와는 달리 'suficiente'는 부사로서 형용사나 다른 부사를 수식할 수 없다고 설명했다. 그러나 (i)에서 보듯 'suficiente'가 부사로서 동사를 수식하는 문장들은 가능하다.

(i) a. Ya dormí suficiente.
난 이미 충분히 잤어.

b. Y esta noche ya he descansado suficiente.
그리고 오늘 저녁 이미 난 충분히 쉬었어.

(CREA)

문제는 (ii)에서 보듯 'suficiente'의 품사가 정확히 무엇인지 판단하기 어려운 문장들이 있다는 것이다.

(ii) a. He comido suficiente.
나 충분히 먹었어.

b. No tengo suficiente.
충분히 갖고 있지 않아.

(ii)에서 'suficiente'의 품사가 문제가 되는 이유는 타동사 'comer'와 'tener'의 목적어 위치에 'suficiente'가 나타나기 때문이다. 즉, 부사뿐만 아니라 대명사로도 분석할 수 있다는 의미가 된다.

실제로 다수의 학자들이 (ii)에서 사용된 'suficiente'가 문장에서 어떤 역할을 하는지에 대해 서로 다른 견해를 갖고 있다. 따라서 본서의 독자들은 (ii)에서 사용된 'suficiente'가 부사 또는 대명사로 모두 분석이 가능하다는 설명을 기억하면 충분할 것이다.

Ítem 33

El vestido cuesta cien euros에서 cien euros는 목적어인가요?

핵심 CHECK

costar, valer, pesar, medir, durar, tardar등의 동사 뒤에 사용된 수량 명사(sustantivo cuantitativo)는 목적어가 아니라 주어를 설명해 주는 보어의 기능을 한다.

1 A: ¿Cuánto cuesta esta corbata?
이 넥타이 얼마입니까?

B: Cuesta ciento cincuenta mil wones. Es de seda.
십 오만 원입니다. 실크 제품이지요.

2 A: ¡Pedro, necesito tu ayuda! Quiero mover el armario a otra habitación.
페드로, 네 도움이 필요해! 옷장을 다른 방으로 옮기고 싶어.

B: ¡Cómo pesa! Creo que este armario pesa más de ochenta kilos. Tenemos que pedir más ayuda.
정말 무겁구나! 내 생각엔 이 옷장은 80킬로가 넘는 것 같아. 도움을 더 청해야만 해.

스페인 전통 문법서에서는 costar(비용이 들다), valer(가치가 있다), pesar(무게가 나가다), medir(치수가 ~이다), distar(떨어져 있다), tardar(시간이 걸리다), durar(시간이 지속되다) 등과 같은 동사 뒤에 나타나는 수량 명사(sustantivo cuantitativo)를 상황 보어(complemento circunstancial), 즉 일종의 부사구로 설명한다. 그러나 이들 명사구를 부사구로 분석하는 것은 교수자나 학습자들에게 몇 가지 의문점을 불러일으킨다. 먼저, (1)에서 보듯 해당 동사들 뒤에 수량 명사가 나타난다는 점에서 이들을 동사의 목적어로 분석할 수도 있다는 점이다.

(1) a. El concierto duró dos horas.
콘서트는 두 시간 지속했다.

b. Las manzanas pesaban dos kilos.
사과들은 무게가 2킬로 나갔다.

(GDLE: 1117, 1118)

(1)에서 수량 명사구 'dos horas'와 'dos kilos'가 각각 동사의 목적어인지를 확인하는 방법으로 상기 문장들을 수동태 문장으로 변환시키는 분석을 적용할 수 있다. 만약, 목적어라면 수동문의 주어로 기능하겠지만, (2)에서 보듯 수동태 문장은 모두 비문법적 문장이 됨을 알 수 있다. 이는 (1)의 수량 명사들이 동사의 (직접) 목적어가 아님을 보여주는 증거가 된다.

(2) a. *Dos horas fueron duradas por el concierto.
두 시간이 콘서트에 의해 지속되었다.

b. *Dos kilos fueron pesados por las manzanas.
2킬로의 무게가 사과에 의해 나갔다.

(GDLE: 1117, 1118)

⑴–⑵에서 보았듯이 이 경우 수량 명사는 진정한 의미의 목적어는 아니지만 그렇다고 부사구로 분석하기도 쉽지 않아 보인다. 만약 진정한 부사구라면 ⑶에서처럼 생략이 가능해야 하지만, ⑷에서 보듯 이들 수량 명사의 생략은 비문법성을 유발하기 때문이다.

(3) a. Víctor Suárez, alias "el negro Víctor", vivió (cinco años) en los EE.UU.
일명 "검은 빅토르"로 불리는 빅토르 수아레스는 미국에서 (5년 동안) 살았다.

b. Mendoza afrontará (el próximo domingo) una conflictiva asamblea.
멘도사는 (다음 주 일요일에) 분쟁이 심한 의회와 맞서게 될 것이다.

(CREA)

(4) a. Juan mide *(dos metros).
후안은 *(2미터)이다.

b. Ese vestido cuesta *(cuatro mil pesetas).
그 옷은 *(4천 페세타)입니다.

(GDLE: 1115)

⑷에서 수량 명사구 'dos metros'와 'cuatro mil pesetas'는 각각 medir와 costar 동사와 연결되어 주어를 설명해 주는 역할을 하므로 생략될 수 없다. 목적어도 아니지만, 자유롭게 생략 가능한 부사구도 아니라는 의미다(cf. ⑶). 그렇다면 ⑴과 ⑷의 수량 명사는 문장 내에서 어떤 역할을 하는 것일까? 라는 질문에 대한 대답을 위해 다음 ⑸의 문장들을 살펴보자.

(5) a. El paquete es de tres kilos.
(← El paquete pesa tres kilos.)
그 소포는 3킬로이다.

b. La reunión fue de dos horas.
(← La reunión duró dos horas.)
회의는 두 시간이었다.

c. La puerta es de dos metros de alto.
(← La puerta mide dos metros de alto.)
그 문은 높이가 2미터다.

(GDLE: 2518)

(5)에서 보듯 수량 명사 구문은 『ser de + 수량 명사』 구문으로 표현될 수 있다. 이는 수량 명사가 주어를 설명해 주는 필수 요소로 기능하고 있다는 사실을 보여준다.

정리하자면, 'Esta corbata cuesta cien euros' 문장에서 수량 명사 'cien euros'는 동사 costar의 목적어가 아니라 주어 'esta corbata'를 설명해 주는 보어 역할을 한다. 주의할 점은 일반적인 주격 보어와는 달리 수량 명사 보어는 주어와 성·수를 일치시키지 않는다는 것이다.

TIP!

명사형 부사구

많은 언어에서 부사구는『전치사 + 명사』의 형태로 만들어진다. 그러나 스페인어에서는 전치사 없이 명사구로만 부사구가 되는 경우도 있다. 대표적인 예로서 다음의 시간 명사들(nombres temporales)이 그것이다.

(i) a. lunes, martes, miércoles, jueves, viernes, sábado, domingo

b. vez, hora, día, semana, mes, año, siglo

(ia)의 요일 명사들은 정관사를 동반하여 "~요일에"라는 뜻의 시간 부사구를 형성할 수 있다. 초급 학습자들이 전치사 'en'을 사용하여 'en el lunes'로 표현하는 경우가 있는데 이는 잘못된 것이다.

(ii) a. Iremos a verle el lunes.
월요일에 그를 보러 갈 예정입니다.

b. Dijo que llegaría el domingo y se presentó la víspera.
그는 일요일에 도착할 거라 말했고 그 전날에 나타났습니다.

(GDLE: 606)

한편, (ib)의 명사들은 (iii)에서처럼 a, en, por, durante등의 전치사와 결합할 수도 있고, (iv)에서 보듯 전치사 없이 관사 및 지시형용사와 결합하여 시간 부사구를 만들 수도 있다.

(iii) a. El rodaje empezará en el próximo mes de febrero.
촬영은 다음 달 2월에 시작될 예정입니다.

b. El proyecto será presentado, en esta semana, a los miembros de la Asamblea.
그 계획은 이번 주에 의회 구성원들에게 제출될 것입니다.

(CREA)

(iv) a. El mes que viene nos iremos de vacaciones.
우리는 내년에 휴가를 갈 예정입니다.

b. Esta vez hablaré claramente.
이번에는 분명히 말할 겁니다.

(GDLE: 607)

또한 (ib)의 명사들은 수량을 나타내는 형용사 및 수사와 결합하여 전치사 없이 "~동안"이라는 의미의 부사구로 사용될 수 있다.

(v) a. Entonces estudié tres años ya, bueno, con puro corazón.
당시에 나는 순수한 마음으로 이미 3년 동안 공부했다.

b. Yo anduve varios días vestido de francés.
나는 프랑스 스타일로 옷을 입고 여러 날 동안 돌아다녔다.

(CREA)

Ítem 34

Este libro es difícil de {leer/leerlo} 어느 것이 맞나요?

핵심 CHECK

'Este libro es difícil de leer' 문장에서 원형 동사 'leer' 뒤에 목적대명사 'lo'를 사용하지 않는다.

1 A: ¿Quién va a ganar estas elecciones?
이번 선거에서 누가 이길까?

B: Yo creo que las ganará Juan Blanco aunque el resultado final parece imposible de predecir.
나는 후안 블랑코가 이길 거로 생각해. 비록 최종 결과는 예측할 수 없어 보이지만 말이야.

2 A: No sé por qué tu jefe sigue rechazando mi propuesta. ¡Es un pesado!
나는 왜 너희 사장이 계속해서 내 제안서를 거부하는지 모르겠어. 정말 피곤한 사람이야!

B: ¡Cálmate! No es un hombre fácil de convencer, pero tiene un corazón de oro.
진정해! 설득하기 쉬운 사람은 아니지만, 가슴은 따듯한 사람이야.

〈대화 1, 2〉 그리고 ⑴에서 보듯 스페인어의 일부 형용사들은 『형용사 + de + 동사원형』 구조를 형성하여 "(주어)가 ~하기에 ~하다"라는 의미를 표현할 수 있다.

(1) a. Esta cuestión es difícil de dilucidar.
이 문제는 풀기 어렵다.

b. El plato parecía fácil de preparar.
그 요리는 준비하기 쉬워 보였다.

(GDLE: 248)

⑴에서 가장 눈에 띄는 특징은 문장의 주어 'esta cuestión'과 'el plato'가 의미적으로 각각 원형 동사 'dilucidar'와 'preparar'의 목적어 역할도 한다는 점이다. 이러한 구문적 특성으로 인해 많은 학습자들이 ⑵와 같은 비문법적 문장을 사용하는 오류를 범하기도 한다.

(2) a. *Este libro es difícil de leerlo.
이 책은 읽기 어렵다.

b. *Estos libros son difíciles de leerlos.
이 책들은 읽기 어렵다.

(González García 2012: 390)

NGLEM(2010: 498), González García(2012: 390)에 따르면, ⑵처럼 원형 동사의 목적어로 대명사 'lo/los' 등을 사용하는 것은 구어체 비교양어(el habla coloquial descuidada)에서나 볼 수 있는 구문이라 규정하고, 표준 스페인어에서는 지양해야 한다고 주장한다.

한편 『형용사 + de + 동사원형』 구문은 ⑶에서 보듯 명사 뒤에 위치하여 명사를 직접 수식하는 형용사구로도 많이 사용된다. 이 경우에도 원형 동사 뒤에 목적대명사는 붙이지 않는다.

(3) a. El único signo imposible de ver/*verlo.
관찰 불가능한 유일한 흔적

b. Un dato fácil de olvidar/*olvidarlo.
잊어버리기 쉬운 자료

(CREA; NGLEM: 498)

그렇다면 구체적으로 어떤 형용사들이 『형용사 + de + 동사원형』 구문에 사용되는지를 아는 것이 중요할 것이다. 실제로, González García(2012: 387)는 많은 관련 자료를 분석하였고, 그 결과 상기 구문의 대략 90%를 'difícil', 'fácil', 'imposible'의 세 형용사가 차지한다는 결론에 이르게 된다.

(4) difícil (45%), fácil (30%), imposible (13%)

(González García 2012: 387)

이 같은 결론은 학습자들이 상기 구문을 단순화시켜 학습할 기회를 제공한다. 즉, 교육적 관점에서 『difícil/fácil/imposible + de + 동사원형』 구문으로 기억하여 "(주어)가 ~하기에 어렵다/쉽다/불가능하다"라는 실용적 표현으로 사용하면 좋을 것이다.

마지막으로 (5)에서는 다른 형용사들이 사용된 다양한 표현을 소개한다.

(5) a. Esto es muy largo de contar.
이것은 말해주기엔 너무 길어.

b. El tema no es sencillo de exponer.
그 주제는 설명하기 간단치 않다.

c. Un hueso duro de roer.
갉아먹기 힘든 뼈다귀

d. Una prenda cómoda de llevar.
입기 편한 옷

(CREA; González García 2012: 383)

Ítem 35

의문사 의문문에 어순 제약이 있나요?

핵심 CHECK

스페인어 의문사 의문문은 주어와 동사가 도치(inversión)되어 『의문사 + 동사 + 주어』 어순으로 구성되어야 한다. 단, 원인(causa), 동기(motivo), 이유(razón)를 표현하는 의문사 'por qué'는 『의문사 + 주어 + 동사』 어순도 가능하다.

1 A: ¿Dónde vivía Ud. cuando era joven?
젊었을 때 당신은 어디 사셨나요?

B: Cuando tenía veinte años, vivía en Los Ángeles.
내가 스무 살 때는, LA에 살았습니다.

2 A: ¿Por qué el profesor no llega? Ya es muy tarde.
교수님이 왜 안 오시지? 벌써 많이 늦었는데.

B: La semana pasada dijo que llegaría hoy a la clase unos 15 minutos tarde a causa de una reunión importante.
지난주에 말하길 오늘 수업에는 중요한 회의 때문에 15분 정도 늦게 도착한다고 했어.

스페인어는 어순(orden de palabras)이 비교적 자유로운 언어로 알려져 있다. 예를 들어, (1b, c)에서 보듯, 평서문에서 주어가 동사 뒤, 또는 목적어 뒤에 위치할 수 있고, 의문문에서도 (2)에서처럼 주어가 동사의 앞과 뒤 어디든 위치할 수 있다.

(1) a. El gato se comió un ratón.
b. Se comió el gato un ratón.
c. Se comió un ratón el gato.
고양이가 쥐 한 마리를 잡아먹었다.

(GDLE: 4233)

(2) a. ¿El ministro ha dimitido?
장관이 시퇴했이?
b. ¿Conoce tu marido a alguien del tribunal?
너의 남편은 법원에 아는 사람 있니?

(GDLE: 3952)

그러나 스페인어 어순이 항상 자유로운 것은 아니다. (3)–(4)에서 보듯 의문사(frases interrogativas)를 동반한 의문문에서는 주어의 위치에 제약이 주어짐을 알 수 있다.[18)]

(3) a. ¿Qué compró Juan?
b. *¿Qué Juan compró?
후안이 뭘 샀어?

(GDLE: 4171)

18) 통사론(sintaxis)에서는 '의문사 의문문'을 '부분 의문문(oración interrogativa parcial)'이라 부른다. 의문의 대상이 전체 문장이 아니라 의문사로 표현되는 문장의 일부분이기 때문에 붙여진 명칭이다. 같은 관점에서 (2)처럼 의문사가 없는 의문문은 '전체 의문문(oración interrogativa total)'이라 부른다.

(4) a. Me pregunto de qué habló María.

b. *Me pregunto de qué María habló?
마리아가 무엇에 대해 말했는지 궁금하다.

(GDLE: 4171)

(3b)와 (4b)의 비문법성은 의문사 의문문에서 주어가 의문사와 동사 사이에 위치할 수 없다는 사실을 보여준다. 즉, 의문사 의문문에서는 주어가 동사 뒤에 위치하는 도치(inversión) 현상이 나타난다는 것이다.

사실, 스페인어 의문사 의문문의 주어–동사 간 도치 현상은 문법서에서 자주 언급되는 사항은 아니다. 왜냐하면 대부분의 경우, 특히 (5)처럼 주어가 대명사인 경우는 자주 생략되어 의문사와 동사 사이에 주어가 위치하는 경우가 드물기 때문이다.

(5) a. ¿Cuándo vienes (tú)?
너 언제 오니?

b. No sé qué estás leyendo (tú).
네가 무엇을 읽고 있는지 모르겠다.

(NGLEM: 406, 408)

그럼에도 불구하고 (3)–(4), 그리고 (6)에서 보듯 다양한 의문사 구문에서 동사 앞에 주어가 나타나는 경우는 비문법적 문장이 됨을 알 수 있으며, 이는 학습자들이 유의해야 할 문법 사항이다.

(6) a. *¿A quién Juan vio en el parque?
(→ ¿A quién vio Juan en el parque?)
후안은 공원에서 누구를 만났니?

b. *¿Cuándo tu padre te visitó?
(→ ¿Cuándo te visitó tu padre?)
너의 아버지가 널 언제 찾아왔니?

c. *¿Dónde tus amigos viven?
(→ ¿Dónde viven tus amigos?)
네 친구들은 어디 사니?

d. *¿Cómo María llegó a la fiesta?
(→ ¿Cómo llegó María a la fiesta?)
마리아가 파티에 어떻게(뭘 타고) 왔니?

(Kim 2006: 155; GDLE: 1940)

그러나 이러한 『의문사 + 동사 + 주어』라는 도치 어순에 예외가 적용되는 의문사가 있다. 바로 'por qué' 의문사이다.

(7) a. ¿Por qué Juan compró esos libros?
후안은 왜 그 책들을 샀지?

b. ¿Por qué Juan vino a esta hora?
후안은 왜 이 시간에 왔지?

(GDLE: 1940; Kim 2006: 149)

〈대화 2〉 그리고 (7)에서 볼 수 있듯이 의문사 'por qué'는 자신과 동사 사이에 주어 'Juan'을 위치시켜 『의문사 + 주어 + 동사』 어순을 만들 수 있다. 물론, 'por qué'는 다른 의문사들과 마찬가지로 『의문사 + 동사 + 주어』의 도치 어순을 허가하지만, 동시에 (7)의 어순도 만들 수 있다는 의미이다.

이처럼 의문사 'por qué'가 두 가지 어순을 모두 허가하는 이유에 대해서는 여러 학자의 다양한 의견이 존재한다. 그중에서 학자들이 공통으로 언급하는 부분은 'por qué'가 원인(causa) 및 동기(motivo)를 표현하는 의문사라는 점에서 "가장 부사적인 성격"을 가진 의문사이고, 따라서 도치와 비도치 어순 모두를 허가한다고 설명한다.

동일한 논리로 의문사 'cómo'가 'por qué'처럼 의문사와 동사 사이에 주어를 허가하는 다음의 문장들을 설명할 수 있다.

(8) a. ¿Cómo el jefe de automotores no sabe?
어떻게(=왜) 자동차 회사 사장이 모르지?

b. ¿Cómo los espectadores pueden reír cuando ella le apunta con una pistola en la cabeza.
어떻게(=왜) 관객들은 그녀가 그의 머리에 총을 겨눌 때 웃을 수 있지?

(CREA)

(8)에서 의문사 'cómo'가 바로 뒤에 주어를 허가할 수 있는 이유는 'por qué'와 같은 의미를 표현하기 때문이다. 즉, (8)에서 'cómo'는 '방법(de qué manera)'을 표현하는 것이 아니라 '이유(por qué motivo)'를 나타내기 때문에 (7)의 'por qué'처럼 『의문사 + 주어 + 동사』 어순을 만들 수 있다고 설명할 수 있다. 실제로, 앞서 살펴본 (6d) 문장은 '방법(de qué manera)'을 묻는 문장으로는 비문이지만, '이유(por qué motivo)'를 묻는 문장으로 해석되어 "어떻게(왜) 마리아가 파티에 왔지?"라는 의미라면 정문이 될 수 있다.

TIP!

카리브(Caribe) 스페인어의 의문사 구문 어순

아메리카 대륙의 카리브(Caribe) 지역에서 스페인어권 국가라 하면 쿠바(Cuba), 도미니카공화국(La República Dominicana), 푸에르토리코(Puerto Rico)를 말한다. 이들 국가는 아메리카 대륙이 아닌 카리브해 섬에 위치한다는 지리적 특징도 있지만, 언어적으로도 상당히 독특한 현상을 많이 갖고 있다.

본문에서 설명한 의문사 의문문의 어순과 관련해서도, 유럽 및 아메리카 대륙 내부에서 사용되는 스페인어와는 다른 현상을 보인다. 다음 문장들을 살펴보자.

(i) a. ¿Qué tú quieres?
너는 뭘 원하니?

b. ¿Cuándo él fue a la fiesta?
그는 언제 파티에 갔니?

(GDLE: 1939)

(ii) a. Yo no sé quién tú eres.
나는 네가 어떤 사람인지 모르겠어.

b. Yo no sé qué la muchacha quería.
나는 그 소녀가 무엇을 원하고 있었는지 모르겠어.

(GDLE: 2181)

(i)–(ii)에서 볼 수 있듯이, 카리브 스페인어의 의문문에서는 『의문사 + 주어 + 동사』 어순이 모든 의문사 구문에서 가능하다는 사실이 흥미롭다(상기 예문들은 다른 지역에서는 비문으로 평가한다). 이 같은 어순은 특히 주어가 대명사일 때 많이 나타난다.

Ítem 36

부정어가 없어도 부정문을 만들 수 있을까요?

핵심 CHECK

부정어(palabras negativas)인 no, nunca 등이 사용되지 않아도 poco, demasiado, en mi vida와 같은 표현이 문장을 부정적 의미로 표현할 수 있다.

1 A: Tengo que enviar este paquete a mis padres.
이 소포를 부모님께 보내야 해.

B: Pero es demasiado grande para que quepa en la caja.
그런데 너무 커서 상자에 안 들어가겠어.

2 A: ¿Conoces a mi jefe?
내 상사를 아니?

B: No. En mi vida lo he visto.
아니. 전혀 본 적도 없어.

일반적으로 부정어로 학습하는 nada, nadie, ninguno, nunca 등과 같은 어휘들은 문장 내에서 사용되면 문장 자체가 부정문이 된다. 그러나 문장 자체가 부정문이 되는 것은 아니지만, 문장의 의미를 부정적으로 해석되도록 만드는 요소들이 존재한다. 예를 들어, poco의 경우 부정관사 없이 단독으로 사용되면 "거의 없다"는 의미의 부정적 해석이 이루어진다.

NGLE(2009: 3671)에서는 양화사 poco의 부정어로서의 사용을 완곡한 부정(negación atenuada)을 표현한다고 언급한다. 다음 예에서 보는 바와 같이 부정어 no ... nada, nadie로 표현하는 (a)나 (c)보다는 poco를 사용하여 (b)나 (d)로 표현하는 것이 완곡하게 의미를 전달함으로써 정중한 표현에 해당된다는 것이다.

(1) a. No me interesó nada.
나는 아무것도 관심이 없었다.

b. Me interesó poco.
나는 관심 있는 것이 거의 없었다.

c. Prácticamente nadie estaría de acuerdo.
실제로 아무도 동의하지 않을 것이다.

d. Muy pocos estarían de acuerdo.
거의 아무도 동의하지 않을 것이다.

(NGLE: 3671)

(1d)와 같이 문장을 이끄는 요소로 poco가 사용되면 "실질적으로 전혀/아무도 ~ 아니다"의 의미와 유사한 의미를 표현하는 것이다.

이와 같이 문장을 부정문으로 해석되도록 만드는 poco와 유사한 특징을 갖는 표현으로 부사(구) raramente, en contadas ocasiones 등과 같은 표현이 있다. "드물게"라는 의미를 표현하는 이 부사(구)들은 문장에서 표현하는 사건이 "거의 일어나지 않는다"는 부정적인 의미를 표현한다.

(2) a. Un buen abogado raramente cuenta nada de nadie.
훌륭한 변호사는 어느 사람에 대해서도 어떤 내용도 이야기하지 않는다.

b. En contadas ocasiones ha movido un dedo por ayudar a alguien.
그는 누구를 돕기 위해 손가락 하나 까딱한 적이 없다.

(GDLE: 2609)

부사 raramente가 사용된 (2a)는 "드물게", 즉 횟수가 적지만 이야기를 한다는 긍정문의 의미를 표현하는 것이 아니다. "거의 이야기를 하지 않는다"는 부정문을 표현하고 있는 것이다. 특이한 점은 동사 앞에 부정어 no가 사용되지 않았지만 문장 내에 부정어 nada, nadie가 사용되어 raramente가 문장을 부정문으로 기능하도록 만들었다는 것을 보여준다. (2b)의 경우 역시, "드물지만 손가락을 움직인 적이 있다"라는 긍정문을 만든 것이 아니다. 부사구 en contadas ocasiones가 부정어로 기능하여 동사의 앞에 no가 없어도 부정문의 해석이 이루어지는 것이다.

강한 부정의 의미를 도입하는 요소로 양화사(cuantificador) demasiado를 들 수 있다. demasiado는 전치사 para와 함께 짝을 이루어 "너무 ~해서 ~할 수 없다"라는 부정적 의미로 해석된다.

(3) a. Yo estaba demasiado nervioso como para poder alentar a nadie.
내가 너무 긴장해서 아무도 격려할 수 없었다.

b. Era demasiado tarde para hacer nada.
너무 늦어서 아무것도 할 수 없었다.

(NGLE: 3673)

(3a)는 "내가 너무 긴장해서 아무도 격려할 수 없었다"라는 의미로 해석되어 para가 이끄는 문장은 부정문으로 해석된다. 이때 para가 이끄는 문장이 부정문이라는 점은 문장 내에 부정어 nadie가 사용되고 있다는 점을 통해 증명된다. (3b)는 "너무 늦어서 아무것도 할 수 없었다"라는 의미로 해석된다. (3a)와 마찬가지로 전치사 para

를 뒤따르는 문장이 부정문으로 해석된다는 점은 위 (3b)에서 부정어 nada가 사용되고 있다는 점에서 증명된다.

다음은 명사 vida(삶, 인생)를 이용한 표현으로 전치사 en과 함께 'en mi vida, en su vida, en la vida' 등의 부사구는 문두, 즉 동사의 앞에서 사용되는 경우 문장이 부정문으로 해석된다. 다음의 예를 살펴보자.

(4) a. En mi vida lo he visto.
나는 결코 그를 본 적이 없다.

b. En su vida ha logrado encontrar respuesta alguna.
그는 그 어떤 해답도 찾은 적이 없다.

c. En {mi/la} vida he oído semejante disparate.
나는 그런 터무니 없는 말을 들어 본 적이 없다.

(NGLE: 3653; GDLE: 2603)

(4)에서 문두에 사용된 en mi vida, en su vida, en la vida와 같은 표현은 문장을 부정문으로 만드는 부정어로 기능을 한다. 따라서 동사의 앞에 no와 같은 명시적인 부정어를 사용하지 않는다는 점이 특징이다. 그리고 (4b)에서 사용된 'respuesta alguna'는 alguna가 명사의 뒤에서 부정의 의미를 표현하는 것으로 'ninguna respuesta'의 의미를 표현하는 것이다(☞ 1권 Ítem 20 참고). 다시 말해, 동사의 앞에 명시적인 부정어 no나 nunca와 같은 표현이 사용되지 않았지만, en mi vida, en su vida, en la vida가 문장을 부정문으로 만들어주는 기능을 하는 것이다. toda가 명사를 수식하는 en toda mi vida, en toda su vida, en toda la vida의 형태도 사용된다.

그러나 en mi/la vida가 동사 앞에서 항상 부정적 의미를 갖는 것은 아니다. (5)에서 보는 바와 같이 긍정적 의미로 사용되는 것도 가능하다.

(5) a. En mi vida solo he volado unas cuatro veces.
내 평생 단지 네 번 정도 비행기를 타 봤다.

b. En la vida hay momentos muy tristes.
내 평생 매우 슬픈 순간들이 있다.

(CREA)

TIP!

스페인어의 관용적 표현 중에는 항상 no를 동반하여 부정문으로 관용어구를 형성하는 구문이 존재한다. 예를 들어, 'no costar un duro'와 같은 표현은 "가치가 없다"라는 의미를 표현하며 항상 부정문으로 표현한다. 유사한 의미의 표현으로 'no costar un céntimo'를 사용하기도 하며, 강조된 표현으로 'no costar ni un duro', 'no costar ni siquiera un duro'와 같이 사용하기도 한다. 이와 같이 부정문으로 숙어를 형성하는 예로는 다음과 같은 표현들이 존재한다.

no estar el horno para bollos	적절한 때가 아니다
no estar muy católico	몸이 좋지 않다
no ser moco de pavo	중요하다
no ser trigo limpio	믿을만한 사람이 아니다
no mover un dedo	손가락 하나 까딱 않다
no mover una pestaña	눈 하나 깜짝 안 한다
no tener pelos en la lengua	거침없이 말하다
no tener sangre en las venas	어떤 일에도 침착하다
no valer un pimiento	가치가 없다

위의 표현들은 동사 앞에 no와 같은 부정어를 동반하여 관용적 의미를 표현하는 관용어구들로 부정어를 동반하지 않은 형태로는 사용되지 않는다는 특징을 갖는다.

Ítem 37

긍정형 동사 뒤에 nunca, nada, nadie, ninguno 등을 사용할 수 있나요?

핵심 CHECK

스페인어 종속절에서 nunca, nada, nadie, ninguno, jamás 등의 부정어가 no(또는 다른 부정어)가 없는 긍정형 동사 뒤에서 사용되는 경우가 있다. 이 경우 종속절의 동사는 접속법 형태로 사용되어야 하고 주절 동사 앞에 no 또는 다른 부정어가 있어야 한다. 주절 동사가 의심(dudar), 금지(prohibir, impedir), 부정(negar, denegar), 반대/거부(oponerse/rechazar)처럼 부정적(negativo) 의미를 포함하는 동사일 경우는 no 또는 다른 부정어 없이도 종속절의 부정어를 허가해 줄 수 있다.

1 A: Mamá, me gustaría ir a verte este fin de semana, ¿puedo?
엄마, 이번 주말에 찾아뵙고 싶어요. 괜찮죠?

B: No, estoy mal. No quiero que venga nadie.
아니, 내가 몸이 안 좋아. 그래서 누가 오는 게 싫구나.

2 A: ¿Por qué no vuelves a intentar hablar con ella?
그녀와 다시 한번 이야기해 보는 게 어때?

B: No quiero. Dudo que pueda comprenderme jamás. (GDLE: 2606)
싫어. 나는 그녀가 언젠가 나를 이해할 수 있을 거라고는 생각하지 않아.

스페인어의 부정어(palabras negativas) nada, nadie, nunca, ninguno, ni, tampoco, jamás 등은 문장에 따라 동사 앞 또는 뒤에 자유롭게 나타날 수 있다. 그러나 부정어의 위치에 따른 조건도 존재한다. 즉, (1), (2)에서 각각 볼 수 있듯이 부정어가 동사 앞에 나타나는 경우는 부사 no를 사용하지 않으며, 동사 뒤에 위치하는 경우는 no 또는 다른 부정어를 동사 앞에 사용해야 한다.

(1) a. Nadie sabía cuál era la solución.
아무도 무엇이 해결책인지 몰랐다.

b. Nadie ha podido encontrar ni una sola obra sobre el tema.
아무도 그 주제에 대한 단 하나의 작품도 발견할 수 없었다.

(2) a. No sabía nadie cuál era la solución.

a'. *Sabía nadie cuál era la solución.
아무도 무엇이 해결책인지 몰랐다.

b. No ha podido encontrar ni una sola obra sobre el tema.

b'. *Ha podido encontrar ni una sola obra sobre el tema.
(그/그녀는) 그 주제에 대한 단 하나의 작품도 발견할 수 없었다.

(GDLE: 2563-2564)

(2a')와 (2b')의 비문법성은 부정어 nadie, ni가 동사 뒤에 위치하게 되면 동사 앞에는 no (또는 다른 부정어)가 의무적으로 나타나야 함을 보여준다.

그러나 일부 구문에서는 이 같은 원칙이 지켜지지 않는 것처럼 보이는 경우가 있다. 다음 (3)–(4)의 문장들을 살펴보자.

(3) a. ... pero no quiero que salga nadie a la calle.
하지만 나는 누군가 길거리로 나가길 바라지 않아.

b. Es una muchacha muy tímida, no creo que sepa nada del asunto.
매우 소심한 아이야. 난 그 아이가 사건에 대해 뭔가를 알고 있다고 생각지 않아.

(CREA)

(4) a. Ningún amigo mío ha declarado que haya estado jamás en esa reunión.
내 친구 중 아무도 그 모임에 참석한 적이 있다고 말하지 않았다.

b. Nunca he conocido a un periodista que cometiese ningún delito.
나는 범죄를 저지른 기자를 결코 알지 못했다.

(GDLE: 2587)

(3)에서 종속절 내부의 부정어 'nadie'와 'nada'는 동사 뒤에 위치하고 각각의 동사 'salga'와 'sepa' 앞에 no(또는 다른 부정어)가 나타나지 않았지만, 문법적 문장이다. (4)에서도 동일한 현상이 나타난다. 부정어 'jamás'와 'ningún delito'가 no가 없는 긍정형 동사 'haya estado'와 'cometiese' 뒤에 나타나지만, 문장은 문법적이다.

이처럼 (3)–(4)에서 종속절 동사 앞에 no(또는 다른 부정어)가 오지 않을 수 있는 이유는 주절 동사 앞에 위치한 no(또는 다른 부정어)와 관련이 있다. 즉, (3)–(4)의 종속절 내부에는 부정어들을 허가해줄 no 또는 다른 부정어가 없지만, 주절에 no quiero, no creo, ningún amigo, nunca 같은 부정어구가 존재하고 이들이 종속절 내부의 부정어들을 허가한다고 설명할 수 있다. 다만 이 경우 유의해야 할 점이 두 가지 있다.

첫째, 종속절 동사는 (5a)에서 보듯 반드시 접속법이어야 한다.

(5) a. Juan no dice que María haya comido nada.
후안은 마리아가 무엇인가 먹었다고 말하지 않는다.

b. *Juan no dice que María ha comido nada.
후안은 마리아가 아무것도 먹지 않았다고 말하지 않는다.

(GDLE: 2572)

Picallo(1984)[19]같은 학자는 (5a)의 문법성이 종속절의 접속법 동사와 관련된다고 설명한다. 즉, 접속법 동사는 통사적으로 주절 동사에 의존하는(dependiente) 특성을 가지고 있고, 따라서 종속절 내부의 부정어들도 접속법 동사가 아닌 주절 동사의 부정어에 의해 허가된다는 설명이다. 구체적으로, (5a)에서 종속절 동사가 접속법 'haya comido'이므로 부정어 'nada'가 주절 동사 'no dice'와 연결되어 허가된다고 설명할 수 있다. 반면, (5b)의 종속절 동사 'ha comido'는 직설법 동사이고 따라서 부정어 'nada'를 주절의 'no dice'와 연결해줄 수 없으므로 비문이 된다고 설명할 수 있다.

둘째, 주절의 부정어에 의해 허가되는 종속절 부정어는 부정(negación) 의미 대신 긍정(afirmación)의 의미를 가진다. 다음 (6)의 예문을 통해 종속절 부정어가 어떻게 해석되는지 주의 깊게 살펴보자.

(6) a. No conozco un periodista que haya estado jamás en el Tibet.
나는 티베트에 있어 본 적 있는 기자를 알지 못한다.

b. No conozco un periodista que no haya estado jamás en el Tibet.
나는 티베트에 결코 있어 본 적이 없는 기자를 알지 못한다.

(GDLE: 2589)

(6a)에서 종속절 부정어 'jamás'는 주절의 'no'에 의해 허가되므로 긍정어로 해석되어야 한다. 즉, (6a)에서 'jamás(결코~아닌)'는 'alguna vez(~적 있는)'로 해석되고 따라서 'un periodista que haya estado jamás en el Tibet'는 "티베트에 있어 본 적 있는 기자"로 번역됨을 알 수 있다. 이 같은 현상은 이미 앞서 살펴본 〈대화 1〉의 'No quiero que venga nadie(나는 누군가가 오는 것을 원치 않아)' 문장뿐만 아니라 (3), (4), (5)의 모든 예

19) Picallo(1984)는 접속법 동사는 주절 동사에 의존적(dependiente)이고 직설법 동사는 독립적(independiente) 성격을 갖고 있다고 주장한다.

문에서도 동일하게 나타난다.

한편, (6b)에서는 부정어 'jamás'가 원래의 부정적 의미 "결코 ~아닌"으로 해석된다. 주절이 아닌 종속절 내부의 부정어 'no'에 의해 허가되기 때문이다. 따라서 'un periodista que no haya estado jamás en el Tibet'는 "티베트에 결코 있어 본 적이 없는 기자"로 해석해야 한다. 이처럼 주절과 종속절에 모두 no(또는 부정어)가 나타나는 경우라면 부정 의미를 각각 적용해야 한다. 즉, (7)에서처럼 주절과 종속절의 동사들은 모두 부정적 의미로 해석된다.

(7) a. Juan no dice que no haya visto nadie a María.
후안은 아무도 마리아를 보지 않았다고 말하지 않는다.

b. Ningún amigo mío ha declarado que no haya estado jamás en esa reunión.
내 친구 누구도 그 모임에 결코 참석해본 적이 없다고 말하지 않았다.

(GDLE: 2588)

지금까지 우리는 종속절 동사가 접속법일 때 부정어가 주절의 부정어에 의해 허가될 수 있음을 살펴보았다. 그러나 일부 접속법 구문에서는 (8)에서 보듯 주절의 부정 동사가 종속절의 부정어를 허가하지 못하는 경우가 있다.

(8) a. *No lamento que María haya dicho nada inapropiado.
나는 마리아가 부적절한 것을 말했다고 유감스럽게 생각지 않는다.

b. *No me extraña que llamaran la atención a ningún alumno.
학생의 관심을 끌었다니 이상하지 않다.

(Bosque 2012: 387)

(8)은 주절 동사가 감정 동사(verbos emotivos)이고 따라서 종속절에 접속법 동사

가 나타난다는 특징이 있다. 즉, 주절 동사가 감정 동사인 경우는 종속절의 부정어가 주절의 부정어에 의해 허가될 수 없음을 함께 기억하자.

지금까지 살펴본 주절의 'no(또는 부정어)'가 종속절의 부정어를 허가해주는 문장과는 다른 유형의 부정어 구문도 존재한다. 다음 문장들을 살펴보자.

(9) a. Dudo que se haya enterado nadie.
나는 누군가가 알아차렸다고는 생각하지 않는다.

b. El comandante prohibió que saliera nadie del cuartel.
그 지휘관은 병영 막사에서 누구나 나가는 것을 금지했다.

c. Eulogio se opuso a que entrara nadie sin autorización.
에울로히오는 허락 없이 누군가 들어오는 것을 금했다.

d. Juan negó que hubiera visto nadie a María.
후안은 누군가 마리아를 보았다는 것을 부인했다.

(Bosque 1980: 26, 74; GDLE: 2587)

(9) 구문의 특징은 종속절뿐만 아니라 주절 동사에도 no가 없지만 종속절 내부의 부정어 'nadie'가 허가된다는 것이다. 이 구문의 첫 번째 특징은 (3), (4), (5)에서 보았듯이 종속절 동사는 항상 접속법이어야 한다는 점이다. 두 번째는 주절 동사가 의심(dudar), 금지(prohibir, impedir), 부정(negar, denegar), 반대/거부(oponerse/rechazar)와 같은 부정적(negativo) 의미를 포함하는 동사로 나타난다는 점이다. 즉, 주절 동사의 부정적 의미가 종속절의 부정어와 연결되어 부정어가 허가되는 구문이다.

Ítem 38

'Depende de a lo que te refieras.'처럼 주절의 전치사와 종속절의 전치사가 겹치면 어떻게 하나요?

핵심 CHECK

'Depende de a lo que te refieras'에서처럼 주절 동사에 의해 선택된 전치사 'de'와 종속절 동사가 선택한 'a'는 모두 필요한 전치사이므로 함께 사용해야 한다. 그러나 주절 및 종속절의 동사가 같은 전치사를 요구하는 경우는 하나의 전치사만을 사용한다. 즉, 'Eso es parecido a lo que yo me refiero' 문장에는 하나의 전치사 'a'만 사용되었다. 그러나 이 경우 'Eso es parecido al asunto al que yo me refiero'에서 보듯 각각의 전치사를 모두 사용할 수 있는 문장으로 바꾸어 사용할 것을 권장한다.

1 A: Oye, cariño, ¿te acuerdas de en qué año murió el tío Carlos?
여보, 카를로스 삼촌이 몇 년도에 돌아가셨는지 기억나요?

B: Sí, fue en 2002, cuando todo el mundo estaba loco por la Copa Mundial.
그럼, 2002년이었지. 그땐 모두가 월드컵에 미쳐있었잖아.

2 A: ¿Has terminado el nuevo plan de ventas? Ya sabes que el próximo lunes tienes que hacer una presentación sobre eso.
새로운 판매 계획서 다 끝냈니? 다음 주 월요일에 그것에 대해 발표해야 하는 거 알잖아.

B: Sí, ya lo sé, pero aún no me doy cuenta de a lo que se refiere el jefe.
알아, 알고 있어. 하지만 아직도 사장님이 말하는 바를 이해하지 못하고 있어.

스페인어 문장을 구성할 때, 특별한 경우를 제외하고는 전치사가 겹쳐서 연속으로 나오는 경우는 매우 드물다.[20] 그러나 〈대화 1, 2〉 그리고 (1)의 경우처럼 주절 동사가 전치사를 요구하고 종속절 동사도 전치사가 필수적인 경우는 연속으로 전치사가 나타날 수 있다.

(1) a. No me acuerdo de con quién vivía entonces.
그(녀)가 그 당시 누구와 함께 살고 있었는지 기억이 안 나.

b. Depende de para qué la quieres.
(그 일은) 네가 어떤 목적으로 그것을 원하는지에 달려있다.

(NGLE: 3273; CREA)

(1)에서 주절 동사 'acordarse'와 'depender'는 전치사 'de'를 취하고, 종속절 동사 'vivir'와 'querer'는 각각 'con'과 'para'에 연결되어 있다. 따라서 이른바 '전치사 겹침(concurrencia de preposición)' 현상이 (1)에서 나타나며, 연속된 전치사 중 어느 하나를 생략하면 문장은 비문이 된다. 관련하여 또 다른 현상이 나타나는 (2)–(3)의 예들을 살펴보자.

(2) a. El uno siempre hablaba de lo que hablaba el otro.
한 사람이 항상 나머지 다른 사람이 말한 것에 대해 말하곤 했다.

---

20) 『~전치사 + 전치사~』의 구조는 i), ii)에서 보듯이 합쳐져서 특정 의미를 표현할 수 있다.

i) a. Vine a por ti. (널 찾으러 왔어)
b. Fue a por agua. (물을 찾으러 갔다)

(GDLE: 690; NGLEM: 574)

ii) a. Salió de entre unos matorrales. (잡초 사이에서 빠져나왔다)
b. Andaba por entre las mesas. (테이블 사이 사이를 걸어 다녔다)

(NGLEM: 557)

b. Piensa por un momento en lo que yo estoy pensando.
그는 내가 생각하고 있는 것을 잠시 생각하고 있다.

(NGLE: 3273, 3340)

(3) a. Eso es parecido a lo que yo me refiero.
그것은 내가 말하는 것과 유사하다.

b. Me limito a hablar de lo que me acuerdo.
나는 내가 기억하는 것에 대해서만 말한다.

(NGLE: 3340)

전치사와 관련하여 (2)–(3)의 특징을 살펴보면, 주절 및 종속절 동사가 선택한 전치사가 동일한 전치사이므로 (1)과는 달리 하나의 전치사만 사용하고 있다는 점이다. 구체적으로, (2)는 주절과 종속절의 동사까지 같은 경우이고, (3)에서는 주절과 종속절의 동사가 서로 다르지만 같은 전치사를 사용하는 경우이다.

이처럼 주절과 종속절 동사에 의해 같은 전치사가 선택된 경우는 반드시 하나의 전치사만을 사용해야 하고, 같은 전치사가 연속되는 '*de de', '*en en', '*a a'의 어순은 어떤 경우에도 불가하다. 다만, (3)처럼 주절 동사와 종속절 동사가 서로 다른 경우는 (4)에서 보듯 각각의 전치사를 모두 사용하는 문장으로 바꾸어 사용할 것을 권장한다.

(4) a. Eso es parecido al asunto al que yo me refiero.
그것은 내가 말하는 사건과 유사하다.

b. Me limito a hablar de las cosas de las que me acuerdo.
나는 내가 기억하는 것들에 대해서만 말한다.

위에서 설명한 내용을 담고 있는 예문들을 몇 가지 더 소개하면 다음과 같다. (5)는 주절 동사에 연결된 전치사와 종속절 동사가 필요로 하는 전치사가 연결된 경우이고, (6)은 주절과 종속절 동사가 선택한 전치사가 동일하여 전치사를 하나만 사용한 경우이다.

(5) a. Todo depende de a quién se quiera llamar déspota.
모든 것은 (사람들이) 누구를 독재자라 부르길 원하는지에 달렸다.

b. Roca fue promovida no por lo que conoce sino por a quién conoce.
로카는 알고 있는 것으로 승진한 것이 아니라 누구를 아는지에 의해 승진했다.

c. ¿Tú te acuerdas de en qué año murió Franco?
넌 프랑코가 몇 년도에 죽었는지 기억나니?

(NGLE: 3273; CREA)

(6) a. He soñado con quien te peleaste ayer.
네가 어제 싸웠던 사람의 꿈을 꿨어.

b. Vengo de donde sale la manifestación.
저는 데모대가 출발한 장소에서 왔습니다.

c. Nunca te olvides de quienes nadie se preocupa.
아무도 신경 안 쓰는 사람들을 결코 잊으면 안 돼.

d. Eso depende de quién quieras hablar.
그것은 네가 누구에 대해 말하길 원하느냐에 달려있다.

(GDLE: 451; NGLE: 3273)

Ítem 39

'Con quien hablé fue con Ana.'에서 주어는?

핵심 CHECK

'ser' 동사로 연결된 강조 구문 'Con quien hablé fue con Ana'에서 관계절 'Con quien hablé'가 주어 역할을 하고, 전치사구 'con Ana'는 보어(atributo) 역할을 한다. 주의할 점은 동사 'hablar'에 의해 선택된 전치사 'con'은 주어와 보어에서 모두 나타난다는 사실이다.

1 A: ¡Entrenador! ¿No tiene intención de dimitir de su cargo tras la derrota de hoy?
감독님! 오늘 패배 후로 감독직을 사임하실 생각은 없습니까?

B: No. En lo único que pienso es en ganar el próximo partido contra el Real Madrid.
없습니다. 제가 지금 유일하게 생각하고 있는 것은 레알 마드리드와의 다음 경기에서 이기는 것뿐입니다.

2 A: En esta situación, en quien puedo confiar es en mí mismo. Nadie me regala nada.
이 같은 상황에서 내가 믿을 수 있는 사람은 내 자신뿐이야. 아무도 내게 도움을 주지 않잖아.

B: Es verdad. Eres tú quien va a resolver todo lo que está pasando. ¡Ánimo!
그래, 맞아. 지금 일어나고 있는 모든 일을 해결할 사람은 바로 너야. 힘내!

『주어 + ser + 보어』 구문에서 주어 역할을 할 수 있는 요소는 기본적으로 명사구(sintagma nominal), 원형동사(infinitivo), 그리고 관계대명사(pronombre relativo)로 이끌리는 시제절(cláusula temporal) 등이 있다.

(1) a. Mi padre es abogado.
우리 아버지는 변호사다.

b. Ver es creer.
보는 것이 믿는 것이다(백문이 불여일견).

c. Quien tiene responsabilidad es Marta.
책임이 있는 사람은 마르타이다.

그런데 만약 (1)의 주어에 전치사가 첨가되어 각각 'De mi padre', 'A ver', 'En quien'이 된다면, 모두 비문법적 문장이 될 것이다. 이는 전치사를 동반한 주어는 일반적으로 적법한 주어가 될 수 없다는 의미로 이해될 수 있다. 그러나 이 같은 문법적 상식을 깨는 (2)와 같은 구문들이 존재한다.

(2) a. De lo que están hablando es de lo que tú has dicho.
그들이 말하고 있는 것은 (다름 아닌) 네가 이미 말한 것이다.

b. En lo que no pensé es en lo que habían dicho.
내가 생각지 않았던 것은 (바로) 그들이 이미 말했던 것이다.

(Plann 1980: 29)

(2)는 선행사를 포함하는 'lo que ~' 구문이 'ser' 동사를 중심으로 주어와 보어(atributo)로 연결된 문장이다. 구문적 특징으로는 주어 역할을 하는 'lo que ~' 절 앞에 'hablar'와 'pensar'에 의해 선택된 전치사 'de'와 'en'이 각각 첨가되었고, 이 전치사들은 보어 역할을 하는 'lo que ~' 절에도 각각 나타나야 한다는 점이다. 특히, 보어

절 'lo que ~'에 첨가된 전치사 'de/en'은 보어절 동사 'decir'와 전혀 상관없는 전치사들이라는 점에서 매우 특별한 현상으로 보일 수 있다.

의미적 특징으로는 'ser' 동사 뒤에 나오는 보어는 "다름 아닌/바로"와 같은 강조적(enfático) 해석을 받는다는 점이다. 이와 같은 구문적, 의미적 특성은 비단 'lo que ~' 절에서만 나타나는 현상은 아니다. (3)에서 보듯 관계사 'quien'에서도 동일한 현상이 나타난다.

(3) a. Con quien trabajo es con Pedro.
내가 함께 일하는 사람은 (바로) 페드로이다.

b. A quien vimos fue a Juan.
우리가 본 사람은 (바로) 후안이었다.

(GDLE: 4278)

(3)에서 보듯, 관계사 'quien'은 'ser' 뒤에 나타나는 보어가 사람일 때 사용될 수 있으며, (4)의 비문법성이 말해주듯 보어 명사 앞의 전치사 'con'과 'a'를 생략할 수 없다.

(4) a. *Con quien trabajo es Pedro.
내가 함께 일하는 사람은 페드로이다.

b. *A quien vimos fue Juan.
우리가 본 사람은 후안이었다.

(GDLE: 4278)

한편, 보어가 사물을 의미하면, (2)와 (5)에서처럼 'lo que ~' 구문을 사용하며, 마찬가지로 보어 명사(구) 앞의 전치사를 생략할 수 없다.

(5) a. Sin lo que salió fue sin paraguas.
그가 가지고 나가지 않은 것은 (바로) 우산이었다.

b. De lo que depende el paro es de la situación económica.
실업이 좌우되는 것은 (바로) 경제적 상황이다.

(GDLE: 4273, 4251)

지금까지 살펴본 (2)-(5)의 구문을 NGLEM(2010: 767)에서는 '관계사 계사 강조 구문(copulativas enfáticas de relativo)'이라 부르고,[21] GDLE(1999: 4247)에서는 '관계사 우언법(寓言法)(perífrasis de relativo)' 구문이라고 부른다.[22]

본서에서는 구문의 통사적, 의미적 특징을 잘 표현하고 있는 '관계사 계사 강조 구문'이라는 용어를 사용할 것이다. 이는 해당 구문이 계사(copulativo) 'ser'를 사용하고 보어에 항상 강조적 의미가 부여되기 때문이다.

이제 다음 (6)의 두 문장을 통해 구문이 어떻게 만들어지는지 그 과정을 자세히 살펴보자.

(6) a. El paro depende de la situación económica.
실업은 경제적 상황에 좌우된다.

b. De lo que depende el paro es de la situación económica. (=(5b))
실업을 좌우하는 것은 (바로) 경제적 상황이다.

(GDLE: 4250, 4251)

---

21) 계사(copulativo)란 ser, estar, parecer 동사처럼 문장 내에서 주어와 주격 보어(atributo)를 연결해주는 동사를 말한다. 즉, 'Juan es/parece inteligente'와 'Juan está cansado'에서 계사 es/parece/está는 의미첨가 없이 주어와 보어를 단순히 연결해주는 역할을 한다.

22) 'perífrasis'를 통상적으로 '우설법'이라는 말로 번역하지만, 본서에서는 국어사전에 등재된 '우언법'이라는 말로 번역했다.

(6a)는 관계사가 없이 하나의 동사만 사용된 단문(oración simple)이다. 반면, (6b)는 관계사 'lo que'를 이용하여 두 개 이상의 동사, 즉 'depener'와 주절 동사 'ser'를 포함하는 복문(oración compuesta) 형식으로 만들어져 있다.

GDLE(1999: 4249)에 따르면, (6b)는 (6a)로부터 3개의 단계를 거쳐 만들어진다고 한다. 첫째는, 보어의 분할 단계로 (6a)는 'El paro depende' + 'de la situación económica'로 나누어진다. 두 번째 단계는 'ser' 동사의 3인칭 단수 'es/fue'가 나누어진 두 부분을 연결해서 'El paro depende es de la situación económica'를 형성한다. 그러나 이 구조는 하나의 문장에 시제 동사 'depende'와 'es'가 함께 나타나서 비문법적 구조를 만든다는 문제를 갖고 있다. 따라서 마지막 세 번째 단계로 'depende' 동사가 나타날 수 있도록 'lo que' 관계절을 만들어 (6b)의 'De lo que depende el paro es de la situación económica' 문장이 만들어진다. 여기서 주의할 점은 'lo que ~' 앞에 전치사 'de'가 반드시 나타나야 하는데, 이는 시제 동사 'depende'가 필요로 하는 요소이기 때문이다. 결국, (6b) 문장에서 주어 'lo que'절과 그 보어 앞에 모두 전치사 'de'가 필수적으로 나타나야 하는 이유를 설명할 수 있다.

더불어 앞서 살펴본 같은 유형의 강조 구문 (2a), (3a), (5a)를 각각 단문으로 표현하면 (7)과 같다. 설명한 3단계의 변화 과정을 (7)에 적용하여 강조 구문이 만들어지는 과정을 독자들이 직접 확인해 보길 바란다.

(7) a. Están hablando de lo que tú has dicho. (← (2a))
그들은 네가 이미 말한 것에 대해 이야기하고 있다.

b. Trabajo con Pedro. (← (3a))
나는 페드로와 함께 일한다.

c. Salió sin paraguas. (← (5a))
그는 우산 없이 나갔다.

⑹–⑺의 모든 변화 과정을 학습자에게 설명하는 것이 다소 부담스러운 일일 수 있다. 특히, 대상이 초급 학습자들이라면 더더욱 그렇다. 그럼에도 불구하고 스페인어 전문가로서 그리고 교수자로서 적어도 ⑵–⑸의 예문들이 문법적 문장이고 어떤 구문적 특성이 있는지를 아는 것은 매우 중요한 일일 것이다. 마지막으로 ⑻–⑼에서는 보다 다양한 전치사와 관계사를 사용한 강조 구문의 예들을 소개한다.

(8) a. Ante quien se inclina es ante Dios.
그가 경배한 대상은 (다름 아닌) 하나님이다.

b. Por lo que luchamos es por la libertad.
우리가 투쟁한 이유는 (바로) 자유 때문이다.

c. Para quien trabajo es para mi padre.
내가 일하는 목적의 대상은 (바로) 나의 아버지다.

(GDLE: 4273)

(9) a. Desde donde he venido es desde Madrid.
내가 떠나온 장소는 (바로) 마드리드로부터이다.

b. Hasta donde llegó fue hasta Madrid.
그가 다다른 곳은 (바로) 마드리드까지였다.

c. A donde fueron fue a donde había fuego.
그들이 간 장소는 (다름 아닌) 불이 났던 곳이었다.

(GDLE: 4273, 4279)

La forma más cómoda
de moverse por el centro
es en tranvía.
EL TRANVÍA
PUEBLA

Ítem 40

Yo soy quien lo {ha/he} visto. 어느 것이 맞나요?

핵심 CHECK

'Yo soy quien lo {ha/he} visto' 문장처럼 주절 주어와 관계절의 주어가 의미적으로 같을 때, 관계절 동사는 문법적 주어 'quien'에 일치하여 3인칭 단수를 사용한다. 다만 구어체에서 의미적 주어 'yo'에 일치하여 1인칭 단수를 쓰는 경우도 있다. 'Tú eres quien {debe/debes} decírmelo'에서도 같은 현상이 나타난다. 그러나 'nosotros/vosotros'가 사용된 문장에서는 정반대로 'Nosotros somos quienes {*deben/debemos} hacerlo'에서 보듯 반드시 1인칭(또는 2인칭) 복수 동사를 사용해야 한다.

1 A: Raúl, ¿le dijiste a Amanda que yo quería salir con ella?
라울아, 내가 아만다와 사귀고 싶어 한다고 네가 그녀에게 말했니?

B: No. Yo no fui quien lo dijo. Creo que lo inventó ella misma.
아니. 내가 그 말을 한 사람은 아니야. 내 생각엔 아만다 자신이 만들어 낸 말 같아.

2 A: Tus padres se oponen a nuestra relación. ¿Qué hacemos?
너의 부모님이 우리 관계에 반대하셔. 우리 어떻게 하면 좋을까?

B: Ellos son personas muy importantes en nuestra vida. Pero somos nosotros quienes decidimos sobre nuestras vidas.
부모님은 우리 인생에서 정말 중요한 분들이지. 하지만 우리 삶에 대해 결정하는 사람은 바로 우리야.

『(주어)명사 + ser + (보어)명사』 구문에서 동사 'ser'는 명사구의 지시성(referencialidad)에 따라 주어 또는 보어(atributo) 명사와 자유롭게 일치를 할 수 있다.

(1) a. El problema soy/*es yo.
문제는 나야.

b. El problema eres/*es tú.
문제는 너야.

(Contreras 1983: 141-142)

(1)에서 주어는 3인칭 단수 명사구 'el problema'이지만 동사는 1인칭 단수 'soy' 그리고 2인칭 단수 형태인 'eres'로 각각 나타남을 알 수 있다. 이 같은 현상은 지시성이 높은 1, 2인칭 보어 명사 yo와 tú에 동사 'ser'가 일치한다는 원리로 설명할 수 있다(☞ 1권 Ítem 15 참고).

본 장에서는 (1)과 유사하긴 하지만 내용적으로는 다른 한 구문의 일치 현상을 논의할 것이다. (2)–(3)의 예문을 살펴보자.

(2) a. Yo soy quien lo ha visto.
내가 그것을 본 사람이다.

b. Soy yo el que llamó.
전화했던 사람이 (바로) 나야.

(GDLE: 4258; NGLE: 3026)

(3) a. Yo soy quien lo he visto.
내가 그것을 본 사람이다.

b. Soy yo el que llamé.
전화했던 사람이 (바로) 나야.

(GDLE: 4258; NGLE: 3026)

규범문법(gramática normativa)의 관점에서 보면, 종속절에 3인칭 단수동사를 사용한 (2)의 문장만을 문법적 구문이라 할 수 있다. 그러나 1인칭 단수 동사를 사용한 (3)도 드물지 않게 들을 수 있는 문장인 것도 사실이다. 실제로 Val Álvaro y Mendívil(2001)의 연구에 의하면, 원어민 화자의 약 80%는 (2)의 문장을 사용하고 나머지 약 20% 정도가 (3)의 문장을 사용한다고 조사되었다.

NGLE(2009: 3026–3027)에 따르면, (3)의 문장은 주로 구어체 언어에서 나타나며, 1인칭 단수 동사를 사용하는 것은 지시성이 강한 1인칭 'yo'의 자질에 영향을 받아 이른바 '전염효과(efecto de contagio)'를 보인 것이라고 설명한다. 동일한 현상이 주절 주어가 2인칭 단수인 'tú'일 때도 나타난다.

(4) a. Fuiste tú la que se equivocó.
실수한 사람은 (바로) 너였어.

b. Eras tú el que estabas allí abajo.
거기 밑에 있었던 사람은 (바로) 너였어.

(NGLE: 3026, 3027)

관계사 'la que'가 3인칭 단수이므로 3인칭 단수동사 'se equivocó'가 사용된 (4a)는 문법적으로 완벽한 문장이고, 주절 주어 'tú'의 영향을 받아 2인칭 단수 동사 'estabas'가 사용된 (4b)는 (3)처럼 구어체 문장에서 주로 볼 수 있는 문장이다.

그러나 특이한 현상이 주절 주어가 1, 2인칭 복수 대명사 'nosotros'와 'vosotros'인 경우 발생한다. 먼저 'nosotros'의 경우인 (5)–(6)의 예문들을 살펴보자.

(5) a. Nosotros fuimos quienes lo dijimos.
우리가 그것을 말한 사람이었다.

b. Fuimos nosotros quienes lo dijimos.
그것을 말한 사람은 (바로) 우리였다.

(Val Álvaro y Mendívil 2001: 301)

(6) a. *Nosotros fuimos quienes lo dijeron.
우리가 그것을 말한 사람이었다.

b. *Fuimos nosotros quienes lo dijeron.
그것을 말한 사람은 (바로) 우리였다.

(Val Álvaro y Mendívil 2001: 301)

Val Álvaro y Mendívil(2001)의 연구에 따르면, 주절 주어 'nosotros'에 영향을 받아 1인칭 복수 동사 'dijimos'를 사용한 (5)의 문장은 조사 대상자의 82.5%가 사용하였고, (6)의 3인칭 복수동사 'dijeron'을 사용한 화자는 17.5%로 조사되어 사실상 (6)은 비문법적 문장에 가까운 것으로 평가되었다(cf. GDLE(1999: 459)는 완전한 비문으로 평가함). 2인칭 복수 대명사 'vosotros'의 경우도 (7)에서 보듯 같은 결과가 나타난다.

(7) a. Vosotros sois los que lo afirmáis.
너희가 그 사실을 단언하는 사람이다.

b. *Vosotros sois los que lo afirman.
그 사실을 단언하는 사람은 (바로) 너희다.

(GDLE: 459)

문제는 (5)–(7)의 문장들이 앞서 먼저 살펴본 (2)–(4)의 자료들과는 정반대의 결과를 보인다는 점이다. 즉, 바꾸어 말하면, 주절 주어가 1, 2인칭 복수 'nosotros/vosotros'이면, 'yo/tú'의 경우와는 달리 왜 관계절 동사가 1, 2인칭 복수 형태로 나타나는지에 대한 논리적 의문점이 생긴다는 것이다.

본서에서는 이 의문점에 대한 해답을 1, 2인칭 복수가 가지고 있는 의미적 특성에서 찾고자 한다. 구체적으로 설명하자면, 1, 2인칭 복수는 의미적으로 'yo, tú'뿐만 아니라 3인칭 단·복수도 모두 포함하는 개념이다. 즉, 'Ellos y yo comimos juntos'라는 문장에서 'comimos'는 문법적 일치 관계에 있어서 'ellos'와 'yo'를 모두 포함한다는 의미다. 따라서 (5)와 (7a)에서 1, 2인칭 복수 동사를 사용하면, 주절 주어인 'nosotros/vosotros'의 일치 자질을 만족시키면서 동시에 3인칭 복수인 'quienes/los que'의 자질도 함께 만족시킬 수 있는 가장 경제적이고 합리적인 선택이 되는 것이다. 반면에, (6)과 (7b)에서처럼 3인칭 복수동사 'dijeron/afirman'을 사용하게 되면, 지시성이 강한 'nosotros/vosotros'의 1, 2인칭 자질을 만족시키지 못해 비문법성에 가까운 문장이 된다고 설명할 수 있다.

다른 문장 구조이긴 하지만, 'nosotras'와 'las que'가 함께 나타난 (8)에서도 같은 현상이 나타난다.

(8) a. Nosotras, las que nos portamos bien, pudimos salir temprano.
우리는, 행동도 잘했고 해서, 일찍 나갈 수 있었다.

b. *Nosotras, las que se portaron bien, pudimos salir temprano.
우리는, 행동도 잘했고 해서, 일찍 나갈 수 있었다.

(GDLE: 459)

(8a)의 관계절에 'nos portamos'가 사용되는 이유는 관계대명사 'las que'와 선행사 'nosotras'를 모두 만족시킬 수 있는 1인칭 복수 동사이기 때문이라 설명할 수 있다.

Ítem 41

관계사 en donde, a donde 그리고 donde

핵심 CHECK

관계부사 en donde, a donde는 전치사 a와 en의 도움 없이 donde로 표현할 수 있다.

1 A: Hoy tengo que comprar unos regalos para los niños de Juan.
오늘 후안의 아이들에게 줄 선물을 사야 해.

B: Conozco una tienda en donde puedes conseguir todo lo que puedan desear ellos.
아이들이 원할만한 모든 것을 구할 수 있는 가게를 내가 알고 있어.

2 A: ¿Qué hiciste en estas vacaciones?
이번 휴가에 뭐 했니?

B: Visité unos lugares donde nadie había llegado.
아무도 가 본 적 없는 장소들을 방문했어.

두 문장을 연결하는 관계부사(adverbio relativo) donde는 장소를 나타내는 선행사와 함께 혹은 선행사 없이도 장소의 의미를 담아서 문장을 연결할 수 있다. 그리고 a, de, desde, en, hacia 등의 여러 전치사를 동반하여 장소와의 다양한 관계를 표현할 수 있다. 예를 들어, 〈대화 1〉의 B에서는 선행사로 una tienda가 사용되었고, 이 선행사는 관계절과 연결되어 'puedes conseguir en una tienda(네가 어떤 가게에서 구할 수 있다)'의 의미를 표현하게 된다. 따라서 관계절의 동사 conseguir와 선행사 una tienda를 연결하기 위해 전치사 en을 동반한 관계부사 en donde를 사용한 것이다.

다음의 예를 살펴보자.

(1) a. El otro día estuve en la casa donde nací.
얼마 전에 나는 내가 태어났던 집에 갔었다.

b. El libro está donde te dije.
그 책은 내가 너에게 말했던 곳에 있다.

(CREA)

(1a)는 장소의 선행사 la casa가 명시적으로 사용된 문장으로, 'El otro día estuve en la casa.'와 'Nací en la casa.'라는 두 문장이 관계부사 donde를 사용하여 한 문장으로 연결되었다. 한편, (1b)는 관계부사 donde 내에 el lugar가 내포되어 명시적 선행사는 표현되지 않은 문장이다. 이 문장도 'El libro está en el lugar'와 'Te dije el lugar'라는 두 문장이 관계부사 donde를 통해 한 문장으로 연결된 것이다. 이처럼 어떤 위치를 의미하는 전치사 en의 경우는 donde 앞에 반드시 사용해야 하는 것은 아니다. 전치사 en은 (1)처럼 donde 앞에 사용하지 않을 수도 있고, (2)와 같이 사용하여 특별한 의미 변화 없이 장소를 표현할 수 있다는 것이다.

(2) a. El otro día estuve en la casa en donde nací.
얼마 전에 나는 내가 태어났던 집에 갔었다.

b. El libro está en donde te dije.
그 책은 내가 너에게 말했던 곳에 있다.

DPD(2005)는 전치사 en을 동반하는 en donde의 형태는 선행사가 명시적으로 사용되지 않는 (2b)와 같은 경우에 더 많이 사용된다고 언급한다.

그럼 이번에는 관계부사 donde가 전치사 a를 동반하는 문장을 살펴보자. 문장을 연결할 때 연결된 동사가 움직임의 동사(verbo de movimiento)가 사용되는 경우, 전치사 a를 동반하는 관계부사 a donde 혹은 adonde가 사용된다.

(3) a. Vámonos a donde tú quieras.
네가 원하는 곳으로 가자.

b. Iré a donde tú vayas.
나는 네가 가는 곳으로 갈 것이다.

c. La casa adonde te llevo está cerca.
너를 데려다줄 집이 가까이 있다.

(DPD: 238)

(3a)는 주절 동사 'vámonos'가 움직임의 동사로 전치사 a를 필요로 하는 구문이다. 장소를 나타내는 선행사가 명시적으로 표현되지 않고 관계절의 동사 vives에 연결되는 전치사 en도 donde 내에 포함되어 donde는 'el lugar en el que'를 표현한다. 주절의 전치사 a와 연결되어 관계부사 a donde가 사용된 문장이다. (3b)의 경우는 주절의 동사 iré와 관계절의 동사 vayas가 공통으로 전치사 a를 필요로 하는 움직임의 동사이다. donde는 'el lugar al que'를 표현하며, 주절의 전치사 a와 연결되어 선행사를 포함하는 관계부사 a donde가 사용되었다. (3c)의 경우는 선행사로 la casa가 명시적으로 표현된 문장이며 관계절 내에 움직임의 동사 llevar가 전치사 a를 필요로 한다. 따라서 'a la cual'을 모두 합쳐 관계부사 adonde로 표현한 문장이다.

그런데 앞서 (1)에서 donde는 전치사 en이 없이도 사용될 수 있다고 했던 것과 동일하게 (3)의 관계부사 a donde에서 전치사 a 역시 donde에 내포된 형태인 donde로 표현할 수 있다는 점에 주의하자. 따라서 (3)을 다음 (4)와 같이 관계부사 donde로 표현하는 것도 가능하다는 것이다.

(4) a. Vámonos donde tú quieras.
네가 원하는 곳으로 가자.

b. Iré donde tú vayas.
나는 네가 가는 곳으로 갈 것이다.

c. La casa donde te llevo está cerca.
내가 너를 데리고 가는 집은 가까이 있다.

(DPD: 238)

(4)에서 보는 바와 같이 관계부사 donde는 전치사의 도움 없이도 움직임의 동사와 함께 그 방향성을 표현할 수 있다. 위의 〈대화 2〉의 'Visité unos lugares donde nadie había llegado.'에서도 관계절의 동사 llegar는 전치사 a와 함께 선행사 unos lugares와 연결된다. 이런 경우 관계사는 전치사 a 없이 관계부사 donde를 사용할 수 있고, 전치사를 사용한 adonde라는 형태도 사용할 수 있는 것이다.

이처럼 전치사 a와 en의 경우만 생략되어 관계부사 donde로 어휘화된(lexicalizado) 형태를 사용할 수 있는 것이며, 그 외의 전치사는 필요한 경우 반드시 donde와 함께 사용해야 한다.

(5) a. Yo podría olvidar los lugares de donde vengo.
내가 떠나온 장소들을 잊어버릴 수도 있을 거야.

b. El escritor va hasta donde se encuentra la televisión.
그 작가는 텔레비전이 있는 곳까지 간다.

(DPD: 238)

(5a)는 관계절의 동사 vengo가 선행사 los lugares와 연결되기 위해 전치사 de가 필요한 문장이다. 즉, 관계절을 독립된 문장으로 표현하면, 'vengo de los lugares'로 표현해야 한다. 따라서 전치사 de가 관계부사 donde와 함께 사용되어야 한다. (5b)의 경우는 주절의 동사 va와 관계절이 연결되면서 의미상 "~까지"의 의미를 필요로 하는 문장이다. 따라서 전치사 hasta가 관계부사 donde와 함께 사용되어야 한다면, 생략할 수 없다. 관계절의 동사 se encuentra와 연결되는 전치사 en은 donde 내에 내포되었다고 볼 수 있다.

TIP!

지금까지 관계사 adonde와 a donde의 사용에 대해, 선행사가 명시적으로 제시되지 않았을 때 a와 donde를 띄어쓰기하여 a donde로 사용한다고 설명하고 있다. 그러나 DPD(2005), NGLE(2009)에서는 지금까지 사용한 이러한 규칙에 대해 수정된 설명을 하고 있다. 이제는 선행사의 명시적 사용과 상관없이 a와 donde를 띄어 쓰던 붙여 쓰던 두 가지 표기법이 모두 맞는 사용이라는 것이다. 앞서 살펴본 본문의 (3)예문을 (i)로 다시 제시하여 살펴보자.

(i) a. Vámonos a donde tú vives.
네가 원하는 곳으로 가자.

b. Iré a donde tú vayas.
나는 네가 가는 곳으로 갈 것이다.

c. La casa adonde te llevo está cerca.
내가 너를 데리고 가는 집은 가까이 있다.

(DPD: 238)

(ia)와 (ib)에서는 선행사가 명시적으로 나타나지 않았고, 따라서 기존의 규칙에 따라 a와 donde를 띄어 쓴 a donde를 관계사로 사용하였다. (ic)의 경우는 선행사 la casa가 사용된 문장이고 a와 donde를 붙여 쓴 adonde를 사용하고 있다. 그런데 이제 새롭게 만들어진 규칙에 따르면 다음 (ii)와 같이 두 형태가 구별 없이 모두 사용될 수 있다는 것이다.

(ii) a. Vámonos a donde tú vives.

a'. Vámonos adonde tú vives.
네가 원하는 곳으로 가자.

b. Iré a donde tú vayas.

b'. Iré adonde tú vayas.
나는 네가 가는 곳으로 갈 것이다.

c. La casa adonde te llevo cstá cerca.

c'. La casa a donde te llevo está cerca.
내가 너를 데리고 가는 집은 가까이 있다.

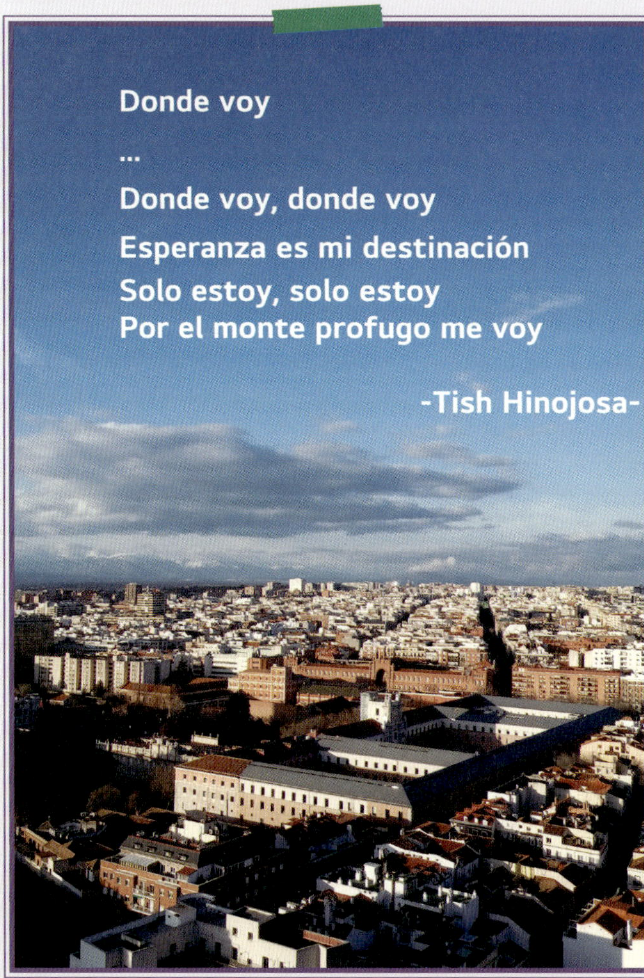
Donde voy
...
Donde voy, donde voy
Esperanza es mi destinación
Solo estoy, solo estoy
Por el monte profugo me voy
-Tish Hinojosa-

Ítem 42

스페인어도 영어처럼 종속절 접속사 que를 생략할 수 있나요?

핵심 CHECK

스페인어의 종속절 접속사 que는 문어체의 형식적 문장에서 ① 종속절의 동사가 접속법이고, ② 종속절 동사 앞에 주어가 위치하지 않는 경우 생략될 수 있다.

Esfuércese por comunicarse con tacto y buenas maneras. Evite dar una impresión vulgar, soez o incivilizada. Diga frases como:
좋은 매너와 우아함을 가지고 소통할 수 있도록 노력하십시오. 상스럽거나 천하거나 예의 없는 인상을 주는 것은 피하시고 다음과 같은 말들을 하시기 바랍니다.

"Por favor", "Señoras y señores", "Es un placer extenderles la más cordial bienvenida", "Con su permiso", "Muchas gracias", "Les ruego me disculpen", "¿Serían tan amables de decirme...?".
"부탁드립니다", "신사 숙녀 여러분", "가장 진실한 환영 인사를 전해 드릴 수 있어서 기쁩니다", "실례합니다", "정말 감사합니다", "용서해 주시기 바랍니다", "저에게 말씀해 주시면 고맙겠습니다"

CREA

예문 (1)과 (2) 간의 차이에서 볼 수 있듯이 스페인어는 영어의 경우와는 달리 종속절 접속사 que가 생략될 수 없는 것으로 알려져 있다.

(1) a. I think that John is intelligent.
b. I think John is intelligent.
나는 존이 똑똑하다고 생각한다.

(2) a. Creo que Juan es inteligente.
b. *Creo Juan es inteligente.
나는 후안이 똑똑하다고 생각한다.

그러나 다음 (3)–(5)의 스페인어 예문들은 접속사 que가 생략될 수도 있음을 보여준다.

(3) a. Lamento (que) no estés contenta con tu trabajo.
너의 일에 만족하지 않는다니 유감이다.
b. Espero (que) se solucionen pronto los problemas.
그 문제들이 빨리 해결되길 바랍니다.
(Brovetto 2002: 34)

(4) a. Me alegra (que) sigas mejorando de salud.
네가 건강이 계속해서 좋아지고 있다니 기쁘다.
b. Nos preocupa (que) hayas estado malo.
(우리는) 네가 몸이 안 좋다니 걱정이구나.
(Torrego 1983: 562)

(5) a. Le agradecería (que) me mandara cuanto antes la información pedida.
요청한 정보를 최대한 빨리 보내주시면 감사하겠습니다.

b. Temí (que) se dejasen atrapar.
난 그가 잡히도록 내버려 둘까 봐 두려웠다.

(GDLE: 2026, 3575)

접속사 que의 생략이 가능한 (3)–(5)의 예문들은 생략이 안 된 경우의 문장들보다 사용 빈도는 더 낮지만, 형식을 갖춘 문어체(lengua escrita) 스페인어에서는 비교적 널리 사용되고 있다. 스페인어 전문가라면 간과할 수 없는 현상이라 할 수 있다. 이제 구체적으로 어떤 조건에서 접속사 que가 생략될 수 있는지 살펴보자.

첫 번째로 종속절 동사가 접속법 형태로 사용된 경우에 접속사 que가 생략될 수 있다. ((3)–(5) 참고)

(6) a. Les rogamos se abrochen los cinturones.
벨트를 착용해 주시길 바랍니다.

b. *Les decimos están profundamente equivocados.
여러분들이 심각하게 실수하셨음을 말씀드립니다.

(Gallego 2007: 203)

(6)은 접속사 que가 생략된 문장들이다. 이 경우 종속절 동사가 접속법인 (6a)는 정문이지만 직설법 동사가 사용된 (6b)는 비문이 됨을 알 수 있다. 종속절 동사가 접속법일 때 접속사 que가 생략될 수 있기 때문이다.

두 번째는 종속절 동사 앞에 주어가 나타날 수 없다는 조건이다. 즉, 종속절 주어는 생략되거나 동사 뒤에 나타난 경우에만 접속사 que가 생략될 수 있다는 뜻이다. 다음 (7)의 문장들을 살펴보자.

(7) a. Espero se solucionen pronto los problemas.

b. *Espero los problemas se solucionen pronto.

c. Espero que los problemas se solucionen pronto.
그 문제들이 빨리 해결되길 바랍니다.

(Brovetto 2002: 34, 43)

(7a)는 종속절 동사가 접속법이고 그 주어가 동사 앞에 위치하지 않기 때문에 que의 생략이 가능하다. 반면 (7b)는 종속절의 주어가 동사 앞에 위치함에도 불구하고 que를 생략하여 비문법적 문장이 되었다. 즉, 이 경우는 (7c)에서 보듯 que를 생략하지 않아야 문법적 문장이 된다.

다음은 Shim(2007), Pastor(1994)에서 소개된 문장들로 형식을 갖춘 공식적인 편지나 메일 등에서 많이 사용하는 용례들이다.

(8) a. Mucho le agradecería difundiese esta información entre los profesores.
교수님들께 이 정보를 보내주신다면 대단히 감사드리겠습니다.

b. Le ruego distribuya esta información entre los profesores interesados.
관심 있는 교수님들께 이 정보를 나누어주시기를 바랍니다.

(Shim 2007: 231)

(9) a. Les ruego reserven una mesa para seis.
6인용 테이블 하나를 예약해 주시기 바랍니다.

b. Les agradezco me envíen confirmación a la mayor brevedad posible.
가능한 한 빨리 제게 확인서를 보내주시면 감사드리겠습니다.

c. Les agradecería me comunicaran la lista de precios de las habitaciones.
객실 가격 목록을 제게 전달해주시면 감사드리겠습니다.

(Pastor 1994: 60)

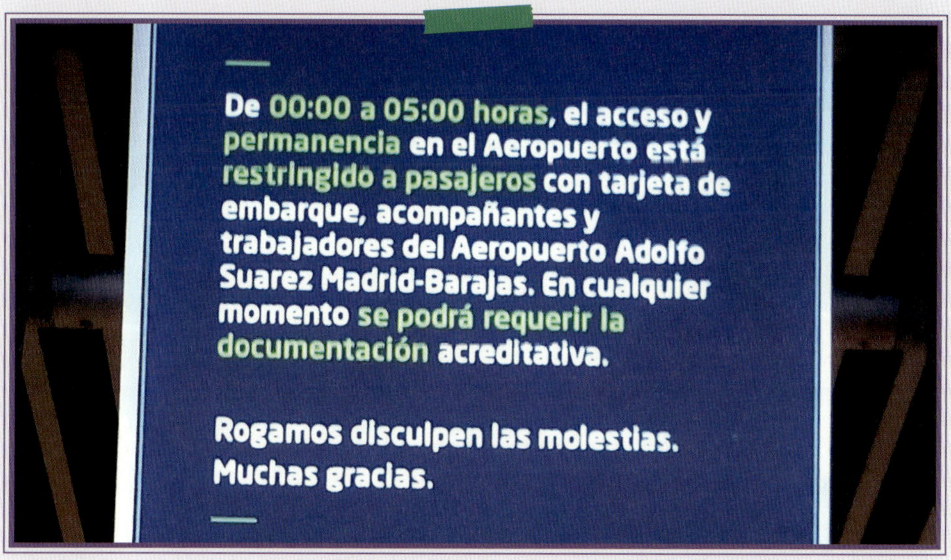
De 00:00 a 05:00 horas, el acceso y permanencia en el Aeropuerto está restringido a pasajeros con tarjeta de embarque, acompañantes y trabajadores del Aeropuerto Adolfo Suarez Madrid-Barajas. En cualquier momento se podrá requerir la documentación acreditativa.
Rogamos disculpen las molestias. Muchas gracias.

Ítem 43

『como si + 접속법』 구문이 왜 비교급 문장인가요?

핵심 CHECK

잘 알려진 노래 가사 'Bésame mucho como si fuera esta noche la última vez'는 비교급(comparativo) 문장이다. 즉, 동등비교 접속사 'como'가 사용된 문장 'Bésame mucho como [*me besarías mucho*] si fuera esta noche la última vez'에서 [*me besarías mucho*]가 생략되어 『como si + 접속법 과거/과거완료』 구문이 만들어진 것이다.

1 A: Aquí en la playa estamos disfrutando del invierno como si fuera verano.
우리는 이곳 해변에서 마치 여름인 양 겨울을 즐기고 있어.

B: Pero eso no es tan bueno porque es resultado del cambio climático.
하지만 그게 그렇게 좋은 건 아니야. 왜냐하면 기후 변화의 결과이거든.

2 A: ¿Sabes que cuando David Bisbal estaba cantando anoche, el micrófono no funcionaba bien?
어젯밤 다비드 비스발이 노래할 때 마이크가 고장났던 것 알고 있니?

B: Sí. Es un verdadero profesional. Cantaba muy tranquilo como si no hubiera pasado nada.
알지. 그 사람 진정한 프로야. 마치 아무 일도 없었다는 듯이 침착하게 노래했잖아.

『como si + 접속법』 구문은 중급 이상의 학습자라면 대부분 잘 알고 있는 구문으로 "마치 ~인/~이었던 것처럼"의 뜻을 표현한다. 중요한 구문적 특징으로는 항상 접속법 동사, 즉 접속법 과거(cantara/-se) 또는 접속법 과거완료(hubiera/hubiese cantado) 시제를 사용한다는 것이다.

이 구문에 대해 학습자들이 궁금해하는 것은 크게 두 가지이다. 첫 번째는 동사 시제로 왜 접속법 과거 또는 과거완료 시제를 사용하는가? 에 대한 의문이고, 두 번째는 주절 동사와는 독립적으로 사용되는 접속법 동사의 시제에 대한 의문점이다. 먼저, 접속법 과거 또는 과거완료 시제를 사용하는 이유에 대해 알아보자.

(1) a. Se quieren como si fueran hermanos.
그들은 마치 형제인 것처럼 서로 사랑한다.

b. No nos saludamos, como si no nos conociésemos.
우리는 마치 서로 모르는 것처럼 인사를 하지 않는다.

(GDLE: 3679; DDD: 118)

⑴에서 보듯, 종속절 『como si + 접속법』 구문에 동사 'fueran/conociésemos'가 사용되었다. 이처럼 접속법 과거 동사가 사용된 이유는 ⑴의 『como si ~』 구문이 원래는 ⑵와 같은 '동등비교 구문(oracion comparativa de igualdad)'에서 기원한 문장이기 때문이다.

(2) a. Se quieren como [se querrían] si fueran hermanos.
그들은 마치 형제라서 사랑하는 것처럼 서로를 사랑한다.

b. No nos saludamos, como [no nos saludaríamos] si no nos conociésemos.
우리는 마치 몰라서 인사를 하지 않는 것처럼 서로 인사를 하지 않습니다.

(GDLE: 3679; DDD: 118)

(2)에서 주의 깊게 살펴보아야 할 부분은 동등비교 접속사 'como' 뒤로 연결된 문장이다. 구체적으로, (2a)에서는 '[se querrían] si fueran hermanos'가 연결되었고, (2b)에는 '[no nos saludaríamos] si no nos conociésemos' 문장이 연결되었다. 이 문장들의 공통점은 모두 "현재 사실의 반대 또는 낮은 가능성"을 표현하는 가정법 과거 문장이라는 점이다(☞ 1권 Ítem 49).

즉, (2)에서 접속사 'si' 뒤에 접속법 과거 동사 'fueran/conociésemos'가 사용된 이유는 가정법 과거 문장의 조건절(prótasis)이기 때문이고, 『como si ~』 구문은 (2)에서 보듯 'como'와 'si' 사이에 존재하던 동사구 [se querrían]과 [no nos saludaríamos]가 생략되어 만들어진 결과이다. 『como si ~』 구문이 (동등) 비교급 문장이라는 근거가 여기에 있다.

『como si + 접속법』 구문에 접속법 과거완료가 사용된 (3)의 경우도 동일한 분석을 적용할 수 있다.

(3) a. Él me miraba como si nada hubiera ocurrido.
그는 마치 아무 일도 일어나지 않았던 것처럼 나를 보고 있었다.

b. La raya, alta y a la izquierda, era tan impecable como si hubiera sido trazada con ayuda de una regla.
왼쪽 위 가르마는 마치 자를 대고 그었던 것처럼 그렇게 완벽했다.

(GDLE: 3680; NGLEM: 561)

구체적으로, (3a)에서는 동등비교 접속사 'como' 뒤에 [me habría mirado]가 생략되었고, (3b)에서는 'como' 뒤에 [habría sido tan impecable]가 생략된 것으로 분석할 수 있다.

이제 두 번째 의문점인 『como si + 접속법』 구문에 사용되는 접속법 시제에 대해서 알아보자. 앞서 설명했듯이 『como si + 접속법』 구문에는 접속법 과거 또는 접속법 과거완료 시제를 사용할 수 있다. 일반적으로 학습자들은 (4)에서 보듯 주절 동사가 현재일 때 접속법 과거형 'cantara/cantase'를 사용하고, 주절 동사가 과거이면 접속법 과거완료형 'hubiera/hubiese cantado'를 사용한다.

(4) a. Ese profesor trata a los alumnos de la facultad como si fueran parvulitos.
그 교수는 대학생들을 마치 유치원생인 양 다룬다.

b. Y tú saltaste como si te hubiera picado una avispa.
그리고 너는 마치 말벌에 쏘였던 것처럼 펄쩍 뛰었지.

(GDLE: 3680; ENGLE: 389)

이는 의미적으로 매우 자연스럽고 실제로도 가장 많이 사용되는 시제 조합이다. 그러나 『como si + 접속법』 구문이 항상 이 시제 조합을 따르는 것은 아니다. 즉, (5)–(6)에서처럼 주절 동사의 시제와 상관없이 자유롭게 접속법 과거 또는 과거완료를 사용하는 경우를 종종 볼 수 있다.

(5) a. Los ladrones actuaron como si estuvieran en su casa.
도둑들은 마치 자기 집에 있는 것처럼 행동했다.

b. Agachaba la cabeza con la mano en la oreja como si no lo escuchara bien.
그는 마치 잘 못 듣는 것처럼 귀에 손을 댄 체 머리를 처박고 있었다.

(NGLEM: 645; DDD: 200)

(6) a. Estás muy pálido, como si hubieras visto un fantasma.
마치 유령을 보았던 것처럼 너 엄청 창백해.

b. Están en mi memoria como si las hubieras estampado con fuego.
(그것들은) 마치 불로 낙인을 찍었던 것처럼 내 기억 속에 남아 있어.

(GDLE: 3679; Alarcos Llorach 1999: 363)

학습자들은 (5)에서 주절 동사가 과거형 'actuaron/agachaba'이므로 'como si ~' 절에 접속법 과거완료형이 오고, (6)에서는 주절 동사가 현재형 'estás/están'이므로 종속절에 접속법 과거형이 사용된다고 생각할 수 있지만 실제로는 각각 반대로 연결되어 있음을 볼 수 있다. 이는 주절 동사의 시제가 'como si ~' 절의 특정 시제를 선택하지 않는다는 증거다.

그렇다면, 『como si + 접속법』 구문에서 접속법 과거 또는 과거완료 시제는 어떤 기준으로 사용되는가? 라는 의문점이 생긴다. 질문에 대한 해답은 접속법 과거와 접속법 과거완료의 본질적 성격에서 찾을 수 있다. 즉, GDLE(1999: 2971)에 따르면, 접속법 과거 'cantara/cantase'는 시제적으로 주절 동사와 같은 동시성(simultaneidad) 또는 미래성(futuridad)을 표현하고, 접속법 과거완료 'hubiera/hubiese cantado'는 주절 동사보다 앞선 시제(tiempo anterior)를 나타낸다고 설명한다. 이를 『como si + 접속법』 구문에 적용하면 다음과 같이 나타낼 수 있다.

(7) a. 주절 동사 + 『como si + 접속법 과거』:
주절 동사와 같거나 이후의 시점을 표현(☞ (1), (4a), (5))

b. 주절 동사 + 『como si + 접속법 과거완료』:
주절 동사보다 앞선 시점을 표현(☞ (3), (4b), (6))

(7)의 해석원리를 문제가 되었던 (5a)와 (6a)에 적용하여 설명해보자((5a)와 (6a)를 각각 (8a), (8b)로 반복함).

(8) a. Los ladrones actuaron como si estuvieran en su casa.
도둑들은 마치 자기 집에 있는 것처럼 행동했다.

b. Estás muy pálido, como si hubieras visto un fantasma.
마치 유령을 보았던 것처럼 너 엄청 창백해.

(8a)의 접속법 과거 'estuvieran'은 주절 동사와 같거나 이후의 시점을 표현한다. 주절 동사가 과거 시제 'actuaron'이므로 'estuvieran'은 같은 과거로 해석되어 "도둑들은 마치 (그 당시) 자기 집에 있는 것처럼 행동했다"라고 번역해야 한다. 한편, (8b)의 접속법 과거완료 'hubieras visto'는 주절 동사가 어떤 시제이든 그것보다 앞선 시점을 표현한다. 주절 동사가 현재 시제 'estás'이므로 'hubieras visto'은 현재보다 앞선 시제로 해석되어 "마치 유령을 (이미) 본 것처럼 (지금) 너 엄청 창백해"라고 번역해야 한다.

TIP!

접속법 과거(cantara)와 접속법 과거완료(hubiera cantado)의 해석원리

본문에서 설명했듯이, 접속법 과거 'cantara/cantase'는 의미적으로 주절 동사와 같거나 이후의 (simultáneo o posterior) 시점을 표현하고, 접속법 과거완료 'hubiera/hubiese cantado'는 주절 동사보다 앞선(anterior) 시점을 표현한다. 따라서 (ia), (ib)처럼 각각 해석해야 한다.

(i) a. Me alegré de que lo hicieras.
네가 (그 당시) 그 일을 하고 있어서 기뻤다.
네가 (그 당시) 그 일을 할 거라 해서 기뻤다.

b. Me alegré de que lo hubieras hecho.
네가 (그 당시) 그 일을 (이미) 했다니 기뻤다.

(SENP: 44)

두 시제 간의 이 같은 의미적 차이점은 (ii)의 예문들을 통해 다시 한번 확인할 수 있다.

(ii) a. Le pedí que viniera/*hubiera venido.
나는 그에게 오라고/*(이미) 왔다고 요청했다.

b. Le prohibí que lo hiciera/*hubiera hecho.
나는 그가 그 일을 하는 것을/*(이미) 한 것을 금지했다.

(SENP: 45)

즉, (ii)에서 접속법 과거 'viniera/hiciera'는 가능하고, 접속법 과거완료 'hubiera venido/hubiera hecho'가 불가능한 이유는 주절 동사 'pedir'와 'prohibir'가 의미적으로 "이미 일어난 행위(lo que ya ha sucedido o sucedió)"를 요청하거나 금지할 수 없기 때문이다.

Ítem 44

어순과 강조의 의미 효과(I)

핵심 CHECK

스페인어는 문장 내에 사용된 특정 요소를 강조하기 위해 어순을 바꾸는 방법을 사용할 수 있다. 강조하고자 하는 요소를 문두에 위치시키며, 특히 목적어를 강조하는 경우는 동사가 강조된 목적어에 해당하는 목적대명사를 동반해야 한다.

1 A: Oye, Daniel. Ayer metí las tartas en la nevera, pero ahora no las veo.
이봐, 다니엘. 어제 냉장고에 케이크를 넣어 두었는데 하나도 안 보이네.

B: Ah, lo siento. La tarta de queso se la ha comido tu hermano y la de manzana me la he comido yo.
아, 미안해. 치즈 케이크는 네 동생이 먹었고 사과 케이크는 내가 먹었어.

2 A: Todavía no conozco bien al nuevo compañero.
나는 아직 새로 온 동료를 잘 몰라.

B: Es natural que a Manuel no lo conozcas bien. Es muy introvertido.
마누엘을 잘 모르는 게 당연해. 굉장히 내성적이거든.

대화할 때 상대방에게 화자의 의도를 정확하게 전달하는 것은 매우 중요하다. 특별히 화자가 어떤 내용을 강조하여 표현하고자 할 때 스페인어에서 사용할 수 있는 방법 중에는 어순(orden de palabras)을 이용하는 방법이 있다. 스페인어는 『주어 + 동사 + 목적어』의 어순을 갖는 언어이다. 다양한 문장 내의 요소들을 문두로 이동시켜 강조의 의미 효과를 나타낼 수 있다. 다음 (1)의 예를 통해 살펴보자.

(1) a. Juan comió la manzana.
a'. La manzana la comió Juan.
그 사과 후안이 먹었어.
b. Vi a tu hermana ayer.
b'. A tu hermana la vi ayer.
네 여동생 내가 어제 봤어.

(Zubizarreta 1998:136; Casielles 2004: 62)

(1a)와 (1b)는 『주어 + 동사 + 직접목적어』의 어순으로 이루어진 문장이다. 이러한 기본적인 어순에서 화자가 직접목적어를 강조해서 표현하고 싶은 경우를 생각해 보자. 즉, (1a)에서 'la manzana'를 강조하여 화자가 표현하고자 하는 의미가 "그 사과 말이야, 그것을 후안이 먹었어."와 같은 뉘앙스를 표현하고자 할 때, (1a')와 같이 문장의 맨 앞으로 'la manzana'를 이동시키는 것이다. (1b')에서는 직접목적어 'a tu hermana'를 강조하여 "네 여동생 말이야, 그녀를 내가 어제 봤어."와 같은 뉘앙스로 직접목적어를 강조해서 표현하고자 할 때, 문장의 맨 앞으로 'a tu hermana'를 이동시키는 것이다. 〈대화 1〉에서도 직접목적어 'la tarta de queso', 'la (tarta) de manzana'가 문두에 사용되어 강조의 의미를 표현하며, 〈대화 2〉에서는 직접목적어 'a Manuel'이 문두에서 강조된 구문이다. 즉, 스페인어는 문장 내의 요소를 강조하기 위해 어순을 바꾸는 방법이 사용될 수 있다는 것을 알 수 있다.

문장 내의 요소가 문두에 사용될 때, 몇 가지 주의할 점이 있다. 첫 번째로, (1)에서 보는 바와 같이, 직접목적어를 문두에서 강조할 때에는 문장 내에 직접목적대명사를 함께 사용해야 한다. (1a')에서는 'la manzana'에 해당하는 직접목적대명사 'la', (1b')에서는 'a tu hermana'에 해당하는 직접목적대명사 'la'를 동사의 앞에 사용한 것이다. DPD(2005)는 이와 같이 목적어가 문두에서 강조되는 구문에서 목적대명사가 사용되지 않은 (2a'), (2b')와 같은 문장을 비문으로 판정하고 있다.

(2) a. A tu hermano lo vi en el cine.
a'. *A tu hermano vi en el cine.
네 동생을 영화관에서 봤어.
b. La tarta la llevo yo.
b'. *La tarta llevo yo.
케이크는 내가 가져갈게.

(DPD: 529)

두 번째로, 강조하기 위한 요소가 문두에 사용되면 '주어 + 동사'의 어순은 '동사 + 주어'의 어순으로 도치된다. 따라서 (3a)에서 주어 Juan이 동사의 뒤에 사용된 것이고, (3b)에서 주어 yo를 생략하지 않는다면 동사의 뒤에 사용한다.

(3) a. La manzana la comió Juan.
그 사과 후안이 먹었어.
b. La casa la limpié yo.
집 말이야 내가 청소했어.

(Zubizarreta 1998:136; Casielles 2004: 75)

세 번째로는, 문장 내 요소를 문두로 강조하여 사용할 때 문장 내에 다시 해당 요소를 인칭대명사의 형태로 중복하는 것은 불가능하다는 점이다.

(4) a. A Juan lo vimos en la fiesta.

b. *A Juan lo vimos a él en la fiesta.
나는 아직 후안을 못 봤다.

(Zagona 2002: 221)

(4)에서 보는 바와 같이, 문두에 직접목적어 'a Juan'을 강조하여 표현하였는데 문장 내에 강세형 인칭대명사 'a él'을 다시 중복하는 것은 불가능하다는 것이다. 문두에 강조된 요소의 중복은 lo와 같은 목적대명사의 형태만 가능하다.

문두에 강조하기 위해 하나 이상의 요소를 사용하는 것도 가능하다. 만약 (1)에서 주어와 직접목적어를 모두 강조하여 표현하고자 한다면 문두에 두 요소를 모두 사용할 수 있다. (1)의 예에서 두 요소를 모두 강조하는 경우 다음 (5)와 같이 표현할 수 있다.

(5) a. Juan la manzana la comió.
후안이 그 사과를 먹은 거야.

b. Yo a tu hermana la vi ayer.
나는 네 여동생을 어제 봤어.

일반적으로 대화를 하는 상황에서는 (5a)의 'Juan'과 'la manzana' 사이에서, (5b)의 'Yo'와 'a tu hermana' 사이에는 약간의 쉼(pausa)이 만들어질 것이다. 그리고 직접목적어는 직접목적대명사 la를 동사와 함께 표현해야 하지만 주어는 다른 대명사 형태를 동반하지 않는다. 따라서 (5a)와 같은 경우 주어 'Juan'의 주격인칭대명사 'él'을 문장 내에 다시 사용한 '*Juan la manzana la comió él.'은 틀린 문장이다.

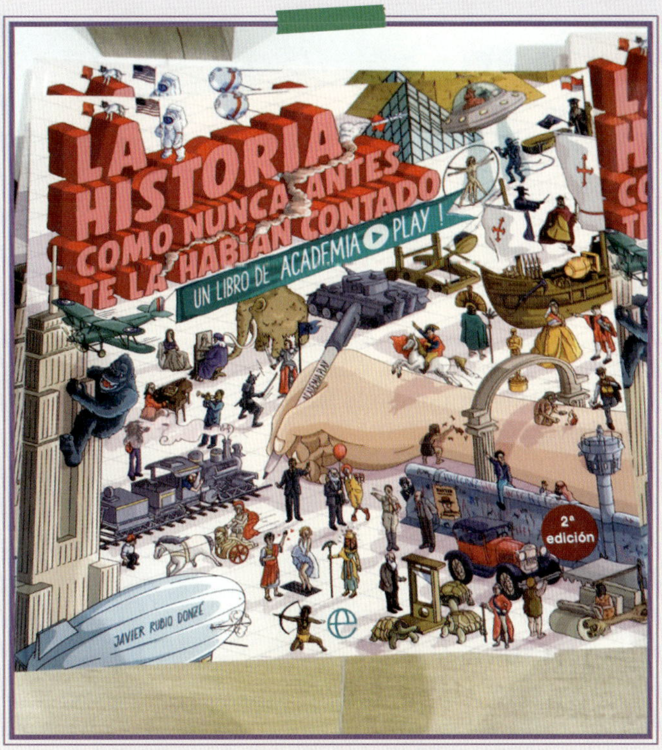
LA HISTORIA COMO NUNCA ANTES TE LA HABÍAN CONTADO
UN LIBRO DE ACADEMIA PLAY !
2ª edición
JAVIER RUBIO DONZÉ

Ítem 45

어순과 강조의 의미 효과(II)

핵심 CHECK

문장 내의 부사(구), 전치사구, 보어 등도 문두에서 사용되어 강조의 의미를 표현할 수 있다.

1 A: ¿Has terminado la tarea?
숙제 다 끝냈니?

B: Claro. Por la mañana ya la había terminado.
그럼요. 아침에 다 끝냈어요.

2 A: ¿Qué te parece la nueva secretaria? Creo que ella es simpática y lista.
새로온 비서 어떤 것 같아? 내가 보기는 상냥하고 똑똑한 것 같던데.

B: Parece simpática, pero lista no lo parece.
상냥해 보이기는 하는데, 똑똑한 건 아닌 것 같아.

앞서 Ítem 44에서는 직접목적어의 강조 어순을 살펴보았다. 그런데 이외에도 문장 내에 사용된 다양한 요소에 대해 문두에서 강조의 뉘앙스를 표현할 수 있다. 〈대화 1〉에서 B는 'por la mañana'라는 시간의 부사를 문두에 사용하여 "아침에"라는 부사적 요소를 강조하여 표현한 것이다. 이와 같이 문장 내에서 사용되는 부사, 전치사구 등의 요소들도 강조의 의미를 전달하기 위해 문두에 사용할 수 있다. 다음 (1)–(2)의 예를 살펴보자.

(1) a. Prefiero no hablar de eso.
나는 그것에 대해서는 말 안 하고 싶어.

b. Yo viví diez años en esta casa.
나는 이 집에서 십 년 살았다.

c. No me acuerdo de eso.
나는 그것이 기억나지 않는다.

(2) a. De eso prefiero no hablar.
그것에 대해서 나는 말 안 하고 싶어.

b. En esta casa viví yo diez años.
이 집에서 내가 십 년 살았잖아.

c. Yo de eso no me acuerdo.
나는 그거 말이야, 기억이 안 나.

(NGLE: 2975-2978)

(1)은 원래의 어순으로 표현된 문장이며, (2)는 강조의 의미를 표현하기 위해 문장 내부의 요소를 문두에 위치시킨 구문이다. 먼저 (2a)는 hablar동사에 연결된 전치사구 'de eso'가 문두에 사용된 구문이다. "그것에 대해서는 말이야, 난 말 안 하고 싶어"라는 의미로 hablar동사가 선택하는 전치사구 'de eso'를 강조한다. 이때 하나의 구(frase) 단위를 이루고 있는 요소가 함께 문두에 사용되어야 하며 "*Eso prefiero no hablar de."와 같이 'eso'만 문두에 사용하는 것은 잘못된 표현이다.

(2b)는 vivir동사에 연결된 장소의 부사구 'en esta casa'를 문두에 사용하여 "이 집

에서 말이야, 내가 십 년 살았잖아."라는 강조의 뉘앙스를 표현한다. 역시 전치사 en과 esta casa는 함께 구 단위로 문두에 사용되어야 한다. (2c)의 경우는 사실상 두 개의 요소, 즉 주어 'Yo'와 전치사구 'de eso'가 함께 문두에서 강조된 구문이다. 이때 'de eso'는 동사 'acordarse'와 연결되어 "기억하다"의 의미를 표현한다. 마찬가지로 전치사구 'de eso'가 함께 문두에 사용된 경우이다. (2a), (2b), (2c)에서, 부사나 전치사구가 문두에 사용되는 경우에는 이 요소들을 대신하는 대명사 형태가 따로 존재하지 않기 때문에 문장 내에 다른 대명사의 중복 현상은 나타나지 않는다는 것을 알 수 있다.

또한, 'ser'같은 연결동사(verbo copulativo) 구문의 보어(atributo)도 문두에 사용되어 강조의 의미를 전달할 수 있다. 다음 (3)은 원래의 어순으로 ser동사 다음에 보어가 사용된 구문이고, (4)는 보어가 문두에 위치한 구문이다.

(3) a. Has sido egoísta toda la vida.
너는 평생 이기적이었어.

b. No creo que sea muy serio.
나는 그가 매우 진지하다고 생각하지 않는다.

(4) a. Egoísta, lo has sido toda la vida.
이기주의자로, 너는 평생 그렇게 살았어.

b. Muy serio no creo que lo sea.
매우 진지하냐는 측면에서 보면, 난 그가 그렇다고 생각지 않아.

(NGLE: 2974; GDLE: 2380)

앞서 제시된 (2)와는 달리, (4)에서 연결동사의 보어는 이를 대신 받아주는 중성대명사 'lo'가 있으므로 인칭 변화된 동사 앞에 'lo'가 중복되는 것이다. 〈대화 2〉에서도

A가 말한 'Creo que ella es simpática y lista'에 사용된 보어 'lista'를 B가 문두에 사용하여 'Lista no lo parece.'라고 표현한 것으로, "똑똑한 건 그래 보이지는 않는다"라고 강조하여 표현한 것이다. 그리고 (3b)와 (4b)에서 보는 바와 같이, que이하의 종속절 내부에 위치하는 보어도 문두에서 강조된 뉘앙스를 표현할 수 있다는 것을 알 수 있다.

TIP!

문두에 강조된 요소를 사용하는 것은 앞에서 제시된 평서문뿐만 아니라, 의문문, 간접의문문, 명령문 등에서도 가능하다.

(i) a. Y ella, ¿qué te dijo?
그런데 그녀가 너에게 뭐라고 말했니?

b. A ti no sé qué te diría.
너한테는 뭐라고 말해야 할지 모르겠어.

c. A mí, déjame vivir como se me antoja.
나를 좀 내버려 둬. 내가 원하는 대로 살게.

(NGLE: 2979)

(ia)는 의문문에서 주어가 강조된 구문이다. (ib)는 no sé가 선택하는 간접의문문 'qué te diría a ti'에서 간접목적어가 문두에서 사용되고 간접의문문 내에 목적대명사 te가 한 번 더 사용된 예이다. (ic)는 명령문으로 dejar동사의 목적어 a mí가 문두에서 강조된 구문이며 명령문 내에 목적대명사 me가 사용된 예이다.

Ítem 46

paraguas, lavavajillas, sacacorchos 등의 복합어가 만들어지는 원리는 무엇인가요?

핵심 CHECK

paraguas, lavavajillas, sacacorchos처럼 『동사 + 명사』 구조로 만들어진 복합어는 단어 내부적으로 몇 가지 특징을 보인다. ① 동사는 타동사이고 3인칭 단수 형태이다. ② 동사를 뒤따르는 명사는 일반적으로 복수 형태를 띠고 있으며, 의미적으로 동사의 목적어 역할을 한다. ③ 동사를 뒤따르는 명사가 셀 수 없는 불가산명사(nombre incontable)인 경우 단수 명사로 결합될 수 있다.

기존의 어휘들이 모여 새로운 단어가 만들어질 수 있는데 이를 복합어(palabra compuesta)라 부른다. 스페인어에는 여러 가지 유형의 복합어가 존재한다. 'bocacalle(거리 입구)', 'drogadicción(마약 중독)'처럼 『명사 + 명사』의 형태도 있고, 'medianoche(자정)', 'aguardiente(증류주)'같은 『형용사 + 명사』 혹은 『명사 + 형용사』의 형태, 그리고 『형용사 + 형용사』인 'agridulce(새콤달콤한)', 'hispanoamericano(스페인중남미의)' 등 다양한 복합어들을 볼 수 있다.

본 장에서는 복합어의 가장 대표적 형태라 할 수 있는 『동사 + 명사』 구조를 갖는 복합어의 형성 과정과 특징에 대해 살펴볼 것이다.

먼저, 『동사 + 명사』 복합어는 (1)에서 볼 수 있듯이 단어 내부적으로 3인칭 단수 동사에 복수 명사가 합쳐진 구조로 만들어진다.

(1) abrebotellas(병따개), cortavientos(바람막이)
lavavajillas(식기세척기/사람), paraguas(우산)
pintalabios(립스틱), sacacorchos(코르크 따개)

⑴에서 동사는 모두 타동사이며 명사는 복수 형태를 띠고 있음을 알 수 있다. 즉, 복수 명사는 타동사의 목적어 역할을 하고 있으며, 궁극적으로는『동사 + 명사』구조가 복합어의 전체 의미를 만들어 낸다. 이들 복합어는 의미적으로 특정 용도의 '집기/도구(utensilio)'를 주로 표현하며 가장 많은 수의 복합어를 형성한다.

한편, 같은 구조의 복합어이지만 ⑵에서처럼 의미적으로 '(~하는) 사람(persona)'을 표현하는 어휘도 있다.

(2) limpiabotas(구두닦이), guardaespaldas(보디가드)
metepatas(실수 많은 사람), recogepelotas(볼보이)
sacamuelas(치과의사), zampabollos(대식가)

⑴–⑵에서 보듯, 동사를 뒤따르는 명사는 기본적으로 복수 형태이고, 복합어의 단수형과 복수형의 형태가 동일하다. 따라서 이들 복합어가 수(número)를 나타내고자 할 때는 관사와 같은 한정사(determinante)를 단수 또는 복수로 사용하여 표현한다.

(3) el/los espantapájaros(허수아비), el/los lanzallamas(화염 방사기)
el/los pararrayos(피뢰침), el/los quitanieves(제설기)

복합어 명사의 성(género)은 기본적으로 남성이다. 다만, 사람을 나타내는 복합어가 특별히 여성을 의미하는 경우는 여성 관사를 붙여 표현할 수 있다.

(4) el/la aguafiestas(분위기 깨는 사람), el/la limpiabotas(구두닦이)
el/la guardaespaldas(보디가드), el/la recogepelotas(볼보이)

(1)–(4)에서 살펴보았듯이, 상기 복합어의 가장 눈에 띄는 특징 중의 하나는 동사를 뒤따르는 명사가 복수형이라는 점이다. 그러나 (5)에서처럼 일부 복합어는 단수 명사가 결합한 경우도 있다.

(5) cortacésped(잔디 깎는 기계), guardapolvo(방진복)
guardarropa(의류 보관소), portavoz(대변인)
quitaesmalte(매니큐어 지우개), tragaluz(들창), crecepelo(발모제)

(5)의 복합어들은 동사에 단수명사가 결합한 것이다. 이들은 결합한 단수 명사가 불가산명사(nombre incontable)라는 특징을 갖고 있다. 즉, 'césped(잔디)', 'polvo(먼지)', 'ropa(의류)', 'voz(목소리)', 'esmalte(에나멜)', 'luz(빛)', 'pelo(머리털)' 등의 명사들은 셀 수 없는 불가산명사이므로 단수로 사용한다는 설명이 가능하다(☞ 1권 Ítem 1, Ítem 2 참고).

한편, (5)의 명사들을 복수형으로 표현할 경우는 복수 관사와 함께 명사도 복수형으로 표현한다. 단, 예외적으로 'cortacésped(잔디 깎는 기계)'는 항상 단수형 명사를 사용한다.

(6) los guardapolvos, los guardarropas
los portavoces, los quitaesmaltes
los tragaluces, los crecepelos
los cortacésped/*los cortacéspedes

다음 (7)은 『동사 + 명사』구조를 가진 복합어의 일부 목록이다.

(7)

abrecartas	편지 봉투 여는 칼	pasatiempo	심심풀이
friegaplatos	식기세척기/사람	rascacielos	마천루
lavaplatos	식기세척기/사람	rompeolas	방파제
lanzacohetes	로켓 발사기	rompecabezas	수수께끼
limpiaparabrisas	자동차 와이퍼	sacapuntas	연필깎이
matarratas	쥐덫	salvamanteles	깔개, 받침
paracaídas	낙하산	salvavidas	구명조끼
parasol	파라솔	tapabocas	마스크

TIP!

nosotros와 vosotros가 복합어?

본문에서 살펴보았듯이, 복합어는 일반적으로 새로운 개념이나 사물이 나타났을 때 이를 적절히 표현하기 위해 만들어진다. 따라서 많은 경우 복합어는 일반명사이다. 그러나 스페인어 인칭대명사에도 복합어가 존재한다. 'nosotros'와 'vosotros'가 그렇다. 'nosotros'는 라틴어 1인칭 복수 대명사 'nos'에 3인칭 부정 대명사(pronombre indefinido) 'otros'가 결합하여 만들어졌고, 'vosotros'는 라틴어 2인칭 복수 대명사 'vos'에 마찬가지로 'otros'가 결합하여 형성된 복합어이다. 이는 'Ellos y yo salimos tarde', 'Ella y tú no lo queréis'에서 보듯, 개념적으로 1, 2인칭 복수는 3인칭을 포함하는 개념이고, 따라서 3인칭 'otros'가 포함된 'nosotros/vosotros'는 의미적 개념을 형태론적으로 실현한 어휘로 이해할 수 있다.

LIMPIÓN
QUITAMANCHAS
TIRA-GORDURAS
MANCHAS GRASAS NÓDOAS DE GORDURA

Ítem 47

¿un sin techo o un sintecho?

핵심 CHECK

『sin + 명사』와 같이 두 요소로 이루어진 전치사구들 가운데 두 요소 사이에 띄어쓰기를 하지 않고 하나의 단위로 표기하여 새로운 의미를 갖는 단어를 만드는 경우가 있다. 이는 sin이 일종의 접두사(prefijo)로 기능하여 한 단어를 형성한 것으로 주로 명사로 기능한다.

1

A: Dos personas sin techo han muerto en las últimas horas en Barcelona, según fuentes policiales.(El País, 11/enero/2021)
경찰의 소식통에 따르면, 최근 몇 시간 동안 두 명의 노숙자가 바르셀로나에서 사망했다고 한다.

B: La cifra se eleva a 30 si se añaden los sin techo que fallecieron en centros hospitalarios.(El País, 12/enero/2021)
병원에서 사망한 노숙자들을 추가하면 사망자 수는 30명으로 늘어난다.

2

A: Un total de 21 sintecho que dormían en las calles de Barcelona han fallecido durante la pandemia.(20 minutos, 27/01/2021)
바르셀로나 거리에서 잠을 자던 총 스물한 명의 노숙자들이 세계적 유행병 시기에 사망했다.

B: Nos hemos acostumbrado a pasar junto a los sintecho.
(El Periódico, 14/enero/2021)
우리는 노숙자들과 함께 지내는 것에 익숙해졌다.

스페인어의 전치사 sin(~없이)과 함께 명사나 동사가 사용되어 『sin + 명사/동사』의 구조로 전치사구를 형성하게 되면 "~없이, ~하지 않고"와 같은 의미를 표현하면서 형용사나 부사로 기능한다. 그런데 이 전치사구를 이루는 두 단어를 띄어쓰기하지 않고 하나의 단어로 표현하는 어휘들이 있다. 하나의 단어를 형성한다는 것은 'sin–'이 일종의 접두사(prefijo)로 기능하면서 파생어를 만든다고 볼 수 있으며 이러한 현상은 자연스러운 단어 형성 과정으로 받아들여진다. OLE(2010)에 따르면 접두사 'sin–'은 전치사 sin에서부터 유래한 것으로 이 접두사는 특정 명사들의 앞에 붙어 '상실(privación)' 혹은 '결핍(carencia)'의 의미를 표현한다고 언급한다. 그러면 'sin–'이 접두사로 사용되어 새로운 단어를 형성하고 있는 예들을 살펴보자. 먼저 다음 표에 제시된 단어들은 모두 스페인왕립학술원(RAE) 사전에 등재된 단어들이다.

(1)

명사	의미	참고
sinhueso	f. 혀	la sin hueso도 가능하다.
sinrazón	f. 부당함, 불합리	
sinsabor	m. 무미, 고통(pl.)	
sinsentido	m. 이치에 맞지 않는 일이나 말	
sinvivir	m. 불안한(걱정하는) 상태	
sinfín	m. 무한함, 많은 수의 물건이나 사람	
sinnúmero	m. 많은 수의 물건이나 사람	
sinsustancia	m. f. 경박한 사람, 실속 없는 사람	
sinvergüenza	m. f. 철면피, 돼먹지 못한 사람	sinvergüenza는 "철면피의, 돼먹지 못한"의 형용사의 용법도 갖는다.

⑴에 제시된 예들은 전치사 sin이 접두사로 기능하여 명사나 동사와 함께 파생어를 형성한 것으로, 단순히 두 단어로 이루어져 "~없이"라는 의미를 표현하는 전치사구와는 의미가 다르고 품사도 명사로 기능한다는 차이가 있다. 예를 들어, 'sin hueso'와 같이 전치사와 명사가 따로 떨어져서 두 단어로 이루어지는 표현은 일반적인 전치사구로서 "뼈를 빼낸, 뼈 없는, 씨 없는"의 의미를 나타낸다. 즉, 형용사 혹은 부사로 기능하여 동사나 명사를 수식할 때 사용된다. 그런데 'sinhueso'로 띄어쓰기 없이 한 단어가 되면(grafía unitaria) 이는 여성명사이며 의미는 신체 기관 중에서 "혀"를 의미하는 단어로 사용된다. 다음 ⑵에서 그 예를 살펴보자.

(2) a. Trocca la pulpa del aguacate pelado y sin hueso.
껍질 벗긴 씨 없는 아보카도 과육을 조각을 내라.

b. ¡Con lo que a mí me gusta darle a la sinhueso...!
그와 많은 이야기를 하는 것이 좋기는 하지만...

(OLE: 542, 541)

⑵a)에서는 'sin hueso'가 "씨 없는"이라는 의미로 명사 'aguacate(아보카도)'를 수식하는 형용사로 기능하고 있다. 따라서 'sin'과 'hueso'로 분리하여 두 단어로 표현한 것이다. 반면에, ⑵b)에서는 『darle a la sinhueso』라는 숙어적 표현이 사용되었다. 이 표현은 "말을 많이 하다, 수다 떨다"의 의미를 나타내며 동일한 의미의 표현으로 『darle a la lengua』로도 사용된다. 즉, ⑵b)에서는 "혀"라는 의미를 표현하는 명사가 사용된 것으로, 한 단어로 쓰인 sinhueso가 여성 정관사 la와 함께 사용된 것이다.

OLE(2010)와 Instituto Cervantes(2013)는 명사로 사용하는 경우는 두 단어를 하나의 단어로 표기한 형태로 사용하고, ⑵a)와 같이 "~없이"라는 의미를 표현하는 형용사나 부사로 사용할 때는 두 단어로 분리된 형태를 사용할 것을 권고하고 있다. 다음의 예를 통해 그 사용을 구별해보자.

(3) a. Lo que dice es un sinsentido.

a'. *Lo que dice es un sin sentido.
그가 말하는 것은 이치에 맞지 않는다.

b. Solo dice palabras sin sentido.

b'. *Solo dice palabras sinsentido.
단지 의미 없는 말만 한다.

(Instituto Cervantes 2013: 108)

(3)에서는 전치사 sin과 명사 sentido가 두 단어로 분리된 'sin sentido'와 한 단어가 된 'sinsentido'가 사용되고 있다. 'sin sentido'는 "의미 없는, 의미 없이"의 의미로 동사나 명사를 수식할 때 사용되고, 'sinsentido'는 남성명사로 "이치에 맞지 않는 일이나 말"이라는 의미이다. 동일한 문장이지만 한 단어로 표현된 'sinsentido'가 사용된 (3a)는 정문이고, 두 단어로 표현된 'sin sentido'가 사용된 (3a')는 비문이다. 그 이유는 관사와 함께 명사로 사용되어야 하는 경우이기 때문이며, 이 경우 'sinsentido'와 같이 한 단어로 표현한 (3a)가 맞는 표현이 된다. 반면에 (3b)와 (3b')에서는 명사 palabras를 수식하는 형용사의 기능을 갖는 표현이 사용되어야 한다. 따라서 두 단어로 표현된 'sin sentido'가 사용된 (3b)가 맞는 표현이 된다. 다음 예는 'sin vergüenza'와 'sinvergüenza'가 동사에 연결되어 사용된 예이다.

(4) a. Se comportó sin vergüenza.

b. *Se comportó sinvergüenza.
뻔뻔스럽게 행동했다.

(Instituto Cervantes 2013: 108)

(4)는 동사 comportarse(행동하다, 처신하다)를 수식하는 표현으로, 행동의 방식을 나타내는 부사가 사용되어야 하는 문장이다. 따라서 두 단어로 이루어진 전치사구

'sin vergüenza'가 사용된 (4a)가 정문이 되며, 한 단어로 표기된 (4b)는 비문이 되는 것이다.

위에서 살펴본 바와 같이, 스페인어의 전치사 sin을 접두사로 사용하여 하나의 단어를 형성하는 것이 화자들 사이에서 자연스러운 단어 형성 과정으로 여겨지기 때문에, 'sin'과 함께 사용되는 전치사구를 하나의 단어로 만드는 현상이 확대되고 있다. 그 예가 본 장에서 처음 제시된 박스의 예시들이다. 박스 안에 제시된 예문은 모두 신문에서 발췌한 것으로 우리가 쉽게 접할 수 있는 문장들이다. 스페인왕립학술원(RAE) 사전에는 전치사 'sin(~없이)'과 명사 'techo(지붕, 천장)'를 띄어쓰기한 전치사구의 형태, 즉 'sin techo'는 실려있지만 두 단어를 붙여쓰기한 'sintecho'는 아직 등재되어 있지 않다. 사전에서 'sin techo'는 "집이 없이 노숙하는"이라는 의미의 형용사와 "노숙자"라는 의미의 명사로도 기능할 수 있다고 제시되어 있다.

그럼 먼저 위 박스의 〈1〉의 예문을 살펴보도록 하자. 〈1A〉에 사용된 'sin techo'는 명사 personas를 수식하는 형용사로 기능하고 있으며 "노숙하는 사람들"이라는 의미를 표현하고 있다. 전치사구가 형용사로 기능하고 있는 것으로 복수의 여성명사 personas를 수식하고 있으며, 성, 수 일치는 이루어지지 않는다는 것을 알 수 있다. 〈1B〉에 사용된 'sin techo'는 정관사 los와 함께 사용되어 명사로 기능하고 있으며 "노숙자"의 의미를 표현하고 있다. 형태적으로는 전치사구이면서 관사와 함께 명사로 기능하고 있는 것으로 정관사만 복수형으로 사용했을 뿐, 역시 'sin techo'의 형태에는 변화가 없다는 것을 알 수 있다.[23)]

그런데 흥미로운 점은 〈2〉의 예문에서는 전치사 sin과 명사 techo를 띄어쓰기하

23) 하나의 단어로 표기하여 이를 명사로 사용하는 경우, 전치사구로부터 기원한 것이기 때문에 일반적으로는 복수형을 사용하지 않는다. 하지만 OLE(2010)에서는 실제로 이 단어들이 명사로 사용되는 과정에서 sintechos, sintierras와 같은 복수형으로 사용되는 경우도 종종 발견된다고 언급하고 있다.

지 않고 붙여서 한 단어로 사용하고 있다는 것이다. 앞서 언급하였듯이 한 단어로 붙여 쓴 'sintecho'는 아직 사전에 등재된 단어는 아니지만, 스페인왕립학술원(RAE)에서 출판한 Ortografía de la Lengua Española(2010)에서는 전치사 sin과 명사 techo를 붙여서 한 단어로 표기하는 'sintecho'의 사용을 인정하고 있으며 유효한 사용이라고 언급하고 있다. 즉, sin이 접두사로 기능하여 명사와 함께 하나의 어휘가 된 것으로, 'sintecho'는 주로 명사로 기능하여 "노숙자"의 의미를 표현한다. 그럼 〈2〉의 예문을 살펴보자. 〈2A〉에서는 '21 sintecho'가 "스물한 명의 노숙자들"을 표현한다. 〈2B〉에서는 정관사 los와 함께 sintecho가 명사로 기능하여 역시 "노숙자들"의 의미를 표현하고 있다.

이와 같이 전치사 sin으로 이루어진 전치사구를 하나의 단어로 사용하는 예로 OLE(2010)는 sintierra, simpapeles 등을 제시하고 있으며 모두 유효한 사용으로 인정하고 있다. 'sintierra'는 "파라과이의 토지분배와 관련된 정치–사회적 투쟁에 가담한 사람"을 의미하며 'sin tierra'도 같은 의미로 사용된다. 'sin papeles'와 같은 의미로 'simpapeles'는 "스페인에서 합법적으로 거주하는데 필요한 서류가 없는 이민자", 즉 "불법 이민자"를 가리킨다.[24] 여기에서 sintecho, sintierra, simpapeles의 예들은 두 단어로 이루어진 전치사구의 형태 sin techo, sin tierra, sin papeles 자체가 명사로서 기능할 수 있는 표현들이다. 그러나 이를 한 단어로 붙여서 사용하는 경향이 강해져 현재는 올바른 철자법으로 이를 받아들였을 뿐만 아니라, 명사로 사용할 때는 한 단어로 붙인 형태를 사용할 것을 권고하고 있다.

24) 'simpapeles'의 경우는 복합어를 형성하면서 sin의 자음 n이 연결된 단어의 첫 자음 p에 동화되어 m으로 철자가 바뀐 경우이다.

Ítem 48

명사화 접미사 -ción과 -sión의 사용을 구분하는 방법이 있나요?

핵심 CHECK

동사의 행위(acción) 또는 효과(efecto)를 표현하는 명사를 만들 때 가장 많이 사용하는 접미사 중 하나는 '-ción'이다. 일부 동사의 경우는 변이형(variante) '-sión'을 사용하는데, 이때 동사 어미는 대부분 -der/-dir 또는 -ter/-tir로 끝나는 경우이다.

스페인어에서 동사를 명사로 만들 때 사용하는 대표적 접미사(sufijo) 중의 하나는 −ción이다. 접미사 −ción은 −sión이라는 변이형(variante)과 함께 사용되어 많은 동사를 명사로 만들어주는 역할을 한다. 그러나 학습자로서는 −ción과 −sión을 구별하여 명사를 만드는 것은 쉬운 일이 아니다. 두 접미사의 발음이 유사할 뿐만 아니라 대부분의 중남미 국가들에서는 −ción과 −sión을 발음상 구별하지 않고 모두 /−sion/으로 발음하는 경향이 강하기 때문이다. 본 장에서는 명사화 접미사 −ción과 −sión을 형태·음운론적(morfonológico) 관점에서 구분하되 일반 학습자들이 쉽게 이해할 수 있는 수준으로 단순화하여 설명할 것이다.

NGLE(2009: 346)에 따르면, 접미사 −ción은 −ar형, −er형 그리고 −ir형 동사에 이르기까지 수많은 동사에 적용될 수 있어 가장 생산성이 좋은 명사화 접미사 중의 하나이다.

(1)

-ar형 동사		-er형 동사		-ir형 동사	
agitación	agitar 휘젓다	aparición	aparecer 출현하다	abolición	abolir 폐지하다
creación	crear 창조하다	demolición	demoler 부수다	definición	definir 정의하다
oscilación	oscilar 흔들리다	obtención	obtener 얻다	nutrición	nutrir 육성하다
verificación	verificar 확인하다	resolución	resolver 해결하다	prohibición	prohibir 금지하다

한편 NGLE(2009: 353-354)에 따르면, 변이형 -sión은 (2)-(3)에서 보듯 어미가 -der/-dir로 끝나거나 -ter/-tir로 끝나는 동사들에 주로 적용되어 명사를 만든다고 설명한다.[25]

(2)

어미 -der 동사		어미 -dir 동사	
ascensión	ascender	agresión	agredir
cesión	ceder	decisión	decidir
comprensión	comprender	elisión	elidir
extensión	extender	evasión	evadir
sucesión	suceder	expansión	expandir
suspensión	suspender	invasión	invadir
pretensión	pretender	persuasión	persuadir

25) 동사 atender는 -der로 끝나지만, 접미사 -ción이 붙어 파생 명사 atención을 형성한다.

(3)

<table>
<tr><th colspan="2">어미 –ter 동사</th><th colspan="2">어미 –tir 동사</th></tr>
<tr><td rowspan="4">comisión</td><td rowspan="4">cometer</td><td>admisión</td><td>admitir</td></tr>
<tr><td>conversión</td><td>convertir</td></tr>
<tr><td>dimisión</td><td>dimitir</td></tr>
<tr><td>discusión</td><td>discutir</td></tr>
<tr><td rowspan="3">sumisión</td><td rowspan="3">someter</td><td>evasión</td><td>evadir</td></tr>
<tr><td>inversión</td><td>invertir</td></tr>
<tr><td>omisión</td><td>omitir</td></tr>
</table>

그렇다면 어미가 '–der/–dir' 또는 '–ter/–tir'로 끝나는 동사들에 접미사 –ción대신 변이형 –sión이 주로 사용되는 이유를 어떻게 설명할 수 있는가? 질문에 대한 논리적 설명을 위해서 보다 근본적인 부분을 먼저 살펴보자. 동사 어미 –der/–dir/–ter/–tir에서 자음 /d/와 /t/는 모두 치음(dental)으로 분류된다. 즉, 혀끝을 윗니에 위치시켜 내는 소리이기 때문에 치음이라 부른다. 한편 접미사 –sión의 자음 /s/는 치경음(alveolar)으로 윗니 바로 뒤쪽의 볼록 튀어나온 잇몸에 혀끝을 위치시키고 잇몸과 혀끝 사이로 공기를 통과시켜 만드는 마찰음(fricativo)이다. 여기서 중요한 점은 치음 /d/, /t/를 발음할 때와 치경음 /s/를 발음할 때, 각각 혀의 위치가 매우 가깝다는 사실이다. 반면에 접미사 –ción의 자음 c는 치간음(interdental) /θ/로서 혀끝을 앞니 사이에 위치시켜 내는 소리이다. 따라서 이 경우 혀의 위치는 치음 /d/, /t/를 낼 때와는 많이 다름을 알 수 있다. 이 같은 치음과 치경음 간의 유사성(semejanza), 그리고 치음과 치간음 간의 차이점을 바탕으로 접미사 –sión이 –der/–dir/–ter/–tir로 끝나는 동사에 주로 사용되는 이유를 설명할 수 있다. 구체적으로 설명하자면, 치음

/d/, /t/를 포함하는 어미를 탈락시키고 명사화 접미사를 사용할 때, 상대적으로 /d/, /t/와 조음점이 유사한 치경음 /s/를 포함한 –sión을 사용하는 것이 치간음 /θ/를 포함한 –ción을 사용하는 것보다 음성학적으로 더 쉽고 타당하다고 설명할 수 있다.[26)]

그러나 상기 설명에 맞지 않아 보이는 다수의 파생 명사들을 (4)에서 확인할 수 있으며 이는 또 다른 논리적 설명을 요구하는 부분이다.

(4) competir(경쟁하다) > competición, expedir(발급하다) > expedición
fundir(녹이다) > fundición, medir(재다) > medición
rendir(굴복시키다) > rendición, repartir(나누다) > repartición
repetir(반복하다) > repetición

(4)의 동사들은 어미가 –dir 또는 –tir로 끝나는 동사들이다. 따라서 앞서 설명한 바에 따르면 명사화 접미사 –sión이 적용될 것으로 예상되지만 실제로는 모두 –ción이 사용되어 파생 명사를 형성하고 있다. 이는 앞서 설명한 것과는 반대의 결과를 보여주는 예들로 보일 수도 있지만, 자세히 살펴보면 (2)–(3)의 동사들과는 다른 점을 확인할 수 있다. 구체적으로, (4)의 동사들은 동사 어미 –dir와 –tir가 명사화 접미사와 연결될 때 자음 /d/와 /t/가 생략되지 않는다는 특징을 보인다. 즉, 치음 /d/, /t/가 생략되지 않기 때문에 음성학적으로 유사성이 있는 –sión이 결합할 필요성이 없고, 따라서 기본형인 –ción이 그대로 사용된 것이라고 설명할 수 있다.

---

26) Serrano–Dolader(2019: 124)는 이 같은 현상을 다음과 같이 설명하고 있다.

"En español se aplica una regla de asibilación (transformación de un sonido no sibilante en sibilante /s/) de consonante dental /t/, /d/ entre morfemas si la dental pertenece a una raíz verbal y va seguida del sufijo nominalizador -ión."

ATENCIÓN
MADRID
Madrid Central
calle Alcalá sentido Puerta del Sol
TRÁFICO RESTRINGIDO
EXCEPTO VEHÍCULOS AUTORIZADOS
ATENCION
CICLOCARRIL

Ítem 49

Voseo란 구체적으로 어떤 현상인가요?

핵심 CHECK

Voseo 현상은 ① 'tú' 대신 'vos'를 사용하고 동사는 2인칭 단수의 형태를 그대로 사용하는 유형(ej. ¿Cómo lo sabes vos?), ② 대명사는 'tú'를 사용하고, 동사만 2인칭 복수의 변형을 사용하는 유형(ej. Tú podés hacerlo), ③ 대명사 'vos'를 사용하고, 동사도 2인칭 복수의 변형을 사용하는 유형(ej. Vos tenés la última palabra)으로 나누어진다. 마지막 ③의 유형이 가장 많이 사용되는 'voseo' 형태이다.

1 A: ¿Y vos querés abandonar tu trabajo? ¿Por qué?
그리고 너 직장 그만두고 싶다며? 무슨 이유야?

B: Vos sabés que he hecho el mismo trabajo desde hace diez años. Ya estoy harto, ¿comprendés?
10년 전부터 똑같은 일을 해온 거 네가 알잖아. 난 이제 지쳤어, 이해하지?

2 A: ¡Oye, Juanito! A vos te gusta que te llamen así, ¿verdad?
이봐, 후아니또! 널 이렇게 부르는 게 좋지, 그렇지?

B: Sí, me siento más cómodo, porque en mi pueblo, todo el mundo me llama así.
그래, 더 편해. 왜냐하면 우리 마을에서는 모든 사람이 그렇게 부르거든.

'Voseo'란 간단히 말해서 '2인칭 대명사 'tú'대신에 'vos'를 사용하는 현상'을 말한다. 이를 이해하기 위해서는 황금세기(Siglo de Oro)라 일컫는 15–16세기 스페인어의 인칭대명사 체계를 살펴볼 필요가 있다.

구체적으로, 당시 스페인어에는 두 가지의 'vos' 대명사가 존재했다. 즉, 2인칭 복수를 의미하는 'vos'가 있었고, 존칭어(fórmula honorífica)로 사용된 또 다른 'vos'가 존재했다. 전자의 경우는 나중에 'otros'라는 부정대명사(pronombre indefinido)와 합쳐져 대명사 'vosotros'를 형성했고(☞ Ítem 46의 Tip 참고), 후자인 존칭어 'vos'는 17세기가 지나서는 'usted'으로 대체되었기 때문에(☞ Ítem 01 참고), 현재 유럽 스페인어에는 어떠한 'vos'도 존재하지 않게 된 것이다.

그렇다면, 오늘날의 'vosco' 현상은 어떻게 중남미 스페인어에 존재하게 되었는가? 라는 의문점이 생긴다. 역사적 배경이 이 의문점에 대한 대답이 될 수 있다. 잘 알고 있듯이, 1492년 이후로 스페인 사람들은 중남미 지역에 진출한다. 언어적으로 보면 16세기 스페인어가 중남미 지역에서 사용되었다는 의미이고, 당시는 대명사 'vos'도 함께 사용되었다. 한편, 17세기에 유럽 스페인어의 변화 영향을 받아 중남미에서도 존칭어 'vos'는 'usted'으로 대체되었지만, 일부 지역에서는 'vos'가 사라지지 않고 남아서 'tú'를 대신하기 시작했다. 더욱 특별했던 것은 존칭으로 사용했던 'vos'가 가족이나 친구들처럼 친한 사이에서 사용하는 '친칭(tratamiento de familiaridad)'으로서 사용되기 시작하면서 기존의 친칭 'tú'를 대체하는 현상으로 발전했고, 이 현상이 오늘날까지 이어져 'voseo' 현상이 된 것이다.

Voseo 현상이 가장 두드러진 국가들로는 라플라타강(río de la plata) 유역의 아르헨티나, 우루과이, 파라과이가 있고, 중앙아메리카(América central) 지역의 과테말라, 엘살바도르, 니카라과, 온두라스, 코스타리카를 들 수 있다.

Voseo는 유형별로 크게 3가지로 분류된다. 첫째, 'tú' 대신 'vos'를 사용하고 동사는 tuteo의 형태를 사용하는 '대명사형 voseo(voseo pronominal)'가 있다. 예를 들어, (1)과 같은 문장을 사용한다.

(1) a. ¿Cómo lo sabes vos?
넌 그것을 어떻게 알았니?

b. Chacho, vos has sido el mejor de nosotros.
차쵸야, 넌 우리 중 최고였어.

(CREA)

두 번째는 (2)처럼 대명사는 'tú'를 사용하고, 동사만 2인칭 복수의 변형을 사용하는 '동사형 voseo(voseo verbal)' 유형이 있다.

(2) a. Tú vivís.
너 살아 있구나.

b. No, tú no podés haberte ido con ellos.
아니야, 네가 그들과 함께 갔을 리 없어.

(DPD: 672, 673)

마지막 세 번째는 'voseo'의 가장 일반적인 형태로서 앞서 언급한 라플라타강 유역 및 중앙아메리카 국가들에서 사용한다. 즉, (3)에서 보듯, 'tú'대신 대명사 'vos'를 사용하고, 동사도 2인칭 복수의 변형을 사용하는 '대명사·동사형 voseo(voseo pronominal y verbal)' 유형이 그것이다.

(3) a. Y vos tenés la última palabra.
그리고 네가 결정권을 갖고 있다.

b. Eso es lo que vos querés.
그것이 네가 원하는 거야.

(CREA)

Voseo에 사용되는 동사 변화는 (2)–(3)에서 보듯 2인칭 복수형에서 이중모음 'ai', 'ei'가 각각 열린 모음 'a'와 'e'로 합쳐지는 것이 가장 일반적 형태이다. 즉, 직설법 현재의 경우 habláis 〉 hablás, coméis 〉 comés, tenéis 〉 tenés로 변화한다. 그리고 대명사 'vos'는 주격뿐만 아니라 (4)에서처럼 전치격으로도 사용될 수 있다. 이는 전치격 'ti'로 변하는 'tú'와는 다른 점이다.

(4) a. Quiero hablar con vos.
너와 이야기하고 싶어.

b. Te lo guardás para vos.
너를 위해 그것을 보관해 둬라.

(NGLEM: 300, 305)

(3)–(4)에서 보았듯이 'vos'는 주격 및 전치격 대명사로 사용될 수 있지만, (간접/직접/재귀)목적격 대명사, 소유격 대명사를 나타내는 고유의 형태는 존재하지 않는다. 따라서 이 경우는 'tú'의 목적격/소유격 대명사 형태를 그대로 사용한다.

(5) a. Vos no te cuidás.
넌 자신을 관리하지 않아.

b. Si vos leés una carta tuya.
네가 네 편지 한 통을 읽는다면.

(NGLEM: 324)

지금까지 voseo 현상의 가장 기본적인 내용을 살펴보았다. 동사 변화의 경우도 시제별로 다양한 형태가 있지만, 직설법 현재 시제만 소개하였고, voseo 현상이 국지적으로 나타나는 국가들에 대한 언급은 하지 않았다.

그럼에도 불구하고 본 장에서 다룬 voseo 현상은 글로벌 스페인어를 소개하는 교수자들에게는 필수적 내용이라 할 수 있다. Voseo가 국지적으로 사용되는 국가들까지 포함하면, DPD(2005: 675) 기준으로 중남미 대륙의 17개국에서 voseo 현상이 나타나기 때문이다.

TIP!

16세기 부왕령(virreinato) 지역과 voseo

16세기 아메리카 대륙에서 영토를 확장해 나아가던 스페인은 식민 통치를 효율화하고 제도화할 목적으로 '부왕령(virreinato)'을 설치한다.

1535년 설치한 멕시코 부왕령을 통해 중앙아메리카와 그 이북 지역을 통치하였고, 1542년 설치된 페루 부왕령 지역을 중심으로 남아메리카 지역을 관할하였다. 각 부왕령의 수도였던 멕시코시티와 리마는 스페인 본국의 영향을 가장 직접적으로 받는 도시였기 때문에, 유럽 스페인어의 변화 과정도 자연스럽게 받아들이게 되었다.

본문에서 설명했듯이, 16–17세기를 거치면서 존칭어 'vos'는 유럽 스페인어에서는 'usted'으로 대체되어 사라졌는데, 두 부왕령 수도 지역을 중심으로 같은 현상이 나타났다. 오늘날 멕시코와 페루에서 voseo 현상이 잘 나타나지 않는 이유가 여기에 있는 것이다. 물론, 수도에서 멀리 떨어진 'Chiapas(멕시코)'나 'Arequipa(페루)' 같은 지역에서는 voseo 현상이 나타나는데, 이 역시 voseo 현상이 단순한 언어 변이 현상이 아니라 사회언어학적(sociolingüístico) 관점에서 다루어야 할 주제임을 보여준다.

Ítem 50

중남미에서 주로 사용되는 어휘 및 표현으로는 어떤 것이 있나요?

핵심 CHECK

지역적으로 스페인과 구별되어 중남미 지역에서 주로 사용되는 어휘와 표현들이 존재한다. jugo(주스), papa(감자), durazno(복숭아), auto/carro(승용차), boleto(표/입장권), chico(작은), lindo(예쁜), manejar(운전하다) 등의 단어가 있고, andar en bicicleta(자전거 타다), prender la TV(TV를 켜다), hoy en la mañana/tarde/noche(오늘 아침/점심/저녁에) 등의 표현도 존재한다.

스페인어는 전 세계 21개국에서 5억 명 이상이 사용하는 국제 언어다. 이처럼 광범위한 지역의 여러 국가에서 사용된다는 언어적 특성은 지역별로 특정 어휘 및 표현을 사용하는 현상을 낳기도 했다. 본 장에서는 특별히 스페인과 구별되어 중남미 지역에서 많이 사용되는 어휘 및 표현으로 어떤 것이 있는지 살펴볼 것이다.

I. 표현(expresiones)

1. 누구/무엇을 그리워하다:

echar de menos (Es.)	extrañar (Mx. Ar. Ur. etc.)

(1) a. ¿Me echas de menos?
나 보고 싶었니?

b. ¡Cuánto te extraño!
널 얼마나 보고 싶어 했는지 몰라!

(GDLE: 3976, 1951)

스페인에서 많이 사용되는 'echar de menos' 표현은 "누구를/무엇을 그리워하다"라는 의미를 나타낸다. 그러나 중남미 지역에서는 같은 의미를 표현하기 위해서 일반적으로 'extrañar' 동사를 사용한다.

2. 재미있게 보내다, 즐기다:

pasarlo bien/pasárselo bien (Es.)	pasarla bien/pasársela bien (Mx. Ar. Ur. etc.)

(2) a. Y ahora, venga, váyase ya y que se lo pase bien.
자, 이제 재미있게 즐기시길 바랍니다.

b. José, te agradecemos tu atención, que la pases bien.
호세야, 우리는 너의 호의를 고맙게 생각해. 재미있게 놀아라.

(CREA)

스페인어 구문 중에 'pasarlo/pasárselo bien'이라는 표현이 있다. "즐겁게 (시간을) 보내다(divertirse)"라는 뜻을 표현하며 자주 사용되는 구문이다. 이 구문의 특징 중의 하나는 (2a)에서 보듯, 목적대명사 'lo'가 특별한 의미 없이 사용된다는 점이다. 여기서 흥미로운 사실은 멕시코, 아르헨티나, 우루과이 같은 일부 중남미 국가에서는 (2b)에서처럼 'lo'대신 여성형 'la'를 사용하여 같은 의미를 표현할 수도 있다는 것이다.

3. 교통수단 또는 사물을 잡다:

coger/tomar/agarrar (Es.)	tomar/agarrar (Mx. Ar. Ch. Ur. Ve. etc.)

(3) a. Tengo necesidad de coger un taxi.
택시 한 대를 잡아야 합니다.

b. Esa misma tarde Blanca y Jean tomaron el tren que los llevó al puerto.
바로 그날 오후에 블랑카와 진은 자신들을 항구로 데려다주었던 그 기차를 탔다.

(CREA)

스페인에서는 교통수단이나 물건을 잡는다는 의미로 'coger', 'tomar', 'agarrar' 등의 동사를 모두 사용할 수 있지만, 중남미 지역에서는 'coger' 동사는 사용하지 않는다. 왜냐하면, 비속어(vulgarismo)로 성적 의미(sentido sexual)를 갖고 있기 때문이다.

4. 기기(aparato)를 켜다:

encender un aparato (Es.)	prender/encender un aparato (Mx. Ar. Ch. Ur. Ve. etc.)

(4) a. Se encendió la alarma exterior de la casa.
그 집의 외부 경보기가 켜졌다.

b. Resulta que ellos prenden la tele y se van.
그들이 TV를 켜놓고 나간다는 것이 밝혀졌다.

(GDEA: 899, 1657)

스페인에서는 "전자 제품이나 기계를 작동시킨다(hacer que funcione un aparato electrónico)"는 의미로 'encender' 동사를 주로 사용한다. 반면에, 중남미 대부분 국가에서는 'prender' 동사를 사용하여 같은 의미를 표현한다. 물론, 'encender'도 함께 사용할 수 있다.

5. 자전거/오토바이를 타다:

montar en bicicleta/moto (Es.)	andar en bicicleta/moto (Mx. Ar. Ch. Ur. Ve. etc.)

(5) a. También me gusta jugar al béisbol, montar en moto, ..., montar a caballo.
또한 나는 야구 하기, 오토바이 타기, 말타기를 좋아해.

b. ¿Y cómo es la experiencia de andar en bicicleta en una ciudad como Caracas?
카라카스 같은 도시에서 자전거 타는 경험이 어떠니?

(CREA)

(5a)에서 보듯, bicicleta(자전거), moto(오토바이), caballo(말)와 같은 명사에 "올라타다"라는 표현을 할 때 스페인에서는 'montar' 동사를 많이 사용하지만, 중남미에서는 주로 'andar' 동사를 사용한다는 특징이 있다.

6. 실업 상태다:

estar parado (Es.)	estar desempleado/desocupado (Mx. Ve. Ar. Ur. etc.)

(6) a. Ahora estoy parado. Este curso no me han contratado.
지금 난 실업 상태야. 이번 과정에는 계약이 안 됐어.

b. La Organización Internacional de Trabajo estima que 60 millones de jóvenes están desempleados.
국제노동기구는 6천만 명의 젊은이들이 실업 상태라고 평가한다.

(CREA)

(6)에서 보듯 "실업 상태다"라는 의미를 표현할 때, 스페인에서는 'estar parado'를 사용하지만, 중남미 대부분 지역에서는 'estar desempleado' 또는 'estar desocupado' 라는 표현을 선호한다. 특히, 스페인에서는 또 다른 표현 'estar en paro(실업 상태다)'도 흔히 사용하지만, 중남미 대부분 국가에서 이 표현은 "파업 중이다(estar en huelga)" 라는 의미로 많이 사용되니 주의를 요구한다. 즉, 중남미 지역에서는 "파업 중이다" 라는 의미로 'estar en huelga'와 'estar en paro' 두 표현 모두를 사용한다.

(7) La gran mayoría de camioneros que estaban en paro reanudaron la prestación del servicio público de transporte de carga.
파업 중이던 대부분의 트럭 운전사들은 화물 수송에 대한 공공 업무를 재개했다.

(CREA)

7. 오늘 아침/점심/저녁에:

esta mañana/tarde/noche (Es.)	**hoy en la mañana/tarde/noche (Mx. Ch. Ve. etc.)**

(8) a. Pero esta tarde voy a realizar un sueño bien personal.
하지만 난 오늘 오후에 매우 개인적인 꿈을 실현할 거야.

b. Supongo que hoy en la tarde ya debe estar.
오늘 오후에는 그가 이미 있어야 한다고 생각해.

(CREA)

(8a)에서 보듯, "오늘 아침/점심/저녁에"라는 표현을 위해 일반적으로 지시형용사 (demostrativo) 'esta'를 사용하지만, 중남미 여러 국가에서는 (8b)처럼 『hoy + 시간 부사구』 구문도 많이 사용한다. 이 같은 표현은 중남미 지역에서 'por la mañana/tarde/noche' 대신에 'en la mañana/tarde/noche' 표현을 더 많이 사용하는 현상과 관련이

있어 보인다. 특이한 점으로 아르헨티나에서는 (9)에서 보듯 'a la mañana/tarde/noche' 처럼 전치사 'a'도 자주 사용한다는 사실이다.

(9) a. El luctuoso episodio se registró el lunes a la noche.
그 슬픈 사건은 월요일 저녁에 기록되었다.

b. De paso le muestro la ciudad. Aunque ya anduvo paseando hoy a la tarde.
지나가는 길에 당신께 도시를 보여줄게요. 비록 오늘 오후에 이미 산책하면서 걸으셨지만요.

(CREA)

II. 단어(palabras)

1. 장소 부사:

aquí(여기), ahí/allí(거기/저기) (Es.)	acá/aquí(여기), allá/allí(거기/저기) (Mx. Ar. Ch. Ur. Ve. etc.)

(10) a. Siéntate aquí, a mi lado.
여기 내 쪽으로 앉아라.

b. Vamos a sentarnos más acá.
더 이쪽으로 앉읍시다.

(GDEA: 192, 33)

스페인에서는 aquí(여기), ahí/allí(거기/저기)를 주로 사용하지만, 중남미 대부분의 지역에서는 상대적으로 acá(여기), allá(거기/저기)를 많이 사용한다.

2. 일부 품질 형용사:

ligero(가벼운), bonito(예쁜), pequeño(작은) (Es.)	liviano(가벼운), lindo(예쁜), chico(작은) (Mx. Ar. Ch. Ur. Ve. etc.)

(11) a. A la hora del almuerzo Maricarla preparó una comida ligera.
점심시간에 마리카를라는 가벼운 음식을 준비했다.

b. Antes de los eventos deportivos debe consumirse una comida liviana.
운동 전에는 가벼운 음식을 섭취해야 한다.

(CREA)

중남미 지역에서는 형용사 bonito, pequeño의 동의어로 각각 lindo와 chico를 많이 사용하지만, 스페인에서는 잘 사용하지 않는 단어들이다. 특히, 형용사 'ligero(가벼운, 경량의)'는 스페인에서 많이 사용되며, 중남미 지역에서는 같은 의미로 'liviano(가벼운, 경량의)'를 일반적으로 사용한다.

3. 전자 제품 명사:

ordenador/computadora(컴퓨터), móvil(핸드폰), mando a distancia(리모컨) (Es.)	computadora(컴퓨터), celular(핸드폰), control remoto(리모컨) (Mx. Ar. Ch. Ur. Ve. etc.)

잘 알려져 있듯이, 일부 전자 제품(productos electrónicos)을 표현할 때 스페인과 중남미 지역이 서로 다른 어휘를 사용하는 경우가 있다. 대표적으로 "핸드폰"을 말할 때, 스페인에서는 'móvil'을 사용하고 중남미에서는 'celular'를 사용한다. "컴퓨터"의 경우 스페인에서는 'ordenador'와 'computadora' 모두 사용하지만, 중남미에서는 'computadora'만 사용한다. "리모컨"의 경우는 표현이 완전히 다르다. 스페인에서

'mando a distancia'를 사용하는 반면, 중남미에서는 'control remoto'라는 표현을 사용한다. 전반적으로 중남미 지역이 영어로부터 직접적으로 영향을 받은 단어를 사용하는 경향이 있다.

4. 차량 관련 명사

coche(승용차), autobús(버스), aparcamiento(주차장) (Es.)	auto/carro(승용차), colectivo/camión(버스), estacionamiento(주차장) (Mx. Ar. Ch. Ur. Ve. etc.)

대형 승합차가 아닌 "승용차(coche)"를 말할 때 일부 중남미 국가들에서는 'coche' 외에도 'auto/carro'를 많이 사용한다. 그러나 스페인에서는 이들 단어를 거의 사용하지 않고 'coche'를 사용한다. 스페인에서는 두 단어가 모두 고유의 다른 뜻, 즉 'auto(판결)', 'carro(카트/수레)'의 의미로 사용되기 때문이다. 대중교통수단으로서 "버스"를 표현할 때도 다양한 어휘들이 사용된다. 예를 들어 스페인에서는 'autobús'를 사용하고, 아르헨티나는 'colectivo', 멕시코는 'camión'을 사용한다. 특히, 'camión'의 경우는 스페인에서는 "트럭"을 의미한다는 점에서 주의할 필요가 있다.

'주차하다' 또는 '주차장'을 표현할 때도, 스페인에서는 주로 동사 'aparcar'와 그 명사형 'aparcamiento'를 사용하지만, 중남미 대부분 국가에서 'estacionar'와 'estacionamiento'를 많이 사용한다는 점도 기억해 두자.

5. 식품(alimentación) 관련 명사:

patata(감자), zumo(주스), melocotón(복숭아), tarta(케이크), cacahuete(땅콩) (Es.)	papa(감자), jugo(주스), durazno(복숭아), torta(케이크), maní(땅콩) (Mx. Ar. Ch. Ur. Ve. etc.)

스페인에서 "감자"를 말할 때 'patata'를 사용하지만, 중남미 전 지역에서는 'papa'를 사용한다. 마찬가지로 스페인에서는 'zumo'를 사용하여 "주스"를 표현하지만, 중남미 전역에서는 'jugo'를 사용한다. 그리고 "복숭아"는 스페인에서 'melocotón'으로 표현하고 중남미 지역에서는 'durazno'를 사용한다.

"케이크"를 말할 때도 비슷한 현상이 나타난다. 스페인에서는 'tarta'를 사용하여 "케이크"를 표현하지만, 멕시코를 제외한 대부분 중남미 국가에서는 'torta'를 사용한다. 멕시코에서는 'torta'대신 'pastel(케이크)'이라는 단어를 사용하는데 이는 멕시코에서 'torta'는 "고기와 채소를 넣은 멕시코식 샌드위치 빵"을 의미하기 때문이다. 그 외에도 "땅콩"을 표현할 때, 스페인과 멕시코는 'cacahuete'를 사용하지만, 대부분 중남미 국가에서는 'maní'를 사용한다.

6. 생활 관련 명사

camarero(웨이터), gafas(안경), campo(운동장), dinero(돈), piso(아파트), suelo(바닥), billete(표/입장권), césped(잔디) (Es.)	**mozo/mesero(웨이터), lentes(안경), cancha/campo(운동장), plata/dinero(돈), departamento/apartamento(아파트), piso/suelo(바닥), boleto(표/입장권), pasto/césped(잔디) (Mx. Ar. Ch. Ur. Ve. etc.)**

"웨이터"를 표현할 때, 스페인에서는 'camarero'를 사용하지만 남미(América del Sur) 여러 국가에서는 'mozo'를 사용한다. 그리고 멕시코나 중미(América Central) 지역 국가들에서는 'mesero'라는 단어를 주로 사용한다.

"안경"을 표현할 때도 스페인과 중남미 지역 간에는 차이가 나타난다. 스페인에서는 'gafas'를 사용하지만, 중남미 대부분의 국가에서는 'lentes'를 사용한다. "운동장"을 뜻하는 'cancha'라는 말도 스페인에서는 잘 사용하지 않지만, 중남미 전역에서 이 단어를 즐겨 사용한다. 명사 'plata'는 원래 의미인 "(광물)은"으로 사용되지만, 특별히 중남미 지역에서는 "돈(dinero)"의 뜻으로도 자주 사용된다.

"(아파트식)집"을 표현하는 단어는 지역에 따라 그 의미가 달라지기 때문에 주의를 요하는 어휘다. 구체적으로, 스페인에서 'piso'는 "아파트식 집" 또는 "층(planta)"을 의미하지만, 중남미 지역에서는 "층" 또는 "바닥(suelo)"의 의미로 사용되고 "집(vivienda)"의 의미로는 사용되지 않는다. 중남미 지역에서 "아파트식 집"을 표현하기 위해서는 일반적으로 'departamento'를 사용하고, 우루과이, 베네수엘라 같은 나라에서는 'apartamento'를 사용하기도 한다. 그러나 스페인에서 'departamento'는 "부서/학과"를 뜻하는 단어로 사용되고 있으며, 'apartamento'는 크기가 작은 "원룸 아파트"를 일컬을 때 사용한다.

그 외에도 "표/입장권"의 의미로 스페인에서는 'billete'를 사용하지만, 중남미 전 지역에서는 'boleto'를 사용한다. 또한 "잔디"를 표현하는 단어로 보통 'césped'을 사용하지만, 멕시코, 아르헨티나, 우루과이, 콜롬비아, 칠레 등에서는 'pasto'를 많이 사용한다.

7. 동사:

conducir(운전하다), comer/almorzar(점심 먹다), quitar(se) la ropa(옷을 벗기다/벗다) (Es.)	manejar(운전하다), almorzar(점심 먹다), sacar(se) la ropa(옷을 벗기다/벗다) (Mx. Ar. Ch. Ur. Ve. etc.)

스페인과 중남미 지역에서 사용하는 동사 중에서도 선호도 차이를 보이는 예들을 찾아볼 수 있다. 예를 들어 "운전하다"라는 표현을 위해 스페인에서는 'conducir' 동사를 주로 사용하지만, 중남미 대부분 지역에서는 'manejar' 동사를 사용한다. 스페

인에서 'manejar'는 사물이나 상황을 "조정, 관리, 운용한다"라는 의미로 사용된다.

'almorzar(점심 먹다)'는 스페인과 중남미 지역 모두에서 사용되는 동사다. 특이한 점으로 스페인에서는 'almorzar'외에도 'comer' 동사를 사용하여 "점심 먹다(tomar la comida al mediodía)"라는 의미를 자주 표현한다는 것이다.

'quitar(se) la ropa' 구문에서 보듯, "의류를 벗기다/벗다"라는 의미를 표현할 때 동사는 일반적으로 'quitar'를 사용한다. 그러나 (12)에서 보듯 아르헨티나, 칠레, 우루과이 같은 나라들에서는 'sacar' 동사도 많이 사용한다.

(12) a. Sácale el gorro al niño.
그 아이에게서 모자를 벗겨라.

b. Me saqué la chaqueta.
난 재킷을 벗었다.

(Diccionario de Internet de RAE)

El Corte Inglés
Zumo
de naranja
recién exprimido
Sumo de laranja recém-espremido
Freshly squeezed orange juice
FUENTE
NATURAL DE
VITAMINA C
500 ml

Bibliografía y Abreviaturas

김준한 · 유은정(2020), 「전문가를 위한 스페인어 문법」, 서울: HUINE.

유은정(2019), 「스페인어 250 문항분석」, 서울: HUINE.

Alarcos Llorach, E.(1999), *Gramática de la lengua española*, Madrid: Espasa.

Alonso, R., Castañeda, A., Martínez, P., Miquel, L. y Ortega, J.(2005), *Gramática Básica del Estudiante de Español*, Difusión.

Bosque, I.(1980), *Sobre la negación*, Madrid: Cátedra.

Bosque, I.(2012), "Mood: indicative vs. subjunctive", in J. I. Hualde, A. Olarrea & E. O'Rourke(eds.), *The Handbook of Hispanic Linguistics*, Wiley Blackwell, 373-395.

Bosque, I. y Demonte, V.(eds.)(1999), *Gramática Dscriptiva de la Lengua Española*, Espasa Calpe.

Bosque, I. y Gutiérrez-Rexach, J.(2009), *Fundamentos de Sintaxis Formal*, Madrid: Ediciones Akal.

Brovetto, C.(2002), "Spanish clauses without complementizer", in *Current Issues in Romance Languages*, John Benjamin Publishing Company, 33-45.

Casielles, E.(2004), *The Syntax-Information Structure Interface: Evidence from Spanish and English*, New York: Routledge.

Contreras, H.(1983), *El orden de palabras en español*, Madrid: Ediciones Cátedra.

Centellas Rodrigo, A. y Millares Martín, S.(1993), *Método de Español para*

Extranjeros: Nivel intermedio, Edinumen.

Gallego, A.(2007), *Phase theory and parametric variation*, Doctoral dissertation, Universidad Autónoma de Barcelona.

García Santos, J. F.(1993), *Sintaxis del Español Nivel de Perfeccionamiento*, Santillana.

Gili Gaya, S.(1980), *Curso superior de sintaxis española*, Barcelona: Vox.

González García, L. (2012). “Estudio de las construcciones formadas por adjetivo + de + infinitivo (tipo difícil de entender)”, *Cum corde et in nova grammatica*, 383-397.

Gutiérrez Rodríguez, E.(2006), “Bastantes no siempre son Suficientes”, in *Actas del XXXV Simposio Internacional de la Sociedad Española Lingüística.*

Instituto Cervantes(2013), *Las 500 dudas más frecuentes del español*, Madrid: Espasa Libros.

Kim, J-H.(2006), *La teoría de pro y el sujeto pre/postverbal*, Madrid: UAM ediciones.

Molina Redondo, J.(1974), *Usos de <SE>*, Madrid: SGEL.

Marsa, F., Bosch Carbonell, M. A. y Pardo López, J.(1982), *Diccionario planeta de la lengua española usual*, Planeta.

Matte Bon, F.(2009), *Gramática Comunicativa del Español*, Tomo I, Edelsa.

Mosterín, J.(1978), “Creer y saber”, *Revista de Filosofía Diánoia*, Vol 24, 128-154.

Pastor, E.(1994), *Escribir cartas: Español Lengua Extranjera*, Madrid: Difusión.

Picallo, C.(1984), “The Infl Node and the Null Subject Parameter”, *Linguistic Inquiry* 15, 75-102.

Plann, S.(1980), *Relative clauses in Spanish without overt antecedents and related constructions*, Berkeley: University of California Press.

Raso, V.(2009), *Gramática Comunicativa del Español*, Tomo II, Edelsa.

Real Academia Española(1973), *Esbozo de una Nueva Gramática de la Lengua Española*, Espasa Calpe.

Real Academia Española(1992), *Diccionario de Real Academia Española*, Espasa Calpe.

Real Academia Española(2005), *Diccionario Panhipánico de Dudas*, Santillana.

Real Academia Española(2009), *Nueva Gramática de la Lengua Española*, Espasa Calpe.

Real Academia Española(2010), *Nueva Gramática de la Lengua Española (Manual)*, Espasa Calpe.

Real Academia Española(2010), *Ortografía de la Lengua Española*, Planeta.

Real Academia Española: Banco de datos (CREA) [en línea]. Corpus de referencia del español actual. <http://www.rae.es> [Fecha de la consulta: julio de 2019 ~ julio de 2021]

Ruiz Martínez, A. M., Martí Sánchez, M. y Penadés Martínez, I.(2008), *Gramática Española por Niveles*, Editorial Edinumen.

Sánchez Pérez, A.(2001), *Gran Diccionario de uso del Español Actual*, SGEL.

Seco, M.(2003), *Diccionario de Dudas y Dificultades de la lengua española*, Madrid: Espasa.

Serrano-Dolader, D.(2019), *Formación de palabras y enseñanza del español LE/L2*, New York: Routledge.

Shim, S-W.(2007), "Spanish Null Complementizer as a PF-Prefix", *Revista Iberoamericana* 18, 227-262.

Torrego, E.(1983), "More effects of successive cyclic movement", *Linguistic Inquiry* 14, 561-565.

Val Álvaro, J-F. y Mendívil, J-L.(2001), "Concordancia en oraciones escindidas con sujeto pronominal", in V. Escandell, M. Leonetti y C. Sánchez López(eds.), *60 Problemas de gramática*, Madrid: Akal, 299-305.

Villoro, L.(1970), "Conocer y saber", *Crítica: Revista Hispanoamericana de Filosofía*, Vol 4, No. 10, 75-95.

Zagona, K.(2002), *The Syntax of Spanish*, Oxford: Oxford University Press.

Zubizarreta, M. L.(1998), *Prosody, Focus and Word Order*, Cambridge: The MIT Press.

〈신문 기사 타이틀〉

Ítem 09: https://www.elespanol.com/deportes/futbol/20180813

〈약자〉

CREA: Corpus de Referencia del Español Actual

DDD: Diccionario de Dudas y Dificultades de la lengua española(2003)

DPD: Diccionario Panhipánico de Dudas(2005)

DPU: Diccionario Planeta de la lengua española Usual(1982)

DRAE: Diccionario de Real Academia Española(1992)

ENGLE: Esbozo de una Nueva Gramática de la Lengua Española(1973)

GBEE: Gramática Básica del Estudiante de Español(2005)

GCE I: Gramática Comunicativa del Español [Tomo I](2009)

GCE II: Gramática Comunicativa del Español [Tomo II](2009)

GEN: Gramática Española por Niveles(2008)

GDEA: Gran Diccionario de uso del Español Actual(2001)

GDLE: Gramática Descriptiva de la Lengua Española(1999)

MEE: Método de Español para Extranjeros: nivel intermedio(1993)

NGLE: Nueva Gramática de la Lengua Española(2009)

NGLEM: Nueva Gramática de la Lengua Española (Manual)(2010)

OLE: Ortografía de la Lengua Española(2010)

SENP: Sintaxis del Español Nivel de Perfeccionamiento(1993)

Glosario

〈주제별 색인〉

주제별	Ítem
강조	24, 39, 44, 45
격	
대격(acusativo)	17
부분격(partitivo)	32
탈격(ablativo)	3, 9
관계부사	41
관계사	39, 40, 41
관사	22, 31, 33, 46
구어체(lengua hablada)	18, 29, 34, 40
기원문(oración optativa)	2
나우아뜰어(náhuatl)	10
단계적 차이(gradación)	4, 5
대명사	32
동등비교구문	43
동사	12, 13, 14, 17, 25, 26
감정동사	37
계사(copulativo)	39, 40, 45

주제별	Ítem
동사원형	12, 26, 34
움직임(movimiento)의 동사	41
자동사	13, 16, 17
전달동사	24
타동사	13, 16, 17, 46
라틴어	1, 9, 11, 46
멕시코	10
명사(구)	
가산명사	15, 31, 46
고유명사	26
무관사명사	30, 31
물질명사	15, 28
불가산명사	15, 20, 46
수량명사	33
시간명사	33
중성명사	21
집합명사	20, 28
추상명사	15
명사절	12, 18
목적격 표시자 a	24, 26, 27, 28
목적대명사	
간접목적대명사	2, 24, 45
직접목적대명사	16, 34, 44, 45

주제별	Ítem
목적어	
간접목적어	24, 26
직접목적어	24, 26, 27, 28, 29, 44, 45
문어체(lengua escrita)	13, 18, 29, 42
방향과 위치	4, 5
발음	
마찰음(fricativo)	48
연구개음(velar)	10
치음(dental)	48
치간음(interdental)	48
치경음(alveolar)	48
보어(atributo)	20, 27, 33, 39, 40, 45
복합어	3, 46
부사	3, 5, 32, 45, 47
부사화 접미사-mente	3
파생부사	3
부정어(palabras negativas)	36, 37
분배적(distributivo)	23, 31
비교	25, 26
비교급	43
비인칭(impersonal)	16
서법(modo)	

주제별	Ítem
접속법	11, 18, 37, 42, 43
직설법	11, 37, 42, 43
성(género)	46
소유격대명사	
전치형	30
후치형	30
소유주(poseedor)	30
(숫자)이상/이하	7
양화사	36
어미탈락(apócope)	2
어순(orden de palabras)	35, 44, 45
영어	42
옛 스페인어(español antiguo)	10
의문문	
간접의문문	12
의문사	35
의문사 의문문	35
의인화(personificación)	27
인칭	
1인칭	9, 40
2인칭	1, 9, 23, 40, 49
3인칭	1, 2, 9, 16, 18, 21, 27, 40, 46
인칭대명사	1, 40, 46

주제별	Ítem
1인칭 복수대명사	40
2인칭 복수대명사	40
전치격 인칭대명사	9
재귀대명사	16
전치사	4, 8, 13, 14, 15, 17, 19, 20, 23, 24, 25, 26, 32, 38, 39, 41, 47, 50
전치사 겹침 현상	7
전칭 양화사(cuantificador universal)	31
접두사(prefijo)	47
접미사(sufijo)	48
접속법 과거(완료)	43
접속사	
동등비교 접속사 como	43
등위접속사	21
불연속(discontinuo) 접속사	23
상관(correlativo) 접속사	23
접속사 que	25, 42
접속사 si	43
존칭어	49
중남미	1, 15, 49, 50
중복형 대명사	1, 24, 26
중성대명사	29, 45
중성지시대명사	29

주제별	Ítem
지시사	31
지시성(referencialidad)	40
총칭적(genérico)	16
축약(contracción)	1
카리브 스페인어	5, 35
한정사	31, 46
한정성(definitud)	30
행위자(agente)	27
형용사	22, 34, 47
화자–청자	5, 16, 18, 30, 44, 45
황금세기(Siglo de Oro)	10
Se	
비인칭 se	16, 17, 18
상호의 se	23
수동의 se	16, 17, 18
Voseo현상	49

〈단어별 색인〉

단어별	Ítem
a	4, 14, 19, 24, 25, 26, 28, 38, 41, 50
a donde	41
acá	5, 19, 50
adonde	41
ahí	5, 19, 50
allá	5, 19, 50
allí	5, 19, 50
al norte	4
antes	8
antes que	26
aprovechar	2
aquí	5, 19, 50
así como	23
bastante	19, 32
cada	31
−ción	48
como	43
como si	43
con	9, 39
conmigo	9
conocer	12
consigo	9
contigo	9

단어별	Ítem
cortar	2
de	8, 15, 17, 38
demasiado	19, 36
dentro de	6
después	8
dicen que	16
difícil	34
don Quixote	10
donde	41
dudar	37
ello	29
en	4, 6, 13, 41
en contadas ocasiones	36
en donde	41
en el norte	4
en {mi/su/la} vida	36
entre	20, 38
eso	29
estar	16
estar a punto de	19
estar para	19
estar por	19
fácil	34

단어별	Ítem
imposible	34
ir	14
irse	14
jamás	37
juntos	23
le/les	16, 24
llegar	19
lo	29, 34, 44, 45
lo que	39
los mayores de	7
los menores de	7
marchar	14
marcharse	14
más de	7
menos de	7
mente	3
México	10
mi/tu/su	30
mío/tuyo/suyo	30
mucho	32
muy	32
nada	36, 37
nadie	36, 37

단어별	Ítem
negar	37
ni	37
ninguno	36, 37
no solo~sino(también)	23
nosotros	40, 46
nunca	36, 37
o	22
oponerse	37
para	19, 24, 32
parecerse a	24
pensar	13
pensar en	13
poco	36
por	19, 38
por qué	35
preferir	25, 26
prohibir	37
que	25, 42
quien	40
quizá(s)	11
raramente	36
saber	12
salir	14

단어별	Ítem
salirse	14
se	16, 17, 18, 23
se conoce que	12
se dice que	16
ser	16, 40
sin	47
−sión	48
suficiente	19, 32
tampoco	37
tanto∼como	23
todo	31
tratar	17
tú	49
un poco de	15
usted	1
vos	1, 49
vosotros	40, 46
vuestra merced	1
y	20, 21, 22

전문가를 위한

스페인어 문법 2

50개의 항목으로 설명하는 문법

초판 1쇄 2021년 8월 23일
초판 2쇄 2025년 9월 9일

지은이	김준한 · 유은정
발행인	박정식
기획	신선호
편집장	장혜정
도서편집	박미현
디자인	고지연
출판행정	김가은
경영기획	김세희
인사행정	유빈
재무회계	곽순석 김세아
캐릭터	김세원
발행처	한국외국어대학교 지식출판콘텐츠원 02450 서울특별시 동대문구 이문로 107 전화 02)2173-2493~7 FAX 02)2173-3363 홈페이지 http://press.hufs.ac.kr 전자우편 press@hufs.ac.kr 출판등록 제6-6호(1969. 4. 30)
인쇄·제본	(주)케이프린텍 02-2272-1084

979-11-5901-866-4 [13770] 정가: 26,000원

* 잘못된 책은 교환하여 드립니다.

HUiNE 은 한국외국어대학교출판부의 어학도서, 사회과학도서, 지역학 도서 Sub Brand이다. 한국외대의 영문명인 HUFS, 현명한 국제전문가 양성(International+Intelligent)의 의미를 담고 있으며, 휴인(携引)의 뜻인 '이끌다, 끌고 나가다'라는 의미처럼 출판계를 이끄는 리더로서, 혁신의 이미지를 담고 있다.